주역이뭣고?

주역이 뭣고?

삶의 본질을 밝히는 길라잡이

김가원

해조음

십 년을 사람 되는 공부 하였으니
쌓인 번뇌 얼음처럼 녹았으리
대장경 보기를 다하고
향 사르며 다시 주역을 읽네

나를 잊고 또 세상을 잊으니
퇴연(退然)한 소식은 오직 이뿐이라
밤 깊고 바람마저 고요한데
소나무 숲 달 그림자 사람을 희롱하니

옛 벗은 흰 구름이요
밝은 달은 나의 한 생애일레
만학천봉(萬壑千峰) 속에서
사람을 만나면 차를 권하리

서산 스님

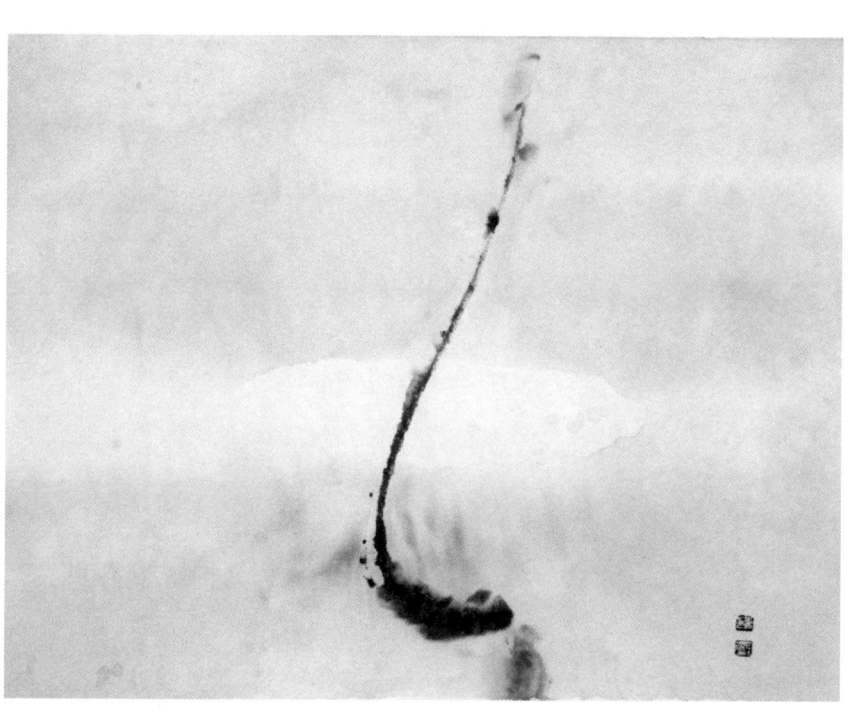

• 추천사 •

주역에서 찾는 우리 삶의 본질

주역은 어렵다. 주역은 비이성적이다. 도서출판 해조음의 『주역이뭣고?』는 이와 같은 세간의 통념을 반박하는 한 권의 출판물이다.

다뤄지는 내용으로 보아 상(象)과 수(數) 천문(天文)을 곁들인 주역의 원리로 부제를 덧붙여도 좋을 법하다. 지은이는 『도덕경과 선』의 저자 김가원(金家源)이다.

본문에서는 밝히고 있지 않지만 이 책은 지은이가 오랫동안 고전에 몰입하며 건져 올린 의미 있는 한 권의 주역 관련 단행본이다.

이 책에 의하면 주역은 천체의 움직임에 바탕을 둔 하나의 달력일 뿐이다. 그것도 십진법의 체계로 구체화시킬 수 있는 매우 이색적인 달력이다. 따라서 이 책은 주역의 의미 체계를 설명하는 방식이 다소 색다르다. 60

갑자의 간지(干支)를 중심으로 주역의 64괘 384효가 지닌 내용의 특징을 먼저 문제 삼는다. 그리고 그 같은 구성상의 특이함 때문이겠지만 이 책에서 다루어지는 내용은 역의 일반적인 용어나 상식의 세계가 아니다. 하늘에서 일어나는 천체의 변화 및 땅 위의 해 그림자를 역의 괘상(卦象)과 수(數)로서 구체화시키려는 일종의 수학이다.

그러나 주역을 수학의 원리로 구체화시키고 있는 까닭에 이 책의 내용이 결코 쉽지는 않다. 역을 처음 대하는 일반인들에게는 주비산경(周髀算經)이나 역의 대연수(大衍數) 등과 같이 동원되는 용어부터 아예 낯설고 거북하다. 그러나 나로서는 이런 어려움의 책임이 꼭 이 책만의 문제라고 단정하고 싶지는 않다. 그보다는 동양 사상 전반이 안고 있는 교육 제도상의 구조적인 아쉬움 탓이다.

아무튼 삶의 본질과 관련된 동양 사상 쪽에 관심을 가진 사람이면 도서출판 해조음의 이 책 한 권을 적극 권장하고 싶다. 왜냐하면 이 책에서 다뤄지는 주역의 전체적인 의미 체계는 그 내용이 유교의 사서삼경 안에 포함된 협소한 성격의 주역 해설서로 끝나진 않기 때문이다.

이 책의 머리말에서 직접 밝히고 있는 것처럼 이 책의 꼭짓점은 마침내 가 닿는 곳이 인간의 올바른 세계관이다. 주역의 상(象)과 수(數) 및 하늘의 천문(天文)에 대한 상식은 그에 비하면 오히려 무시해도 좋은 하나의 덤일 뿐이다.

이 책의 필자는 그런 측면의 성격에 대해 일상적인 우리 마음의 문제와 관련된 삶의 본질로서 규정하고 있는데 인류의 정신사적인 측면에 기여한 주역의 역할을 떠올려 보면 이는 너무나 당연한 결론이다.

그러므로 『주역이뭣고?』의 내용을 동양의 사상면에서 바라보면 그 특징은 오히려 주역이 아닌 인간의 정신이다. 또 어떤 문헌이라도 그 내용의 핵심은 결국 인간의 정신일 수밖에 없다는 점에서 이 책의 이런 결론은 너무나 당연할 수도 있다.

인간이 존재하는 수천 년 전에도 그렇게 살아 왔고 수천 년 뒤에도 그렇게 살아가야만 하는 인간의 정신. 그것을 이 책에서는 우리 마음의 원리에 관한 삶의 본질로서 규정하고 있다. 그 점에 대한 궁극적인 이해가 곧 역의 포인트가 되어야 한다는 점에서 이 책의 주장은 의외로 신선함이 있다.

그런 이유 때문에 이 책이 포함하는 범주는 절로 노장의 무위 사상과 불교의 가르침으로까지 확대되고 있다. 이십 여 년에 걸친 지은이의 오랜 산문 생활이 그 점에 있어서는 일정하게 도움이 되지 않았을까 본인은 짐작해 보기도 한다.

복잡하고 빠르게 변하는 물질 만능의 풍조 속에서 삶의 본질을 되새기려는 이들이면 누구나 이 책의 일독을 거듭 권해 본다.

한국자치학회 회장 **전상직**

• 책을 펴내며 •

마음의 문제를 풀어내는 열쇠, 주역!

이 글을 내놓으며 떠오르는 얼굴이 있다.

사기 〈중니제자열전〉에 실린 원헌의 풍모다.

그가 사는 곳은 노나라였다.

집이 좁아서 방안의 벽은 그대로 바깥 담장 역할을 했고, 지붕은 생풀로 엮었으며 쑥으로 만든 문은 허술하기 짝이 없었다. 거기에 문 지도리는 뽕나무 가지를 구부려 사용할 만큼 옹색했다. 그뿐만이 아니었다. 창문은 깨진 항아리를 끼어 넣은 것으로 방 두 개를 만들어 투박한 천을 창틈에 끼워 두었는데, 지붕에서 항상 비가 새들어 방바닥이 축축했다.

그는 이런 변변치 못한 생활에 전혀 개의치 않았다. 틈만 나면 느긋하게 앉아 가야금을 연주하며 노래를 불렀다.

그곳에 공자의 제자 자공이 찾아 왔다. 자공은 살찐 말을 타고 감색 하의와 흰 명주로 된 웃옷을 입고 있었다. 수레가 커서 원헌이 사는 좁은 골목까지 들어올 수가 없었다. 자공은 수레에서 내린 뒤 걸어 들어와 그를 만나야 했다.

그는 나무 가죽으로 만든 관을 쓰고 짚신을 신고 명아주 지팡이를 짚은 채 문까지 나왔다. 자공은 그가 사는 모습을 보더니 동정을 금치 못하며 말했다.

"아, 당신은 덕이 있으면서 왜 이 같은 가난을 병처럼 앓고 계십니까?"

그 질문에 원헌이 대답했다.

"재산이 없는 것을 가난하다고 하고, 도를 익혔어도 그것을 실행하지 못하는 것을 병이라고 한다. 나는 지금 분명 가난하지만 당신이 말하는 병은 아니다."

자공은 그가 유유자적 도를 즐기는 모습을 보고 부끄러운 얼굴빛을 감추지 못했다.

이 시대 우리들에게 원헌이 즐기던 도는 어떤 의미가 있을까?

삶의 본질을 뜻하는 말일 테지만 맹위를 떨치는 물질의 위력 앞에서는 한낱 의미가 없을 수도 있다.

그렇다면 주역은?

예외일 수가 없다. 거기에 주역은 내용이 난해할 뿐 아니라 사람에 따라서 해석도 제각각이다. 이는 상(象)과 수(數), 뜻 가운데 어느 한 분야로 그 사람의 초점이 치우쳐 있기 때문이다.

그래서 어떤 사람은 주역을 세상의 으뜸가는 도덕 교과서가 된다고 말하기도 하고, 또 누군가는 아직 오지 않은 인간의 미래 예측용 마법의 부적 쯤으로 간주하는 이들도 있다. 실제 주역은 어느 쪽에서 접근하더라도 매우 그럴듯하다. 주역(周易)에 깊은 관심을 가지고 있던 나 같은 사람으로서는 이런 시각의 다양함이 매우 혼란스러웠다.

도대체 역(易)이란 무엇일까?
오랫동안 주역(周易)을 손에 들고 헤매는 동안에 생겨난 나의 고민이었다. 그러나 오랜 고민과 달리 결론은 매우 분명했다. 주역이 어떤 경로를 거쳐 생겨났는가를 돌아보고 그것이 오래된 인류 정신사(精神史)에 미친 영향력을 유추해 보면 되었다.

주역은 의미 포커스가 천체 움직임에 근거한 옛 사람들의 세계관과 그것이 지닌 의미 문제로 한정되어 있음을 알 수 있다. 동시에 그로 인해 얻을 수 있는 내용은 다음의 세 갈래로 압축할 수가 있다.

첫째, 음양(陰陽) 부호로 구성된 역(易)의 내용이 생겨나게 된 배경을 훑어보는 일이다. 그것은 지구 환경이 형성되는데 영향을 끼친 하늘 천문과 지구 절기 변화에 대한 내용이다.

둘째, 앞의 관측 내용이 어떤 경로를 거쳐 지금과 같은 형태의 단순한 음양(陰陽) 체계로 자리 잡았는가를 되돌아보는 일이다. 그것은 결국 역(易)의 핵심 분야라고 이야기할 수 있는 상(象)과 수(數)에 대한 내용이다.

셋째, 이와 같은 주역의 독특한 의미 체계가 결국 후대 우리들에게 어떤 시각에서 삶의 의미를 일깨웠나를 고찰해 보는 일이다.

그런데 앞의 두 가지 관심 분야와 달리 세 번째 항목의 취급 내용은 결코 쉬운 주제가 아니다. 도(道)의 개념으로 집약할 수 있는 동양의 전통적인 시각을 역에서 먼저 확보해야만 하기 때문이다.

식견이 천박한 필자로서는 쉽지 않은 노릇이지만 그러나 길은 있다. 역의 핵심 의미를 압축시킨 공자의 십익(十翼)을 참고하면 된다. 개념 중심으로 보면 그것은 덕(德)에 맞추어진 역의 핵심 원리다.

사람의 덕(德)에 초점이 맞추어진 공자의 십익(十翼)은 다루고 있는 내용이 덕(德) 자체만으로 한정되는 건 아니다. 상(象)과 수(數)를 포괄하는 하늘의 본질적인 이치, 바로 그것이다.

따라서 우리는 이와 같은 공자의 세계관을 바탕으로 노장의 무위 사상과 불교의 의미 체계를 결부시키고 그것을 마음의 원리로 받아들일 때 어떤 특징을 띠게 되는지 그 점을 집중적으로 문제 삼으면 된다.

그런 의미에서 이 책의 성격은 너무나 분명하다. 하늘에서 일어나는 천체의 움직임을 바탕으로 주역의 수(數)와 상(象)을 문제 삼더라도 핵심은 결국 인간의 정신이다. 수 천 년 전에도 그렇게 살아왔고, 수 천 년 후에도 그렇게 살아갈 수밖에 없는 인간의 본질적인 정신!

그렇다면 그 점에서 주역 이외의 전체적인 동양 고전은 어떨까?

갈래를 크게 나누어 보면 유불선(儒佛仙) 셋이 되지만 자세히 뜯어보면 거기에는 분명 하나로 꿰는 맥이 숨어 있다.

규봉 종밀의 말을 빌리면 '공·성·상(空·性·相)'의 범주다. 주역의 괘상에 초점을 맞춰 접근하면 이는 삶의 본질인 공(空)과 공이 현실적으로 드러나는 작용의 문제다. 이에 대한 설명까지 여기서 자세하게 덧붙이는 일은 아무래도 무리다. 보다 더 관심이 있는 사람은 필자의 고전시리즈물을 통해 파악하기 바란다.

 어쨌든 그런 시각에서 살피면 주역은 이미 주역이면서도 고전의 의미 체계에 바탕을 둔 마음의 문제일 수밖에 없다. 이 책에서 다루어지는 책 후반부 주역 해석은 바로 여기에 초점이 맞춰져 있다.

 책의 구성은 각 항목마다 49개의 문답을 배치했다.
 천지(天地) 대연(大衍)의 수 50에서 태극을 제외한 나머지 49개의 숫자를 염두에 둔 결과다. 해와 달과 지구의 움직임을 놓고 생각할 때 그 단위는 십진법 체계가 되고 십진법 체계에 근거할 때 온수가 100이며, 대연수는 50이 될 수밖에 없는 필연성을 따르고 싶었기 때문이다.
 그렇다면 왜 문답의 개수를 대연수(大衍數) 50이 아닌 49인가?
 우리의 마음 작용이 섞여들면서 생겨나는 태극의 수 하나를 제외했기 때문이다. 이는 역을 통해 습득한 필자의 의도적인 항목 구성이다.
 실제 우리 사회 모든 풍속과 문화, 학문 토대는 물론 불교에서 통용되는 여러 의식들까지도 깊이 성찰해보면 주역 아닌 게 없다. 예컨대 망자를 위한 불교의 49재와 새벽 예불전 도량석 시간 등을 떠올려보면 너무나 자연스럽다. 필자는 그런 배경을 이 책의 단락 구분 등을 통해서 인연이 있는 모든 독자들에게 전하고 싶었던 것이다.

 아무튼 이 책이 어느 한 사람이라도 세상을 살아가는 유익한 삶의 재산으로 받아들여질 수 있다면 더 이상의 기쁨이 없을 것이다. 내용이 다소 어려울 수도 있겠지만 누군가 이 책에 대한 적극적인 관심을 가진다면 삶의 본질에 대한 갈앙심으로 알고 거듭 경애심을 표하고 싶다.

끝으로 이 책 시리즈물이 세상에 얼굴을 내밀 수 있도록 도움을 준 해조음 출판사 이철순 대표와 서울예술대학 조상 교수의 노고에 깊은 감사를 드리며, 인연 있는 모든 분들의 행복을 빈다.

을미년 여름 유남인문고전학당에서

· 차 례 ·

추천사 · 6

책을 펴내며 · 10

❶ 인간의 오래된 관심, 해와 달 지구상 절기 · 20

❷ 주역을 이해하기 위한 천체 움직임의 실질적 좌표 · 27

❸ 원시태극도(太極圖)와 주역 기본 원리 · 31

❹ 해 그림자에 의존한 역의 체계와 십진법 · 39

❺ 천체 움직임은 역의 원리에 어떻게 반영되나? · 44

❻ 60갑자(甲子)와 주역(周易) 체계 · 52

❼ 60갑자(甲子)와 주역의 공통점 · 59

❽ 역(易)의 기본 부호가 팔괘(八卦)에 그치는 이유 · 62

❾ 주역 설시(揲蓍)의 수, 50에 반영된 천체 움직임 · 69

❿ 여덟 자 길이 규표(圭表)와 역(易)의 기본 원리 · 73

⓫ 옛 사람의 역법(曆法)과 역(易)의 관련성 · 78

⑫ 설괘전(說卦傳) 등을 통한 주역(周易) 원리 이해 · 82

⑬ 하도(河圖)와 낙서(洛書) 의미 체계 1 · 92

⑭ 하도(河圖)와 낙서(洛書) 의미 체계 2 · 98

⑮ 하도(河圖)와 낙서(洛書), 주역의 수리적 법칙 · 104

⑯ 하도(河圖)와 낙서(洛書), 주역(周易)의 기본 팔괘 · 108

⑰ 하도(河圖)와 낙서(洛書) · 112

⑱ 역(易)에 반영된 수리적 원리와 삶의 교훈 · 115

⑲ 수가 작용하는 원리와 대연수(大衍數) 50 · 119

⑳ 대연수(大衍數) 50과 주역(周易) 설시(揲蓍)의 수 · 123

㉑ 수리(數理)와 역(易)의 계사전(繫辭傳) · 133

㉒ 천체 운행의 기초 개념, 주역(周易)의 음양(陰陽) · 135

㉓ 24절기와 28수(宿)에 반영된 역(易)의 음양(陰陽) · 145

㉔ 오행(五行)으로 본 28수(宿)와 12차(次) 개념 · 149

㉕ 주역(周易)의 출현 시기와 사상적 배경 · 155

㉖ 문왕의 고사와 공자의 십익(十翼) · 163

㉗ 역(易)의 십익(十翼)에 반영된 공자의 기본 사상 · 170

㉘ 역(易)의 점서(占書)와 의리(義理) · 174

㉙ 문헌에 근거한 점서(占書)적 역사 고찰 · 177

㉚ 주역(周易)의 점서(占書) 기능과 본질 · 181

㉛ 주역(周易)의 세 범주 이(理)·상(象)·수(數) · 187

㉜ 문헌상 천체 운행과 주역(周易) 기본 개념 · 195

㉝ 차서가(次序歌)에 의존한 주역(周易)의 기본 세계관 · 199

㉞ 18괘 원도(圓圖)로서 구체화시킨 역의 수리체계 · 219

㉟ 18괘로 배분된 주역 상하(上下)경의 수 36과 의미 · 224

㊱ 음양(陰陽)과 사상(四象)의 포괄적 의미 · 232

㊲ 주역(周易)의 세계관, 천원지방(天圓地方) · 235

㊳ 십진법에 의존한 주역의 본질적 교훈 · 241

㊴ 대연수(大衍數) 50에 반영된 역(易)의 근본 원리 · 244

㊵ 선후천(先後天) 팔괘(八卦)의 음양(陰陽) 분류 · 249

㊶ 무(無)의 덕스러움과 천체 운행의 본질 · 255

㊷ 주역(周易) 기본 팔괘(八卦)의 개념과 상징물 · 259

㊸ 진(辰)과 진(震☳), 옛 사람들의 우주관 · 264

㊹ 진(辰)의 개념과 천체 운행의 이치 · 269

㊺ 역(易)의 원리에 근거한 동양의 율려(律呂) 사상 · 273

㊻ 역(易)의 원리에 근거한 옛 시대 도량형(度量衡) · 279

㊼ 서경의 홍범구주(洪範九疇)와 역(易)의 기본 원리 · 284

㊽ 주역의 핵심 포인트 사상(四象)과 삼획괘(三劃卦) · 299

㊾ 고전의 핵심 이치에 근거한 주역 전체의 괘상 해석 · 302

❶ 인간의 오래된 관심, 해와 달 지구상 절기

옛날 포희씨가 천하에 왕 노릇 할 적에 우러러서는 하늘의 형상을 보고 굽어 땅의 법을 보며 새와 짐승의 무늬를 보며 더불어 땅의 마땅함을 보되 가까이는 몸에서 취하고 멀리는 저 물건에서 취하여 비로소 8괘를 이처럼 지으시니 신명의 덕에 통하며 만물의 실정과 같게 하셨다.

古者包犧氏之王天下也, 仰則觀象於天, 俯則觀法於地. 觀鳥
고 자 포 희 씨 지 왕 천 하 야   앙 즉 관 상 어 천   부 즉 관 법 어 지   관 조

獸之文, 與地之宜. 近取諸身, 遠取諸物. 於是作八卦, 以通神
수 지 문   여 지 지 의   근 취 저 신   원 취 저 물   어 시 작 팔 괘   이 통 신

明之德, 以類萬物之情.   〈周易 繫辭 下傳 2章〉
명 지 덕   이 류 만 물 지 정   주 역 계 사 하 전   장

흠약호천(欽若昊天) – 천체의 움직임을 삶의 중심에 두다.

  세상을 살아가는 방법은 다양하다. 자기의 이익만을 추구하는 방법도 있고, 남의 아픔을 헌신적으로 보듬고 살아가는 방법도 있다. 삶의 목적을 돈에 두는 이들도 있고, 명예를 위해 자기의 몸을 돌보지 않는 사람도 있다.

  고전의 가르침이라면 어떨까? 삶의 본질을 천체의 움직임으로부터 출발해야 한다고 분명하게 못 박고 있다. 관념적인 형태의 막연한 사고가 아니다. 해와 달 그리고 별들의 움직임에 주목한 거시적인 인간의 삶, 그것을 옛 사람들은 지금의 우리들에게 요구하는 것이다.

  넓고 큰 하늘을 공경하게 받들며 따르게 하고 해와 달, 별들의 운행하는

모습을 수시로 관찰하여 삼가 사람들에게 농사철을 알려주도록 하셨다.
[흠약호천(欽若昊天)하고 역상일월성신(曆象日月星辰)하여 경수인시(敬授人時)하시니라.]

서경(書輕)의 요전(堯典)에서 언급하고 있는 본문 내용이다.
그래서 옛날의 위정자들은 넓은 하늘에서 일어나는 변화를 근거로 그것을 관측하고 기록하여 농사를 짓는데 필요한 달력을 만드는 것으로부터 정치 행위의 출발점을 삼고 있다.
다시 서경의 본문 내용으로 돌아가 보자.

희중(羲仲)에게는 우이(嵎夷)에 머물며 해가 뜨고 지는 시간을 관찰하게 하셨으니 이른바 해가 돋는 골짜기라는 뜻을 지닌 양곡(暘谷)이다. 봄부터 시작되는 농사의 때를 어기지 않도록 떠오르는 해를 정성껏 맞이하게 하시니 절기로는 춘분이다. 해가 질 무렵의 별은 주작이다. 이에 따라 춘분의 날을 양기의 중심으로 삼았다. 이 계절이 되면 백성들은 겨우내 방안 생활에서 나와 제각기 흩어지게 되며 새나 짐승들은 교접하여 새끼를 쳤다. [분명희중(分命羲仲)하사 택우이(宅嵎夷)하시니 왈양곡(日暘谷)이니 인빈출일(寅賓出日)하여 평질동작(平秩東作)이니 일중(日中)이요 성조(星鳥)라 이은중춘(以殷仲春)이면 궐민(厥民)은 석(析)이요 조수(鳥獸)는 자미(孶尾)니라.]

거듭 희숙(羲叔)에게 명하시어 남쪽 대교산에 살게 하니 곧 명도(明都)라는 곳으로서, 여름 농사를 고르게 다스리게 하시고 경건하게 해에게 제사를 지내게 하셨다. 낮이 길어지고 정남쪽에 대화성이 나타나면 여름철을 바로잡아 일러주시니, 백성들은 옷을 벗어 젖히며 일하고 새와 짐승들은 성글게 털갈이를 했다. [신명희숙(申命羲叔)하사 택남교(宅南交)하시니 왈명도(曰明都)니 평질남와(平秩南訛)하여 경치(敬致)니 일명(日永)이요 성화(星火)라 이정중하(以正仲夏)면 궐민(厥民)은 인(因)이요 조수(鳥獸)는 희혁(希革)이니라]

화중(和仲)에게 따로 명하시어 서쪽 땅에 살게 하시니 곧 매곡(昧谷)이라는 곳으로서, 해가 지는 것을 공경히 전송하듯 가을의 수확을 고르게 다스리도록 하셨다. 밤낮의 길이가 같아지고 성허가 나타나면 가을철을 바로잡아 일러주시니, 백성들은 더위가 물러간 것을 기뻐하고 새와 짐승들은 깃털이 다시 나기 시작했다. [분명화중(分命和仲)하사 택서(宅西)하시니 왈매곡(曰昧谷)이니 인전납일(寅餞納日)하여 평질서성(平秩西成)이니 소중(宵中)이요 성허(星虛)라 이은중추(以殷仲秋)면 궐민(厥民)은 이(夷)요 조수(鳥獸)는 모선(毛毨)이니라]

이와 같은 천체의 움직임은 다음과 같은 하늘의 28수와 12차 12진의 형태로 정리되어 우리들에게 전해져 내려오고 있다. (이하 28수와 12차 12진의 구체적인 내용은 뒷부분에서 다시 집중적으로 다루게 된다. 여기서는 주역을 이해하는데 도움이 되는 개략적인 내용만을 중심으로 잠시 소개하고 넘어가겠다.)

  ○ **주역을 이해하기 위한 징검다리 – 하늘의 12차(次)**
  지구에서 볼 때 해와 달은 한 해 동안 하늘에서 12번 만난다. 이 역시 주역을 이해하기 위한 보조 자료로서 명칭은 12차(次)다.

12차의 동방 청룡 자리 명칭은 수성(壽星) 대화(大火) 석목(析木)이다. 북방 현무 자리 명칭은 성기(星紀) 현효(玄枵) 취자(娶訾)다. 서방 백호 자리 명칭은 강루(降婁) 대량(大梁) 실침(實沈)이다. 남방 주작 자리 명칭은 순수(鶉首) 순화(鶉火) 순미(鶉尾)다. 그 명칭들의 개념은 다음과 같다.

첫째, 수성(壽星)은 3월에 해와 달이 만나는 자리다. 3월은 만물이 땅에서 나오는 때이므로, 봄 기운이 퍼져 만물의 목숨이 시작됨을 나타낸다.

둘째, 대화(大火)는 2월에 해와 달이 만나는 자리다. 동방 청룡의 심장에 해당한다. 성질이 불같다는 뜻에서 화성이라고 한다. 동방은 오행상 목의 기운이고 불은 나무의 심(心)에서 나오므로 명칭이 대화(大火)가 되었다.

셋째, 석목(析木)은 동방 목의 끝자락에 해당한다. 천체의 운행하는 방향에서 보아 북방의 수에서 넘어오므로 북방 수(宿)의 첫 번째 별자리인 두수(斗宿)와 이곳에서 기운이 갈린다고 하여 명칭이 석목(析木)이다.

넷째, 성기(星紀)는 만물을 거느려 벼리가 된다는 뜻이다. 만물의 생육에서 시작과 끝을 나누는 기준점 노릇을 하므로 명칭이 성기(星紀)로 붙었다. 때는 12월이다.

다섯째, 현효(玄枵)는 11월이 되어 해와 달이 만나는 자리다. 그때는 음기가 매우 성해지면서 만물이 땅으로 돌아간다. 한자의 뜻풀이를 보더라도 현(玄)은 검다는 뜻으로 북방 겨울의 물기운을 뜻하고, 효(枵)는 죽는다는 뜻이므로 모든 만물이 텅 비어 공허해졌음을 의미한다.

여섯째, 취자(娵訾)는 한탄하는 모양을 나타낸다. 음기가 왕성해지면서 점점 생명력을 잃어가는 양기의 한탄함이니 10월의 때다.

일곱째, 강루(降婁)는 때가 9월이다. 강(降)은 내려온다는 뜻이고, 루(婁)는 굽힌다, 혹은 뒤바뀐다는 뜻이다. 곧 양기가 쇠하고 음기가 자라나면서 만물이 시드는 때다.

여덟째, 대량(大梁)은 8월에 해와 달이 만나는 자리다. 대량(大梁)의 량(梁)은 딱딱하다는 뜻이다. 8월에는 처음 흰 이슬이 내려 만물이 경직된다. 그래서 명칭이 대량(大梁)이다.

아홉째, 실침(實沈)은 때는 7월이다. 그때는 양 기운이 결실을 맺으면서 음기에 의해 안으로 가라앉는다. 그러므로 명칭이 실침(實沈)이다.

열 번째, 순수(鶉首)는 하늘의 28수 별자리로 보면 정수(井宿)와 귀수(鬼宿)에 해당하는 주작의 머리 부분이다. 그때는 양의 기운이 여전히 위로 타오르는 때다. 그러므로 명칭이 새의 머리를 뜻하는 순수(鶉首)다. 순(鶉)은 메추라기이고 수(首)는 머리다. 때는 6월이다.

열한 번째, 순화(鶉火)는 때가 5월이니 양기가 비로소 왕성해진다. 이때는 화성이 저녁 남쪽 하늘의 중천에 자리하므로 불 화(火) 자를 써서 명칭을 붙였고, 메추리 순(鶉)은 여기서도 양기가 위로 타오름을 상징한다.

열두 번째, 순미(鶉尾)는 양기가 왕성하게 타오르는 때로 남방 별자리 모양은 주작이다. 가운데 해가 만나는 자리는 익수(翼宿)와 진수(軫宿)가 되는데 그 자리는 남방 주작의 꼬리에 해당하므로 명칭이 순미(鶉尾)다.

방위	12차 명칭	별자리(수)	12辰(진)	斗柄(두병)
동방청룡	壽星(수성) 大火(대화) 析木(석목)	角(각), 亢(항) 氐(저), 房(방) 心(심), 尾(미) 箕(기)	辰(진) 3월 卯(묘) 2월 寅(인) 1월	酉(유) 戌(술) 亥(해)
북방현무	星紀(성기) 玄枵(현효) 娵訾(취자)	斗(두), 牛(우) 女(여), 虛(허) 危(위), 室(실) 壁(벽)	丑(축) 12월 子(자) 11월 亥(해) 10월	子(자) 丑(축) 寅(인)
서방백호	降婁(강루) 大梁(대량) 實沈(실침)	奎(규), 婁(루) 胃(위), 昴(묘) 畢(필), 觜(자) 參(삼)	戌(술) 9월 酉(유) 8월 申(신) 7월	卯(묘) 辰(진) 巳(사)
남방주작	鶉首(순수) 鶉火(순화) 鶉尾(순미)	井(정), 鬼(귀) 柳(류), 星(성) 張(장), 翼(익) 軫(진)	未(미) 6월 午(오) 5월 巳(사) 4월	午(오) 未(미) 申(신)

〈도표 1〉 하늘의 28수와 12차 명칭에 바탕을 둔 지구 월별 구분

○ **주역을 이해하기 위한 천체의 변화, 황도 28수와 지구상 절기[斗柄]**

절기 변화에 따라 태양의 위치도 달라진다. 이를 두고 옛 사람들은 황도 28수 별자리로 표시하였다. 절기 변화에 따라 땅 위를 가리키는 두병의 위치(북두칠성의 손잡이)도 역시 달라진다. 옛 사람들은 그것을 천간지지의 12지지로 대신하였다.

태양의 위치를 염두에 두거나 두병의 위치를 기준으로 삼더라도 일 년 24절기 변화는 결국 음양 소장의 이치를 벗어나 있지 않으므로 황도 28수의 명칭과 12지지의 의미에 대해서는 뒤쪽으로 잠시 미뤄두기로 하자. 다만 여기서도 우리가 기억해야 하는 것은 이와 같은 의미 체계가 지닌 동양적인 사고의 근본 특징이다.

그것은 한 마디로 천인합일설(天人合一說)로 요약해볼 수가 있다. 우리가 주역을 문제삼을 때도 눈의 초점은 결국 그쪽으로 맞추어보지 않을 수가 없다.

그렇다면 실제 천인합일설에서 우리가 얻게 되는 옛 사람들의 교훈은 무엇일까? 특정한 이념이나 집단, 계층에 바탕을 둔 인간들의 이해관계 문제가 아니다. 하늘이 땅을 통해서 만물을 이롭게 하려는 덕(德), 바로 거기에 핵심이 있다.

이를 역에서는 하늘괘의 세 가지 아름다운 이로움으로서 원형이정(元亨利貞)이 된다고 했다. 서경에서는 요 임금과 순 임금처럼 인간으로서 빛나는 덕(德), 바로 그것이 된다고 하였다.

❷ 주역을 이해하기 위한 천체 움직임의 실질적 좌표

역은 천지와 더불어 일치한다.(기준을 함께함) 그러므로 능히 천지의 도를 얽어 짰나니, 우러러 보아 천문을 관찰하고 굽어 보아 지리를 살핀다. 그러므로 유명(幽明)의 원인을 알며 시작을 근원하여 마침에 미친다. 그러므로 사생의 설을 안다.

易如天地準 故能彌綸天下之道 仰以觀于天文 俯以察于地理 是
역 여 천 지 준　고 능 미 륜 천 하 지 도　앙 이 관 우 천 문　부 이 찰 우 지 리　시

故 知幽明之故 原始及終 故知死生之說. 〈周易 繫辭 上傳 4章〉
고　지 유 명 지 고　원 시 급 종　고 지 사 생 지 설　　주 역　계 사　상 전　　장

옛 사람들이 관측한 천체의 움직임은 어떤 특징을 가지고 있었을까?

그 질문 끝에 우리가 주목하게 되는 것은 다음과 같은 〈그림 1〉과 〈그림 2〉의 해와 달이 보여주는 움직임의 도표다.

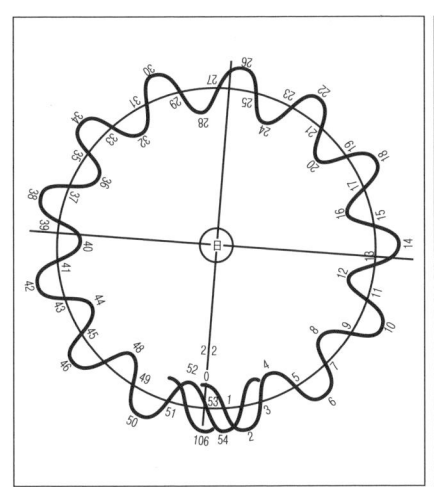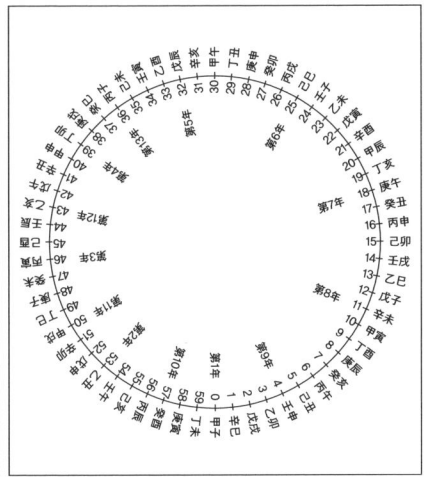

〈그림 1〉 해와 달이 하늘에서 보여주는 움직임의 자취(왼쪽)
〈그림 2〉 해와 달의 움직임을 60갑자(甲子)로 구체화시킨 천체 운행의 좌표(오른쪽)

그 가운데 〈그림 1〉은 해와 달의 움직임을 하나의 가상공간에서 구체화시켜 본 황도면상의 도표다. 〈그림 2〉는 해와 달이 하늘에서 만나는 자리를 10간 12지로 구체화시켰을 때 생겨나는 전체적인 움직임의 좌표다.

그림 안에 표기된 용어들을 통해 짐작할 수 있는 것처럼 우리는 해와 달이 하늘을 돌면서 생겨나는 가상의 좌표를 10간(干) 12지지(地支)의 간지(干支) 체계로 표기해 활용하고 있다.

이런 원리에 바탕을 두고 있다는 점에서 보면 주역의 괘상(卦象)도 역시 예외는 아니다. 다만 10간 12지의 간지체계와 역(易)의 다른 점이 있다면 그것은 그 좌표에 해당하는 명칭을 의미 중심으로 세분화시킨 괘명(卦名)으로 대신하고 있다는 점이다.

여기서 우리에게 좀 더 일반화되어 있는 십간십이지(十干十二支)의 간지체계로서 역(易)을 이해하는 첫걸음을 내딛기로 한다.

위의 도표를 보면 누구나 짐작해 볼 수가 있겠지만 처음 하늘에서 해와 달이 만났던 자리로 다시 돌아오는 주기는 우리가 현재 사용하는 태양 태음력의 주기로 보아 정확히 60년이 되는 때다.(사실은 60이 아닌 64다. 왜냐하면 하늘의 공간을 360도로 놓고 생각했을 때, 해의 움직임으로는 조금 넘치고 달의 움직임으로는 모자라는 차이를 보완하는 윤달을 생각해야만 하기 때문이다.)

먼저 앞의 그림을 〈도표 2〉로 바꾸어서 다시 살펴보기로 하자.
자세한 의미 설명은 〈도표 2〉 안의 공란에서 열거하고 있는 여섯 항목의 내용들을 참고하면 된다.

39 丁卯 4년	38 庚戌 47	37 癸巳 30	36 丙子 13	35 己未 56	34 壬寅 39	33 乙酉 22	32 戊辰 5년	31 辛亥 48	30 甲午 31	29 丁丑 14	28 庚申 57	27 癸卯 40	26 丙戌 23	25 己巳 6년	24 壬子 49
40 甲申 21											23 乙未 32
41 辛丑 38	1. 이 도표의 전체적인 구분은 원의 도수 360을 60갑자(甲子)의 체계로 구체화시킨 결과다. 시간은 물론 공간의 변화까지 포함한다.	22 戊寅 15
42 戊午 55		21 辛酉 58
43 乙亥 12년	2. 각 네모 안의 아래에 오는 숫자는 지구에서 보았을 때 해와 달이 처음 만난 자리로 돌아와 다시 만나게 되는 지점의 표시다.	20 甲辰 41
44 壬辰 29	3. 그때 0으로 표기된 갑자(甲子)는 해와 달이 하늘에서 처음 만나는 자리고 다음으로 8칸 째 해당되는 을축(乙丑)은 1년이 지났을 때 다시 만나는 자리다.	19 丁亥 24
45 己酉 46		18 庚午 7년
46 丙寅 3년	4. 그 결과 다시 8칸을 건너 뛴 병인(丙寅)은 3년이고 정묘(丁卯)는 4년째며, 무진(戊辰)은 5년, 기사(己巳)는 6년, 경오(庚午)는 7년, 신미(辛未)는 8년, 임신(壬申)은 9년이 되면서 한 바퀴를 마무리하게 된다. 다시 같은 패턴으로 하늘의 공간을 7바퀴 돌고 나면 처음 해와 달이 만났던 갑자(甲子)의 자리로 돌아오게 된다. 이는 역(易)에서 말하는 칠일래복(七日來復)의 의미다. 참고로 절에서 지내는 49재는 이와 같은 천체 운행의 실질적인 반영이다.	17 癸丑 50
47 癸未 20		16 丙申 33
48 庚子 37		15 己卯 16
49 丁巳 54	5. 이와 같은 해와 달의 전체적인 움직임을 수로서 계산해보면 0으로 표기된 갑자의 지점에서 60년 만에 거의 일치하는 다음과 같은 결과가 생겨난다. 해를 중심으로 한 지구의 공전주기가 보여주는 계산식. 365.2422×60=21914.532. 달이 지구 주위를 돌면서 60년 동안 보여주는 거리의 계산식. 27.55455×15×53=21905.867. 따라서 이들 계산식을 1년 단위로 바꾸어 보면 해는 365.2422이고 달은 365.09779로 거의 유사한 값이 생겨난다.	14 壬戌 59
50 甲戌 11년		13 乙巳 42
51 辛卯 28		12 戊子 25
52 戊申 45	6. 여기서 생겨나는 천문학의 기초 개념이 바로 역의 팔괘(八卦)다.	11 辛未 8년
53 乙丑 2년		10 甲寅 (51)
54 壬午 19	55 己亥 36	56 丙辰 53	57 癸酉 10	58 庚寅 27	59 丁未 44	0 甲子 1년	1 辛巳 18	2 戊戌 35	3 乙卯 52	4 壬申 9년	5 己巳 26	6 丙午 43	7 癸亥 60	8 庚辰 17	9 丁酉 34

〈도표 2〉 하늘에서 생겨나는 해와 달의 움직임을 원의 360도에 적용하여 60갑자(甲子)로 구체화시킨 천체 운행의 실질적인 좌표

해와 달이 처음 만나는 자리는 0으로 표시된 갑자가 되고 60년 뒤가 환갑으로 분류하고 있는 움직임의 한 주기다. 앞의 설명에서 보완해서 참고할 내용은 이를 십진법 수리체계로 접근해야 한다는 점이다.

무슨 뜻인가?

해와 달이 처음 만나는 자리를 간지 체계의 갑자(甲子)로 표기하면 해와 달이 지구를 한 바퀴 돌고나서 만나는 자리는 그로부터 8칸을 건너 뛴 뒤의 을축(乙丑)이다. 다시 한 바퀴 돌고 나면 병인(丙寅), 또 한 바퀴를 돈 뒤에는 정묘(丁卯)가 된다. 그 움직임은 9년째의 간지인 임신(壬申)에 이르러서 하나의 주기를 마무리하게 된다.

그 결과 두 번째 움직임은 18년이 되는 신사(辛巳)에서 마무리 된다. 세 번째의 움직임은 27년이 되는 경인(庚寅), 네 번째는 36년이 되는 기해(己亥), 다섯 번째는 44년이 되는 정미(丁未), 여섯 번째는 53년이 되는 병진(丙辰), 일곱 번째가 처음 해와 달이 만났던 자리인 갑자(甲子)로 돌아오게 된다.

이것이 도표에서 상기시킨 칠일래복(七日來復)으로서 십진법에 바탕을 둔 역의 대연수 49가 생겨나게 되는 직접적인 근거다. 물론 대연수 49뿐만이 아니다. 동서남북 사방 28수로 하늘의 별자리를 열거하는 까닭도 마찬가지다. 이처럼 지구의 변화를 십진법의 체계로 단순화시키려면 그 방법 밖에 달리 묘안이 없다.

우리가 역의 64괘 384효에 관심을 두게 되면 반드시 명심해야 하는 시각이 있다. 쉽게 이해가 되지 않더라도 1부터 10까지의 작용에 의존한 십진법의 의미 체계로 돌려 생각하는 방법이다.

③ 원시태극도(太極圖)와 주역 기본 원리

역에 태극이 있으니 이것이 양의를 낳고 양의가 사상을 낳으며 사상이 팔괘를 낳으니, 팔괘가 길흉을 정하고 길흉이 대업을 낳는다.

易有太極 是生兩儀 兩儀生四象 四象生八卦 八卦定吉凶 吉
역유태극　시생양의　양의생사상　사상생팔괘　팔괘정길흉　길

凶生大業.　　　　　　　　　〈周易 繫辭 上傳 11章〉
흉생대업　　　　　　　　　　　주역 계사 상전　　장

하늘에서 일어나는 해와 달의 이런 움직임은 어떤 형태의 규칙성을 가지고 지구에 영향을 미치게 될까?

첫째로 생각해볼 수 있는 게 봄·여름·가을·겨울에 따라 달라지는 해 그림자의 변화 문제가 있다.

둘째는 해 그림자의 길이가 달라지면서 생겨나는 복사열의 강도 차이를 생각해볼 수 있다.

주역에서는 이들 항목의 변화 내용을 음(陰)과 양(陽)의 부호로 구성된 천·지·인 삼재(三才)의 기본 삼획괘로 표시하는 방법을 취하게 된다. 그것들의 구체적인 근거는 다음과 같은 모양의 원시태극도(太極圖)에 있다.

아래 문양을 두고 태극도(太極圖)라고 이름을 붙이는 까닭은 주역 계사전에 나오는 다음 구절 때문이다.

"역에 태극(太極)이 있으니 이것이 양의(兩儀)를 낳고 양의(兩儀)가 사상(四象)을 낳으며 사상(四象)이 팔괘(八卦)를 낳으니, 팔괘(八卦)가 길흉(吉凶)을 정하고 길흉(吉凶)이 대업(大業)을 낳는다."

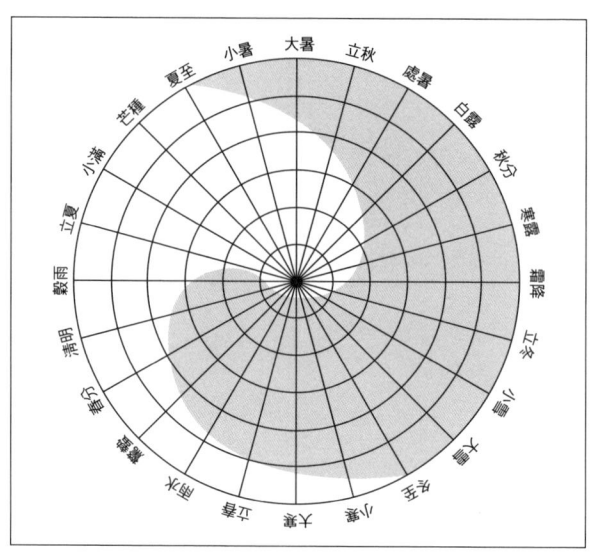

〈그림 3〉 24절기의 변화에 따라 생겨나는 해 그림자의 문양(원시태극도)

계사 상전 11장의 본문 구절이다. 그곳의 설명처럼 위 태극도(太極圖)를 보면 알 수 있는 게 있다. 전체 원의 형태가 음(陰)과 양(陽)의 두 영역으로 분명히 나누어진다는 사실이다.

계사전의 언급에 따르면 이는 태극에서 생겨난 음양(陰陽)으로서 양의(兩儀)가 된다. 이것을 다시 더 나누어보면 봄·여름·가을·겨울로 나눌 수 있는 사상(四象)이 되고, 팔괘(八卦)가 되며 그로 인한 길흉(吉凶)이 생겨나게 됨을 공자는 밝히고 있다.

공자의 이와 같은 주장은 어디에 근거하고 있기 때문일까?

해 그림자를 측정할 때 사용하는 나무 막대, 즉 규표의 길이에 그 해답이 있다. 옛 사람들이 해 그림자를 측정하는 나무 막대, 즉 규표의 크기를 항상 4자 혹은 8자로 고정시키는 것이 하나의 관례였다.

왜 1부터 10까지의 수 가운데 반드시 그 숫자여야 했을까?

주역의 체계가 음양(陰陽)을 벗어나지 않는 까닭이다. 음양(陰陽)에 기초하여 천체 운행의 법칙을 십진법으로 구체화시키면 그와 같은 의미 체계가 생겨날 수밖에 없기 때문이다.

어떤 의미 체계인가?

양의 만수인 9를 기본으로 해서 생겨나는 사상(四象)의 몫이 36(9×4)에 해당하는 의미 체계다. 이는 음양(陰陽)을 형식으로 하는 하늘과 땅 만물의 음양(陰陽)인 2의 세제곱 수(2^3) 8이 펼쳐진 36(1부터 8까지의 수를 더한 합)과도 자연스럽게 일치한다.

이에 대한 자세한 이야기는 수리적인 형태의 역 이치에서 다시 살피기로 하고, 여기서는 먼저 위의 태극도로 돌아가서 이야기를 진행시켜 보자.

위의 그림에서 왼쪽은 해의 그림자가 짧아지면서 생겨나는 양의 영역이고 오른쪽은 해의 그림자가 길어지면서 생겨나는 음의 영역인 태극도(☯)다.

그러므로 규표를 여덟(8) 자로 고정하고 해의 그림자를 측정하면 6단계의 구분이 원의 반지름에서 생겨나므로 역의 기본 괘상은 8괘가 되고 효는 6효로서 그 변화를 대신하게 된다.

그 이치는 십진법의 온수 100으로 나타나는 변화로서 앞의 해 그림자를 재는 주역 대성괘의 일정한 공식 $6^2+8^2=10^2$에서도 이내 분명해진다.

무슨 뜻인가?

만약 세상의 만물을 십진법의 전체 수로 구체화시켜 나열하게 되면 생겨나는 수의 마지막에 100이 온다. 이를 우리는 온수라는 개념으로 일반화시켜 부르게 되는데, 앞의 피타고라스 공식은 바로 그 온수가 생겨나게 하는 구체적인 하나의 조합인 셈이다.

십진법의 온수 100은 그 안에 3·4·5의 기본 조합, 즉 대연수(大衍數) 50을 바탕으로 운용되고 있으므로 주역의 괘상은 후자가 천·지·인 삼획괘(三劃卦)의 기본 팔괘가 되고 전자가 하나의 괘상이 6획으로 이루어진 역의 전체 64괘가 된다. 이를 〈도표 3〉으로 자세히 알아보자.

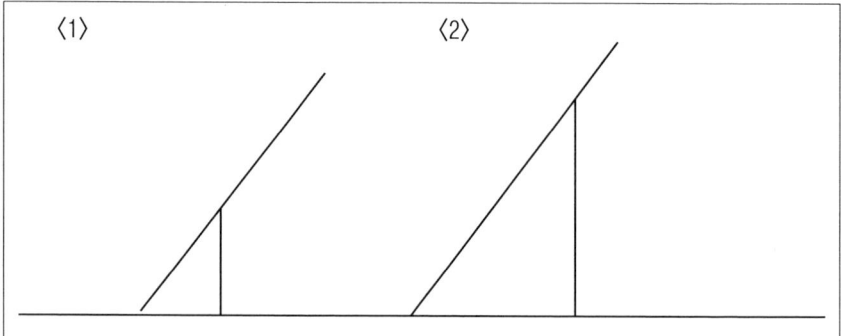

1. 〈1〉은 밑변이 3, 높이는 4, 대각선의 길이가 5인 수의 조합이다. 역의 기본 팔괘(八卦)에 해당한다.

2. 〈2〉는 밑변이 6, 높이는 8, 대각선의 길이가 10이 되는 수의 조합이다. 역의 전체 64괘에 해당하는 결과물이 생겨난다.

3. 밑변은 동지와 하지를 오가면서 생겨나는 해 그림자의 길이가 되고, 높이는 해 그림자를 재는 규표(圭表)의 길이가 되며, 대각선은 규표와 해 그림자 길이를 통해서 추정해볼 수 있는 만물 생성의 숫자다.

〈도표 3〉 역의 대연수 50과 온수 100을 반영하는 4자와 8자 길이의 규표 (圭表 – 해 그림자를 측정하는 나무 막대)를 땅 위에 세웠을 때 추정해 볼 수 있는 땅 위의 그림자와 해의 위치

이는 다시 말하면 지구를 둘러싼 해와 달의 지속적인 움직임이 3과 4와

5의 기본 팔괘 조합 하나[$3^2+4^2=5^2$: 〈도표 3〉의 〈1〉]와 6, 8 10의 조합에 해당하는 전체 64괘[$6^2+8^2=10^2$: 〈도표 3〉의 〈2〉]로 구체화 시킬 수 있다는 뜻이다.

이것이 앞의 태극도 그림으로 하늘에서 일어나는 해와 달의 움직임에 따른 지구상의 24절기 변화 내용이다.

〈도표 3〉의 〈1〉에서 해의 그림자 길이인 3의 제곱수($3\times3=9$), 규표에 해당하는 4의 제곱수($4\times4=16$) 합은 25가 되면서 이것이 둘 모여 대연수(大衍數) 50을 반영하게 된다.

〈도표 3〉의 〈2〉에서 해의 그림자 길이인 6의 제곱수, 규표에 해당하는 8의 제곱수 합은 모두 100으로 만물의 현상을 그대로 반영하는 대성괘의 직삼각형이다.

참고로 앞 〈그림 3〉 태극도(太極圖)에서 알 수 있듯이 그림자의 길이 6은 하지와 동지를 기점으로 늘어났다 줄어들기를 반복하면서 6단계의 마디를 이룬다. 역에서는 그 여섯 단계의 해 그림자 마디를 취해 괘의 6효로 삼는다.

거기에 하나의 괘상(卦象)을 이루고 있는 전체 6효의 낱낱 변화는 하나의 효가 다른 또 하나의 효로 변화하는 원주율의 차이 6을 매개로 일정하게 되풀이되므로 그것이 $6\times6=36$이라는 두 번째 그림의 밑변 제곱수에 해당한다. 그때 생겨나는 36(6×6)의 개념은 역의 기본 괘상인 1부터 8까지의 합에 해당하는 수라는 점에서도 결국 주역의 기본은 그 성격이 십진법의 범주를 벗어나기 어렵게 된다.

이렇게 보면 소성괘를 위 아래로 둘 겹쳐 생겨나는 역의 6획괘는 당연히 십진법의 4를 두 배로 늘린 8에서 그 짝을 찾아낼 수 있다.

앞에서 우리는 역의 원시태극도가 절기에 따라 달라지는 해의 그림자를 측정하는 도구와 관련되어 있음을 알았다. 전한시대의 수학을 다루고 있는 주비산경(周髀算經)에 보면 해시계에 해당하는 규표(圭表)를 이용하여 특정 지역의 방위, 봄·여름·가을·겨울의 변화, 24절기 등을 정하는 구체적인 방법을 제시해 주고 있다.

주비산경(周髀算經)은 개천설(蓋天說)을 근거로 복희가 고안하고 주공(周公)이 주(周)나라 이전의 은(殷)나라로부터 전수해 이어받았다고 알려져 있는 데서 생겨난 명칭이다.

주비(周髀)의 비(髀)는 넓적다리를 뜻하는데, 해의 그림자를 측정하는 해시계의 막대기에 해당한다. 길이는 여덟 자다. 이것의 명칭을 규표(圭表)라고 하는데 규표와 해 그림자의 길이는 직삼각형의 모양에서 밑변과 높이의 관계에 해당한다. 밑변의 길이인 그림자가 길어질수록 음의 활동이 왕성해지고, 밑변의 길이가 짧아질수록 양의 기운이 왕성해지는 특징이 있다. 그 수치를 흑백의 음영으로 처리하여 그림을 그려보면 역의 원시태극도인 태극의 모양이 생겨난다. 규표의 길이는 지상에서 8자 높이다.

음양의 변화는 겨울을 지나면서 양의 활동이 시작되면서 여름에 왕성해지고 여름을 지나면서 음의 활동이 시작된 뒤 겨울에 왕성해지게 된다. 이는 그림자의 길이로 전체적인 음양의 활동량이 나타나게 되는데 절기로 보면 앞에서 설명한 바대로 하지에서 추분을 거쳐 동지까지가 음의 기운이 왕성한 때다. 동지에서 춘분을 거쳐 하지에 이르는 기간은 양의 기운이 왕성해지는 때다. 태극도에서는 이 내용이 해의 그림자가 짧은 양은 붉은 색으로 해의 그림자가 길어지는 음의 영역은 푸른색으로 채색되어지는 태극도가 된다.

비단 절기뿐만이 아니다. 하루 동안 해의 그림자도 절기와 마찬가지로 계절에 따라 일정한 패턴을 만들어낸다. 그래서 옛 사람은 북극성을 이용하여 방위의 기준을 삼고 그림자의 길이와 위치를 이용하여 24절기를 정하는 표준으로 삼았다.

그때 가장 기준점이 되는 절기는 동지와 하지다. 해시계에 의한 규표의 그림자가 가장 길게 나타나는 때를 동지로 삼고 이때가 일양이 아래에서 생겨나는 때지만 음의 기운이 가장 왕성한 때다. 규표의 길이가 가장 짧은 날을 하지로 삼았다.

그 결과 동지를 기준으로 태양력의 주기가 365.25일이라는 사실을 알아내고 정월 초하루를 결정하고 자연 현상의 음양이 어떤 패턴으로 반복되는지 알게 하는 역의 이치를 객관적인 법칙으로 정리해 냈다.

공자의 계사전(繫辭傳)에서는 이를 두고 위로는 천문을 살피고 아래로는 지리를 굽어보아 천지의 도(道)를 얽어 짰다고 하여 역(易)은 천지와 더불어 기준을 함께한다고 했다. 그 패턴은 땅의 기운인 음(陰)과 하늘의 기운인 양(陽)의 일상적인 소통 작용이라는 뜻에서 하나의 음(陰)과 하나의 양(陽)을 도(道)라고 일컫는다고 정의하고 있다.

한편 역에서 괘(卦)가 뜻하는 의미가 천지만물의 이치를 걸었다는 걸 괘(卦)로 통한다. 이는 역의 이치가 본질적으로 해시계의 규(圭)에서 유래한다는 설에 근거하기 때문이다.

주춘재(周春才)는 이렇게 말한다.

"역(易)은 규표(圭表)의 상(象)이다. 역경(易經)의 주석서는 주역(周易)을 천지와 동격인 지혜로 비유하지만 규표(圭表)에 비유할 수도 있다. 그 이유는 규표야말로 천지 운행의 법칙과 의의를 한 치의 그르침도 없이 잘 나타내고 있으며 위로는 천문(天文), 아래로는 지리(地理)가 뒷받침되어 만물의 시작과 끝을 고찰하는 과정 속에서 사람들에게 만물의 흥망성쇠와 사물이 극(極)에 이르면 반드시 되돌아간다는 역의 이치를 파악하게 해주기 때문이다."

④ 해 그림자에 의존한 역의 체계와 십진법

이런 까닭에 하늘이 신령스러운 물건을 내자 성인이 이를 법칙으로 하며 천지가 변하고 화하거늘 성인이 본받으며, 하늘이 상을 드리워 길흉을 나타냄에 성인이 형상하며, 하수에서 하도가 나오고, 낙수에서 낙서가 나옴에 성인이 법칙으로 삼았다.

是故天生神物, 聖人則之. 天地變化, 聖人效之. 天垂象, 見吉
시 고 천 생 신 물   성 인 칙 지   천 지 변 화   성 인 효 지   천 수 상   견 길
凶, 聖人象之. 河出圖, 洛出書, 聖人則之.
흉   성 인 상 지   하 출 도   락 출 서   성 인 칙 지

〈周易 繫辭 上傳 11章〉
　　주역 계사 상전　　장

　주역의 핵심 원리를 천체의 움직임에 근거한 해 그림자에서 찾고자 할 때 생겨나는 수리적인 법칙은 어떤 의미 체계를 이루게 되는가?

　한 해 동안의 천체 운행도수를 360으로 가정했을 때 거기에 해당하는 변화 단위는 45일이다. 그것을 특정한 형태의 의미 체계로 구성하게 되면 생겨나는 괘상(卦象)이 바로 역의 기본 팔괘(八卦)다.

　이것을 다시 전체 60년 단위의 음양 부호로 구체화시키게 되면 역의 대성괘인 64괘 384효가 나타나게 된다. 왜냐하면 해는 약 365도로 360에서 약 5도가 더 가고, 달은 360에서 6도 가량이 모자라므로 이를 윤달로 종합해서 반영하게 되면 64괘 384효의 괘상으로 마무리 되는 십진법의 체계를 갖추게 되기 때문이다.

　참고로 주역에서 60번째 괘상은 물과 못이 조합을 이룬 절(節)괘가 되

고, 59번째는 환(渙)괘며 절(節)괘 다음은 중부(中孚)·소과(小過)·기제(旣濟)·미제(未濟)의 넷이 더 첨가되어 있다. 즉 60번째의 절(節)은 해와 달의 움직임을 원의 주기로 획일화시켰을 때 생겨나는 하나의 마디이고, 59번째 환(渙)은 달의 운동에 맞춘 괘상이 된다. 반면 절(節)괘 다음 남는 나머지 괘상들은 윤달이 끼어들었을 때의 경우를 포함한 괘상이다.

이처럼 역이 60갑자 의미 체계와 마찬가지로 역의 모든 괘상들도 근거는 하늘의 해와 달이 보여주는 구체적인 움직임에 바탕을 둔 결과물들이다. 그들 의미 체계를 십진법으로 대신하고 있는 까닭에 주역 계사전(繫辭傳)에서는 역의 대연수를 50이 된다고 말하고 있다. 왜냐하면 십진법의 수리적인 작용은 온수가 100이 되고 1부터 10까지의 전체 합은 55로서 하늘의 수 5를 거기에서 제외하게 되면 실질적인 십진법의 작용은 50으로 나타나기 때문이다.

물론 이런 설명을 듣고 있다 보면 이해되지 않는 내용들도 많다. 예컨대 55에서 5를 하늘의 수로 제외하는 이유는 무엇이며, 왜 크게 펼쳤다는 역의 대연수를 온수 100이 아닌 50을 취하게 되는가 등의 문제이다. 그와 같은 유형의 세세한 의구심은 이 책의 다른 곳에서 해결하기로 하고 여기서는 일단 이 정도에서 마무리해 두기로 하자.

우리가 수를 통해 역의 체계를 생각할 때 짚어보아야 하는 의구심은 비단 여기에서 그치지 않는다. 천체의 변화를 지구의 시각에서 헤아리게 되면 작용하는 수가 십진법의 전체 합인 55가 아니고 45가 된다고 말한다. 그 까닭은 앞의 50 대연수와 달리 땅 위에 나타나는 음양(陰陽)의 강도가 전체 십진법의 최대치인 10이 아닌 9로서 꼭지점을 삼을 수밖에 없기 때문이다.

 어쨌든 그것을 수로 설명하거나 괘상으로 설명하거나 우리가 역(易)의 원리를 보다 손쉽게 이해하려고 하면 어쩔 수 없이 주목해야 하는 게 바로 해와 달, 지구의 움직임과 하늘의 별자리와 관련된 천체의 움직임이다.

 그래서 성인은 역(易)이 천지(天地)의 법칙을 근거로 성립되었다고 말씀한다. 즉 그 말은 우러러 천문을 살피고, 굽어보아 지리의 변화에 따른 결과가 곧 역(易)이라는 뜻이다. 계사전에서도 역은 그 안에 천지의 도가 얽어 짜여 있으면서 조금도 어긋나지 않아 만물을 두루 알게 하며 천하를 구제할 수 있는 도가 그 안에 감춰져 있다고 말한다.

 직접 주역 계사전의 본문 내용을 살펴보자.

 역은 천지와 더불어 일치한다.(기준을 함께함) 그러므로 능히 천지의 도를 얽어 짰나니, 우러러 보아 천문을 관찰하고 굽어보아 지리를 살핀다. 그러므로 유명(幽明)의 원인을 알며 … 천(天)·지(地)와 더불어 서로 같은 까닭에 어기지 않는 것이다. 지혜가 만물에 두루하고 도는 천하를 이룬다.
[역여천지준(易與天地準), 고능미륜천지지도(故能彌綸天地之道). 앙이관어천문(仰以觀於天文), 부이찰어지리(俯以察於地理), 시고지유명지고(是故知幽明之故)… 여천지상사(與天地相似), 고불위(故不違), 지주호만물이도제천하(知周乎萬物而道濟天下) 〈제사 상전 4장(繫辭上傳 四章)〉]

 이 말의 의미를 음미하게 되면 역의 성격은 매우 분명해진다. 음양(陰陽)을 매개로 한 태극도의 변화는 단순히 지구상의 모든 변화로 한정되는 결과물이 아니다. 하늘 위의 해와 달 별 등의 천체 움직임까지 낱낱이 포함한 지극히 단순한 십진법의 의미 체계가 된다.

우리가 역의 괘상을 이해하는 핵심 포인트는 태극도 위에 나타나는 해 그림자의 변화로 단순하게 바꾸어 생각할 수도 있다. 왜냐하면 낮이 되면 해가 뜨게 되고 밤이 되면 해가 숨으면서 지구를 따라다니는 달의 움직임을 거기에서 구체화시키면 되기 때문이다.

24절기를 놓고 그 문제를 확인해보자.

일 년 중 해 그림자와 밤의 길이는 동지(冬至)에 가장 길고, 하지(夏至)에 가장 짧다. 춘분(春分)과 추분(秋分)에는 밤낮의 길이가 똑 같아지면서 땅 위에 생겨나는 해 그림자의 길이에도 변화가 생긴다. 양(陽) 기운이 점점 성해지는 춘분 이후로는 차츰 짧아지고, 동지로 향하면서 음(陰) 기운이 성해지는 추분으로부터는 반대로 그 길이가 점점 길어지기 시작한다.

그때 생겨나는 해 그림자의 변화를 면밀히 관찰하여 하나의 표로 도식화시켜보면 그 무늬는 바로 태극(太極) 모양이 된다. 태극의 개념을 사전에서 찾아보면 우주 만물의 근원이 되는 실체, 혹은 하늘과 땅이 분리되기 이전 세상 만물의 원시 상태로 해석하고 있다. 이 역시 역(易)을 땅 위에 생겨나는 해 그림자의 변화하는 모습에서 파악할 수 있다면 더욱 구체적인 게 된다.

실제 태극무늬의 변화에는 그 안에 일정한 형태의 법칙성이 고스란히 반영되어 있다. 그 가운데 몇 가지를 여기서 다시 간추려보자.

첫째는 앞에서 이미 간략하게 언급한 것처럼 태양계의 모든 움직임을 망라하는 일월성신(日月星辰)의 법칙성 문제다.

둘째는 일월성신(日月星辰)이 움직이는 법칙에 따라 땅 위에 생겨나는 태극무늬의 구체적인 특징의 문제다.

역에 관한 전통적인 의미 해석서들은 이들 문제를 어떻게 취급하고 있을까?

하나는 선천(先天)에 관한 도상으로 취급되는 하도(河圖)의 영역이고, 다른 하나는 낙서(洛書) 혹은 구궁도(九宮圖)로 알려져 있는 후천팔괘(後天八卦)의 형식이다.

그 결과 태극의 드러남을 해 그림자로 구분하면 크게 음양(陰陽)이 된다. 다시 더 엄격하게 구분하면 봄·여름·가을·겨울의 사시(四時)가 된다. 이를 역의 괘상으로 나타내면 삼음삼양(三陰三陽)의 여섯 자녀괘가 된다. 그렇지만 그것의 본질은 반드시 천체의 움직임과 결부되어야 하므로 건곤(乾坤), 즉 하늘과 땅의 작용에서 근본을 볼 수 있어야 한다는 결론이 생겨나게 된다.

❺ 천체 움직임은 역의 원리에 어떻게 반영되나?

시초의 덕은 둥글고 신령스러우며, 괘의 덕은 방정해서 알 수 있게 하되, 여섯 효의 뜻으로 바뀌며 가르쳐 주니, 성인이 이로써 마음을 닦아서 물러가 빽빽한 데 감추며, 길흉에 백성과 더불어 근심을 함께 나누어 신으로써 오는 것을 알고 지혜로서 지나간 일을 간직하나니, 그 누가 능히 이에 참여하리요. 옛적에 총명하고 착하고 지혜가 있으며 신비스런 무력을 가지고서도 죽이지 아니한 자일 것이다.

蓍之德圓而神 卦之德方以知 六爻之義易以貢. 聖人以此洗心
시 지 덕 원 이 신　괘 지 덕 방 이 지　육 호 지 의 역 이 공　　성 인 이 차 세 심

退藏於密 吉凶與民同患 神以知來 知以藏往. 其孰能與於此
퇴 장 어 밀　길 흉 여 민 동 환　신 이 지 래　지 이 장 왕　　기 숙 능 여 어 차

哉? 古之聰明叡知 神武而不殺者夫! 〈周易 繫辭 上傳 11章〉
재　고 지 총 명 예 지　신 무 이 불 살 자 부　　　주 역 　계 사　상 전　　장

하늘에서 일어나는 천체의 움직임이 역의 기본 원리로 구체화 되었다면 그것이 지닌 특징을 우리는 어떻게 설명할 수 있는가?

앞 〈그림 3〉 원시태극도로 다시 돌아가서 생각해보자.

땅 위에 생겨나는 그림자를 문제삼는다는 것은 그 자체가 곧 하늘의 해와 달의 움직임을 알 수 있게 하는 결과로 이어지게 된다. 이것을 주역에서는 음양(陰陽)의 두 가지 부호로서 구체화시켜 나타나게 되는데 이것이 바로 주역에서 말하는 옛 사람들의 천·지·인 삼재(三才) 사상이다.

여기서 말하는 천·지·인 삼재(三才) 사상이란 세상에서 목격되는 사물의 일체 변화가 하늘과 땅·사람의 조합에 근거하고 있다는 뜻이다. 그 결

과 옛 사람들은 음양(陰陽)의 세 가지 부호를 하나의 단위로 만들어 역의 기본 삼획괘(三劃卦)로 삼는다. 그것들을 낱낱이 열거하면 명칭이 건(乾☰)·태(兌☱)·이(離☲)·진(震☳)·손(巽☴)·감(坎☵)·간(艮☶)·곤(坤☷)이 된다. 물론 이들의 성격은 본질적으로 앞 〈그림 3〉 태극도의 문양과 연결되어 있을 수밖에 없으며, 그것들을 구체화시켜 열거해 보면 다음과 같은 음양(陰陽)의 배열이 생겨나게 된다.

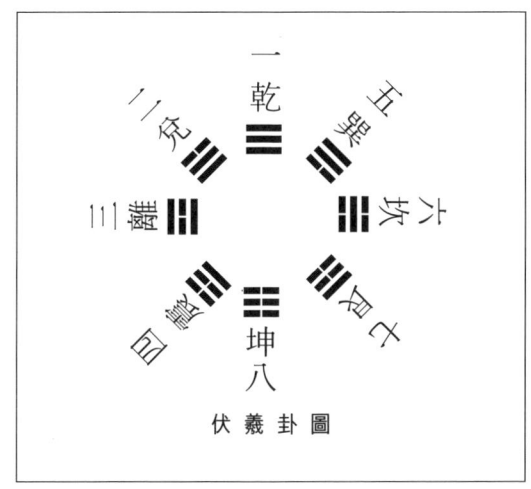

〈그림 4〉
천체의 움직임에 맞춰 생겨나는 하늘의 규칙적인 변화를 단순한 형태의 음양(陰陽) 부호로 구체화시킨 복희 선천 8괘도

〈그림 4〉에 나타난 괘상의 의미를 앞 〈그림 3〉 원시태극도와 관련시켜 잠시 살피고 넘어가자.

먼저 맨 위의 가운데 괘상이다.

이때는 양기가 왕성한 하지(夏至)로 괘명은 1건(乾☰)이고 아래의 맞은편 8곤(坤☷)과 마주보고 있는 자리의 괘상(卦象)이다. 1건(乾☰)과 마주보고 있는 자리의 8곤(坤☷)은 땅 위에 음기(陰氣)가 매우 왕성한 동지(冬至)의 때로 괘상 역시 모두 음뿐이다.

그 결과 태극도의 그림을 통해 알 수 있듯이 동지(冬至)가 되어 음(陰)이 가장 왕성해지면 봄 기운이 돌기 시작하면서 4진(震☳)으로 하나의 양(陽)이 비로소 생겨나게 된다. 이때는 해 그림자의 길이도 점점 짧아지기 시작하게 되는데 태극도에서 보면 자리가 왼쪽 아래 부분에 속해 있다.

음양(陰陽) 부호로 나타낸 역의 기본 삼획괘(三劃卦)를 보면 누구나 알 수가 있겠지만 이때는 절기로도 해 그림자가 짧아지기 시작하는 입춘의 때가 된다. 땅 밑에서 하나의 미세한 양기(陽氣)가 움트기 시작하는 4진(震☳)의 상(象)이 될 수밖에 없다. 4진(震☳)으로 일단 하늘의 양기운(陽氣運)이 움직이기 시작하면 땅 위의 그림자는 계속해서 짧아지면서 더욱 성하게 자라나기 마련이다.

그 결과 땅 위에서 활동을 시작한 양기운(陽氣運)은 하지(夏至)에 이르러 가장 지극해지는데 음양(陰陽)이 조합을 이룬 역의 괘상으로는 순양(純陽)인 건(乾)이 되는 때다. 양이 지극하다는 것은 음이 다시 움트게 된다는 뜻이다. 이것이 역의 팔괘로는 아래에서 음(陰) 하나가 다시 자라나게 되는 5손(巽☴)이다.

양의 기운이 왕성하던 왼쪽 영역과 달리 5번째의 삼획괘(三劃卦)인 손(巽☴)이 되면서 해 그림자의 길이가 차츰 길어지기 시작한다. 태극도의 그림에서 보면 이때는 오른쪽 음(陰)의 영역으로 자리가 넘어간 뒤가 된다.

다음은 3리(離☲) 화(火)와 6감(坎☵) 수(水)다.

절기를 감안하면 이때는 해 그림자와 밤낮의 길이가 서로 같아지는 춘분(春分)과 추분(秋分)의 때다. 하지(夏至)와 동지(冬至)를 앞둔 입하(立夏)와 입동(立冬) 무렵에는 원시태극도에 나타나 있듯이 마지막 음(陰)과 양

(陽)이 점점 아래로부터 자라나는 양(陽)과 음(陰)의 기운에 의해 2태(兌 ☱)와 7간(艮 ☶)으로 아예 결단나기 직전 상태에 이르러 있는 모습이다.

이들 괘상의 전체적인 배열은 하나의 괘상에 45일의 날 수가 적용된다. 십진법으로 보면 이는 1부터 5까지 15가 하나의 마디로 이루어지는 계사전의 삼오이변(參伍以變)이다. 절기의 변화 측면에서 보더라도 팔괘(八卦)와 64괘(卦)는 자연스러운 역(易)의 기본 원리로 작용하게 되어 있다.

이것을 주역 설괘전(說卦傳 第3章)에서는 다음과 같은 원리로 거기에 대한 설명을 곁들인다.

"천지(天地)가 자리를 정함에 산과 못이 기운을 통하고 우레와 바람이 서로 부딪치며 물과 불이 서로 상하지 않으면서 팔괘(八卦)가 어울리니, 지나간 것을 헤아림은 순조롭고 올 것을 알아내는 일은 거슬리므로 역(易)은 역수(逆數)이다."[천지정위(天地定位) 산택풍기(山澤通氣) 뇌풍상박(雷風相薄) 수화불상석(水火不相射) 팔괘상착(八卦相錯) 수왕자순(數往者順) 지래자역(知來者逆) 시고(是故) 역역수야(易逆數也)]

이를 간추리면 하늘이 위에 자리 잡고 땅이 아래에 자리를 잡아 서로 그 기운을 통함에 산과 못이 그 통로 역할을 하여 하늘의 기운은 산을 통해 땅으로 내려오고 땅의 기운은 못을 통해 위로 오름을 뜻한다. 우레와 바람이 음양의 기운을 충동질하며, 불과 물이 서로 거슬리는 성질 가운데서도 조화를 이루어 세상의 모든 만물이 배합(配合)괘에 의해 서로 전개되는 이치에 대한 설명이다.

복희(伏羲)의 선천팔괘(先天八卦)와 달리 문왕(文王)의 후천팔괘(後天八卦)는 이와 다르다. 전체의 구성 내용이 낙서의 구궁수에 따라 자리가 매겨지는데, 이는 어디까지나 천체의 움직임에 바탕을 둔 땅 위의 전체적인 구도와 관련이 있다고 보면 된다.

　여기에는 지구상에 반영되는 천체의 움직임이 항상 전제되어 있다. 그것도 양(陽)이 주도하면서 음(陰)은 호응하는 이치로서 봄에 움트고 여름에 뻗어나간 뒤 가을에 결실을 맺고 겨울에 갈무리되는 생장수장(生長收藏)의 모든 작용이 후천팔괘의 배치 안에는 복합적으로 반영되어 있다.

　이것을 반영하는 형식도 다양하다. 어떤 것은 수리적인 특징으로, 어떤 것은 괘상의 성질로, 어떤 측면은 괘상의 자리를 통해 반영한다. 그 가운데 예로 들만한 특징 가운데 하나로는 괘상의 수리적인 의미가 있다.

　다음의 문왕 후천팔괘 〈그림 5〉는 그것을 이해하기 위한 구체적인 단서다. 얼핏 보아 〈그림 5〉의 괘상들은 복희의 선천팔괘에 비해 배치되어 있는 괘상의 숫자들이 매우 무질서하게 보인다.

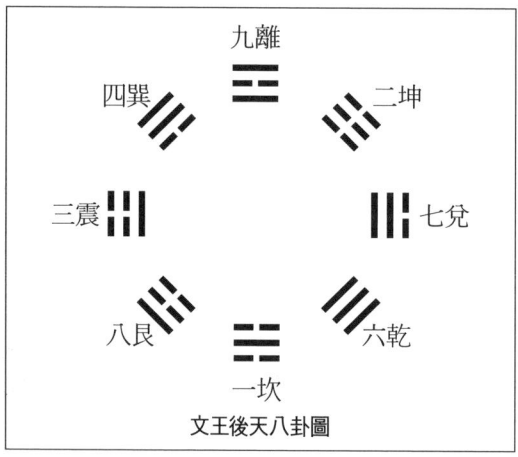

〈그림 5〉
천체의 움직임에 맞춰 생겨나는 지구상의 여러 변화를 단순한 형태의 음양(陰陽) 부호로 구체화시킨 문왕 후천 팔괘도

1감(坎☵)이 맨 아래에 있고, 두 번째 2곤(坤☷)은 오른쪽 위 모서리에 와 있다. 다음으로 3진(震☳)은 왼쪽 상하 가운데에 위치하고 있다. 4손(巽☴)은 왼쪽 위 모서리다. 동시에 5는 빠져 있고 6건(乾☰)은 자리가 오른쪽 아래다. 계속해서 7태(兌☱)는 오른쪽 위아래 중앙이고 8간(艮☶)은 왼쪽 아래 모서리 자리다. 다시 마지막 9이(離)는 위 중앙이 되는데 역이 십진법 체계이면서도 10은 여기에서도 빠져 있다.

어떤 원리들이 여기에 적용되어 있기 때문일까?

그 해답을 위해 우리가 먼저 주목할 것은 괘상(卦象)의 앞자리에 위치하고 있는 수들의 의미다. 그것들은 무질서해 보이면서도 홀수는 감(坎☵)1·진(震☳)3·이(離☲)9·태(兌☱)7 등의 괘상이 동서남북의 중앙에 자리 잡고 있다. 곤(坤☷)2·손(巽☴)4·간(艮☶)8·곤(乾☰)6은 동서남북 사방의 모서리에 와 있다.

이는 우선 우리에게 세상의 본질이 무엇이라야 하는가를 눈뜰 수 있게 하는 괘상의 배열이다. 왜냐하면 계사전에서 십진법의 홀수들, 즉 1·3·5·7·9 등은 하늘의 수로서 분명하게 분류하기 때문이다.

그에 비해 땅의 수로 분류되는 짝수들의 집합인 음(陰) 2·4·6·8 은 사방의 모서리를 차지하고 있다. 어떤 일을 맡아 이룸에 가운데가 중심이라면 모서리는 당연히 보좌하는 의미를 지닌다고 볼 때 양(陽)이 가운데가 되고 음(陰)이 모서리가 된다는 뜻은 매우 상징적인 의미를 지니게 된다.

어떤 상징이겠는가?

만물의 생성에 하늘의 수가 주도하면서 땅의 수가 호응하는 원리의 상징이다. 그렇다면 이들 수에 근거해 볼 때 땅은 하늘의 이치를 받들어 그 덕스러운 작용을 이어가고 있을 뿐이고 그것이 바로 계사전에서 말하고 있는 다음의 문구가 된다.

하나의 음(陰)과 하나의 양(陽)이 작용함을 도라고 일컫는다. 그것을 잇는 자는 선(善)이요, 이루는 자는 성(性)이다. [일음일양지위도(一陰一陽之謂道). 계지자선야(繼之者善也) 성지자성야(成之者性也).]

계사 상전 5장(繫辭 上傳 五章)의 본문 내용이다.
그 의미에 근거하여 이들 문왕 후천팔괘의 배열을 분석해 보면 어떻게 잇고 어떻게 이룬다고 하겠는가. 중심에 있는 양(陽)이 가운데서 만물을 성(性)으로서 이루고 거기에 호응하는 음(陰)이 모서리에서 양(陽)의 아름다운 작용을 도와서 이어가고 있을 뿐이다. 동시에 움직임으로 보면 가운데 하늘의 기운은 왼쪽으로 돌고 있고, 땅의 기운은 오른쪽으로 도는 원리도 천체의 객관적인 움직임 꼭 그대로다.

그래서 1로부터 시작되는 양기(陽氣)의 움직임은 왼쪽으로 돌면서 3진(震☳ 1×3=3)이 되고, 다음에는 9리(離☲ 3×3=9)가 된다. 다시 이어지는 수의 전개는 7태(兌☱ 9×3=27)다. 대신 오른쪽으로 도는 땅의 기운은 2곤(坤☷ 2×1=2)·4손(巽☴ 2×2=4)·8간(艮☶ 4×2=8)·6건(乾☰ 8×2=16)이다.

십진법에서 본질의 수 삼천양지(三天兩地)의 수가 구체적인 원리로서 만물의 형성에 작용하고 있음을 여기서도 우리는 분명히 알 수 있다. 그뿐이겠는가. 이곳 문왕 후천팔괘의 방위도는 앞에서 언급한 것처럼 하늘에서 움직이고 있는 해와 달의 변화와 그로 인한 땅 위의 복사열 강도는 물론, 북두칠성의 손잡이가 가리키는 땅의 방위까지 서로 거슬리면서 일음일양(一陰一陽)으로 돌고 있는 세상의 모든 이치가 추호의 빈틈도 없이 그 안에 사실적으로 반영된다.

그런데 이와 같은 모든 세상의 이치도 결국 핵심 원리는 음(陰)과 양(陽)의 구체적인 작용에 있다고 보면서도 주역 설괘전의 해석은 그 표현이 조금 달라진다.

"임금이 정동(震☳)에서 나와 손(巽☴)에서 가지런하고 이(離☲)에서 서로 보고 곤(坤☷)에서 일을 이루고 태(兌☱)에서 기뻐하며 건(乾☰)에서 싸우고 감(坎☵)에서 위로를 하고, 간(艮☶)에서 이룬다."[제출호진(帝出乎震) 제호손(齊乎巽) 상견호리(相見乎離) 치역호곤(致役乎坤) 열언호태(說言乎兌) 전호건(戰乎乾) 노호감(勞乎坎) 성언호간(成言乎艮) 〈설괘전(說卦傳) 제5장(第5章)〉]

❻ 60갑자(甲子)와 주역(周易) 체계

주역이란 만물의 뜻을 열어 알 수 있게 하고 거기에 바탕을 두고 모든 일을 성취할 수 있도록 도울 뿐이다.

夫易 開物成務, 冒天下之道, 如斯而已者也.
부역 개물성무　모천하지도　여사이이자야

〈周易 繫辭 上傳 11章〉
　주역 계사 상전　　장

　앞에서 소개한 천체 운행의 원리로서 역을 이해하고자 할 때 우리가 주목해야 하는 60갑자의 어디에 초점을 맞춰 접근해야 하겠는가?
　역의 의미를 천체의 운행과 관련시켜 주목해야 하는 내용 가운데 하나가 달의 움직임인 근점월과 삭망월(朔望月)의 개념이다. 근점월(近點月)이란 지구와 달 사이의 거리를 기준으로 처음 측정이 시작되던 때로 되돌아오는 주기를 일컫는다. 이를 수식으로 나타내면 약 27.55일이다.
　앞의 근점월(近點月)과 달리 달이 하늘을 한 바퀴 돌아 백도상의 같은 위치로 돌아오는 주기를 항성월(恒星月)이라고 한다. 이는 달이 지구를 도는 공전 주기를 의미하므로 그때 보여주는 달의 공전 각속도가 날마다 13도 17636임을 감안하면 달의 항성월은 약 27.3216일이 된다.
　달의 위상 변화에 주목하여 초하루 그믐과 보름달로 나타나는 주기를 관찰하면 근점월보다 약간 주기가 길어지는 약 29.53일이다. 그 까닭은 달이 한 바퀴 도는 동안 지구도 해를 중심으로 약 30도의 공전현상이 진행되기 때문이다.
　따라서 하늘의 한 주기 마디를 60갑자로 놓고 볼 때 격팔상생(隔八相

生)에 따른 60갑자의 위치 변화가 나타나는 마디는 53번째에 항상 놓이게 되므로, 달의 근점월 27.55일과 삭망월 29.53일의 최소공배수는 413.32와 413.42천으로 실제 일 년 운행주기인 365도를 훨씬 벗어난 약 48.0778천이 많은 숫자다.

그런데 천체의 운행주기를 나타내는 60갑자나 역의 64괘상이 근거하는 회귀년의 주천도수는 앞의 근점월과 삭망월에서 구해지는 하늘의 주천도수 413.42천을 바탕으로 이루어지고 있다.

간지의 변화 단위를 예로 들면 1년 365일에 해당하는 갑자(甲子)에서 을축(乙丑)년의 천도 운행이 53점에 해당한다면, 갑자(甲子)년에서 다시 원래의 갑자(甲子)년으로 돌아오는 하늘의 주천도수는 413.42천이 된다는 뜻이다.

따라서 달의 근점월 27.55일을 53점으로 곱하면 그 수는 1460.15이고, 이를 일 년 365.2425의 운행 도수와 맞추자면 나누기 4를 해야만 가능해진다.

그것은 무엇을 뜻하는 것일까?

바로 지구를 도는 달의 공전현상은 하나의 근점월 속에 역의 4범주로 나누어지는 분명한 구분점을 포함하고 있음을 확인하게 만든다. 그 결과 지구를 중심으로 한 달의 움직임은 60년을 하나의 주기로 하는 60갑자 회귀년은 근점월인 27.55일에 413.42천의 공배수 성립에 필요한 15를 곱한 수에 다시 53점을 곱한 21914.53여를 하나의 단위로 하는 수치와 통하게 된다.

이를 단순한 공식으로 정리하면 다음과 같다.

1년=27.55×53/4=365.0375≈365.2422

60년=27.55×15×53=21902.25≈21914.532

　이 수는 수의 단위로 파악하면 이진법과 삼진법의 두 계열을 포함하는 수리체계다. 이것을 두고 주역과 역법에서 상병의(常秉義)는 1.3n과 2.3n 계열의 공배수 54에 속함을 언급하고 있다. 다시 말하면 그 의미는 문왕의 후천팔괘를 도표화시켜 보여주는 역 구궁도(九宮圖)의 수열 배치를 보면 쉽게 납득이 가는 주장이다.

　그 점은 〈도표 4〉를 보면서 직접 확인해 보자.

4巽(風:바람)	9離(火:불)	2坤(地:땅)
3震(雷:우레)	5寄 中宮	7兌(澤:못)
8艮(山:산)	1坎(水:물)	6乾(天:하늘)

〈도표 4〉 구궁도의 배열을 통해 살펴본 천체 운행의 수리적인 원리

　〈도표 4〉에서 보면 동서남북의 가운데 칸은 1·3·9·7로 변화해 나가는 삼진법의 체계다. 반면 네 모서리의 음들은 2·4·8·6으로 전개되어 나가는 이진법의 체계다. 또 구궁도에 나타난 수의 집합을 보면 10이 안에 숨어 있는 1에서 9까지의 십진법 체계다.

　따라서 십진법의 수 1에서 10까지의 작용을 문왕 후천팔괘의 구궁도에 근거해서 살피면 그 움직임의 특징은 결국 이진법과 삼진법 등의 수리적인 작용을 벗어나 있지 않게 된다.

　대신 상하 좌우 대각선으로 자리 잡고 있는 수의 조합들을 합하면 구해

지는 합은 항상 15다. 그것은 형이상학적인 하늘의 수 1부터 5까지를 합한 수의 몫 15와 자연스럽게 일치한다.

여기에서 우리는 십진법의 대연수를 55가 아닌 50으로 보고 5를 거기에서 제외시키는 이유에 대해서 알 수가 있게 된다. 그런데 혹자는 이와 같은 〈도표 4〉를 보면서 이렇게 반문할 수가 있다.

왜 앞 도표안의 괘상 배치가 꼭 그와 같아야 하는가?

너무 작위적인 괘상 배치가 아니겠는가?

그러나 하늘에서 움직이고 있는 달의 모양만을 참고하더라도 이는 전혀 억지가 아니다. 이를 위백양(魏伯陽)은 월체납갑설(月體納甲說)로 정리하고 있다.

참고로 위백양(魏伯陽)은 오(吳)나라 사람이다. 역(易)과 관련된 주역참동계(周易參同契)는 그의 저술로 알려져 있다. 내용은 역(易)에 의지한 신체 단련이 목적이지만 성격은 오히려 상수(象數)에 가깝다. 천문(天文), 역(曆), 악률(樂律) 등 세상의 일체 현상을 역의 음양(陰陽)에서 그는 답을 찾는다.

그래서 위백양(魏伯陽)은 하늘에 나타나는 달의 변화에서도 간지(干支)와 역(易)의 괘상과 그대로 일치하는 현상을 다음과 같이 확인시켜 주고 있다.

다음 〈도표 5〉는 그가 월체납갑설(月體納甲說)로 이름 붙여 구체화시킨 해당 내용이다.

	丙(23일)=간(艮☶) 달이 점점 사라져 (消) ☶의 모양과 같다.	南	丁(8일)=태(兌☱) 달이 점점 차올라 태☱와 같은 모양 이다.	
乙(29일)=곤(坤☷) 완전히 숨으면서 모양이 ☷과 같다.	건(乾☰)이 곤(坤☷)과 사귐은 이(離☲) 해다. 기(己)는 일광(日光)이다. 중궁(中宮)의 자리다. 곤(坤☷)이 건(乾☰)과 사귐은 감(坎☵) 달이다. 무(戊)는 월정(月精)이다.		庚(3일) 달은 3일에 진(震 ☳) 초생달☳을 이 룬다.	
東				西
甲(15일)=건(乾☰) 달이 보름달☰로 나타난다.			辛(16일) 손(巽☴) ☴을 닮은 달의 상 이 신(辛)방에 나 타난다.	
	癸=달이 소멸되 어 계(癸)에서 숨 는다.	北	壬(30일) 해와 달이 壬에서 서로 만난다.	

〈도표 5〉 천체 운행에 바탕을 둔 역의 기본 원리를 간지(干支) 체계와 결부시켜 이해하기 위한 위백양의 월체납갑설(月体納甲說)

이해를 돕고자 설명을 덧붙이면 중궁(中宮)에서 감(坎)과 이(離)는 해 (日)와 달(月)이다. 오행(五行)으로는 토(土)에 속하니 하늘의 양(陽) 건(乾 ☰)과 땅의 음(陰) 곤(坤☷)이 사귀어 땅 위에서 중정(中正)함을 얻은 괘상 이다. 감(坎☵)의 상(象)은 달의 정기니 양(陽)이 음(陰)에게 갇힌 무(戊)방 으로 흐르고, 이(離☲)의 상(象)은 해의 광명(光明)이니 음(陰)이 양(陽)에 게 갇혀 숨은 이(離☲)다.

한 달 30일 여에 임(壬)에서 해와 달은 서로 만나는데 하늘에 나타나지 는 않는다. 초 3일이면 진(震☳)의 괘상으로 경(庚) 방에서 나온다. 다시 8

일이면 정(丁)방에서 태(兌☱)의 괘상에 해당하는 상현달이 나타나고 15일이면 비로소 건(乾☰)을 닮은 보름달이 되어 갑(甲)방에서 가득 찬다.

16일이면 다시 바람 괘 손(巽☴)으로 기울기 시작하면서 신(辛) 방에 나타나고, 23일이면 달의 밝은 기운은 아래서부터 차츰 어둠에 묻히면서 간(艮☶)의 형상으로 병(丙) 방에 나타난다.

29일이면 달의 밝은 기운은 자취를 감추고 온통 음의 기운뿐이니 을(乙)방에 나타나는 곤(坤☷)이다.

여기서 주의해야 할 것은 본문 가운데 언급하고 있는 것처럼 갑(甲)·을(乙)·병(丙)·정(丁)·무(戊)·기(己)·경(庚)·신(辛)·임(壬)·계(癸)의 천간(天干)은 지상(地上)의 방위를 나타낸다.

건(乾☰)·태(兌☱)·이(離☲)·진(震☳)·손(巽☴)·감(坎☵)·간(艮☶)·곤(坤☷)의 팔괘(八卦)는 달의 차고 기우는 자연계의 이치라는 점이다.

그러나 달의 변화로 납갑(納甲)을 설명하고 있음에도 불구하고 경(庚)에 속하는 진(震☳), 신(辛)에 속하는 손(巽☴), 무(戊)에 속하는 감(坎☵), 기(己)에 속하는 이(離☲), 병(丙)에 속하는 간(艮☶), 정(丁)에 속하는 태(兌☱)로 그 이치는 앞의 설명과 조금도 다르지 않다.

월체납갑설의 괘상 배열은 구궁도의 그것과 전혀 다르다. 그것은 의미 체계의 문제일 뿐 결국 핵심은 동일하다는 것을 이 책이 계속되는 동안 누구나 차츰 수긍하게 될 것이다.

참고로 이황(李滉)은 계몽전의(啓蒙傳疑)에서 주역의 8괘를 60갑자(甲子)의 천간(天干)과 연결시키는데 그것은 다음 〈도표 6〉과 같다.

역의 괘상 양중심(陽中心)	건(乾 ☰)	진(震 ☳)	감(坎 ☵)	간(艮 ☶)
가족	아버지	장남(長男)	중남(中男)	소남(少男)
달의 위치	갑(甲)	경(庚) 15일	무(戊)	병(丙) 23일
달의 위치	을(乙)	신(辛) 16일	기(己)	정(丁) 8일
가족	어머니	장녀(長女)	중녀(中女)	소녀(少女)
역의 괘상 음중심(陰中心)	곤(坤 ☷)	손(巽 ☴)	이(離 ☲)	태(兌 ☱)

〈도표 6〉 주역의 팔괘를 천간(天干) 지지(地支)의 개념으로 대체했을 때 생겨나는 전체 배분표

❼ 60갑자(甲子)와 주역의 공통점

성인이 괘를 만들어 상을 보고 말을 매달아, 길과 흉을 밝히며 강과 유가 서로 미루어 변화를 낳는다. 그러므로 길과 흉은 얻고 잃는 상이요, 뉘우침과 부끄러움은 근심과 헤아림의 상이요, 변하고 화(化)하는 것은 나가고 물러나는 형상이요, 강(剛)과 유(柔)는 낮과 밤의 형상이요. 육효(六爻)의 움직임은 삼극의 도다.

聖人說卦 觀象繫辭焉 而明吉凶 剛柔相推 而生變化 是
성인설괘 관상계사언 이명길흉 강유상추 이생변화 시
故吉凶者 失得之象也. 悔吝者 憂虞之象也. 變化者 進
고길흉자 실득지상야   회린자 우우지상야   변화자 진
退之象也. 剛柔者 晝夜之象也. 六爻之動 三極之道也.
퇴지상야   강유자 주야지상야   육효지동 삼극지도야

〈周易 繫辭 上傳 2章〉
주역 계사 상전 장

  천체의 움직임에 바탕을 둔 지구의 변화가 천간(天干) 지지(地支)로는 60갑자(甲子)가 되는데 왜 주역에서는 64괘 384효로서 전체의 단위를 취하게 되는가?

  서로 같은 십진법의 체계이면서도 윤달을 반영하는 방식의 차이 때문이다. 60갑자를 하나의 단위로 삼는 간지(干支) 체계와 달리 역(易)이 64괘 384효가 되는 까닭은 수리적인 특징을 설명하면서 다시 다루게 되는데 여기서는 우선 강조하고 싶은 게 있다. 비록 형식은 음양(陰陽)의 부호에 의존해 있지만 그것의 원리를 이해할 때는 십진법의 체계로서 이를 받아들

여야 한다는 점이다.

이에 대한 근거는 다음의 주역 계사전이다.

하늘이 일(一)이요, 땅이 이(二)며, 하늘이 삼(三)이요, 땅이 사(四)며, 하늘이 오(五)요, 땅이 육(六)이며, 하늘이 칠(七)이요, 땅이 팔(八)이며, 하늘이 구(九)요, 땅이 십(十)이니, 공자 말씀하시되 무릇 역은 어떻게 해서 만든 것일까? 역은 사물을 열고 업무를 이루어서 천하의 모든 도를 덮게 되니 이와 같을 따름이다. [천일 지이(天一 地二) 천삼 지사(天三 地四) 천오 지육(天五 地六) 천칠 지팔(天七 地八) 천구 지십(天九 地十). 자왈(子曰) 부역하위자야(夫易何爲者也) 부역개물성무(夫易開物成務) 모천하지도(冒天下之道) 여사이이자야(如斯而已者也).〈계사 상전 11장(繫辭 上傳 11章)]

공자의 말씀에 의하면 역은 십진법의 체계로서 홀수는 양(陽)의 수가 되고, 짝수는 음(陰)의 수다. 역의 구조가 십진법의 체계이므로 역의 괘상을 조작할 때 사용되는 시초의 내용물 역시 10이 크게 펼쳐졌을 때의 수 50에 바탕을 두게 된다.

다시 주역 계사 상전 9장의 해당 구절을 본문에서 인용해 보자.

하늘의 수가 다섯이고, 땅의 수가 다섯이다. 다섯의 자리가 서로 얻어 각기 합함이 있으며 하늘의 수는 25요, 땅의 수는 30이다. 무릇 하늘과 땅의 수는 55다. 이것이 변화를 이루며 귀신을 행하는 것이다. 대연의 수가 50이니 그 씀은 49다. 나누어 둘로 해서 양의(兩儀)를 상징하고 하나를 걸어서 삼재를 형상하고 넷 씩 헤아려 사시를 상징하고 남는 것을 손가락 사이에 끼워(돌려) 윤달을 상징하니 5년에 윤달이 두 번이므로 두 번 손가락 사이에 끼운 늑(扐) 뒤에 거는 것이다. [천수오(天數五) 지수오(地數五) 오위상득이각유합(五位相得而各有合). 천수이십유오(天數二十有五) 지수삼십(地數三十) 범천지지수오십유오(凡天地之數五十有五). 차소이성변화이행귀신야(此所以成變化而行鬼神也). 대연지수오십(大衍之數五十) 기용사십유구(其用四十有九). 분이위이이상양(分而爲二以象兩) 괘일이상삼(卦一以象三) 설지이사이상사시(揲之以四以象四時) 귀기어륵이상윤(歸奇於扐以象閏). 오세재윤(五歲再閏) 고재륵이후괘(故再扐而後卦).〈주역 계사 상전 9장(周易 繫辭 上傳 9章)〉]

　천체의 움직임을 역의 괘상(卦象)으로 어떻게 반영되는가를 알 수 있게 하는 계사전의 해당 문구다. 분명히 십진법의 체계다. 이와 같은 십진법의 체계가 어떻게 역의 64괘 384효가 되는지는 본문 내용이 진행되면서 다시 확인할 수가 있다.

❽ 역(易)의 기본 부호가 팔괘(八卦)에 그치는 이유

역의 책으로 엮어짐은 모든 사물의 시작과 끝을 본질로 삼았으니 육효가 서로 섞임은 오직 그 때와 사물이다. 그러나 주역의 괘를 보게 되면 처음은 알기에 어렵고 상을 통하게 되면 알기가 쉬우니 상(象)은 곧 모든 사물의 근본과 끝에 해당한다. 그 결과 처음부터 말은 사물의 이치를 본떠서 알 수 있도록 견주어 보였고 마침내 모든 사물의 끝을 포함하게 된다. 만약 역의 상으로서 세상의 모든 물건을 뒤섞고 덕을 가리며, 시비를 분별할 수가 있으니 이는 하나의 괘 안에 갖추어진 가운데 효가 아니면 어려운 노릇이다. 아! 그뿐인가. 모든 이치의 존망과 길흉을 알고자 한다면 주역으로써 분명히 알 수 있겠거니와 지혜로운 자가 역의 단사(彖辭)를 보면 그 즉시 생각은 반을 넘어선다.

易之爲書也 原始要終以爲質也. 六爻相雜 唯其時物也. 其初
역지위서야 원시요종이위질야   육효상잡 유기시물야   기초

難知 其上易知 本末也 初辭擬之 卒成之終. 若夫雜物撰德 辯
난지 기상이지 본말야 초사의지 졸성지종   약부잡물선덕 변

是與非 則非其中爻不備. 噫 亦要存亡吉凶 則居可知矣. 知者
시여비 즉비기중효불비   희 역요존망길흉 즉거가지의   지자

觀其彖辭 則思過半矣.　　　　　　　　　〈周易 繫辭 下傳 9章〉
관기단사 즉사과반의　　　　　　　　　　주역 계사 하전 　장

십진법에 바탕을 둔 역이 삼획괘(三劃卦)의 종류를 보면 왜 십(十)이 아닌 팔(八)이 되는가?

일 년을 봄·여름·가을·겨울의 사시로 나누어 생각할 때, 매 철마다 기

본 토대가 되는 양의 만수는 36을 벗어나지 않으므로 이를 십진법의 단위로 표시하면 1부터 8까지의 합이 된다. 그러므로 역의 기본 삼획괘의 종류는 팔괘를 벗어나지 않는다. 또 태극에서 생겨나는 음양(陰陽)의 수에 천태극(天太極)·지태극(地太極)·인태극(人太極)의 범주를 열거해 보면 그 종류도 또한 여덟 가지 유형으로 나누어지는 이치 때문이다. 2^3(음과 양을 세 제곱함)=8

이런 이유 때문에 옛 사람들이 천체의 운행을 관찰함에 있어서 해 그림자를 재는 규표(圭表)의 길이를 항상 여덟 자로 한정시킬 수밖에 없었다. 또 해와 달의 움직임에 근거하여 생겨나는 땅 위 만물의 수가 100이라고 가정할 때 해 그림자를 재는 땅 위 규표의 길이가 항상 여덟 자가 되어야만 양의 만수 36과 하나의 완벽한 조합을 이루면서 천문과 지리의 변화를 망라한 역의 6효에서 그 해답을 찾는 일이 가능했다.

한편 그 이유를 황제내경(皇帝內經)에서 찾아보면 다음과 같은 오운육기(五運六氣)의 설명으로 구체화시킬 수가 있다.

천지 변화의 모태, 오운육기(五運六氣) 천원기대론(天元紀大論)
하늘에는 오행이 있어 오위에 임하여 한서조습풍(寒暑燥濕風)이 생겨나게 하고 사람에게는 오장(五臟)이 있어 오기(五氣)를 화(化)하여 희노사우공(喜怒思憂恐)이 생겨나게 한다. 논에 말하기를 오운(五運)이 상습하여 모든 것을 다스리니 일 년이 지나면 다시 돌아와 다시 시작하는 것은 알겠지만 삼음삼양의 기후와 어떻게 합이 되는지 알 수가 없음을 질문하는 황제와의 문답을 만날 수가 있다.

거기에 대한 기백(岐伯)의 답변은 다음과 같다.

"오운(五運)과 음양(陰陽)은 천지(天地)의 도(道)이며 만물의 기강이다. 그뿐 아니다. 그것은 세상 만물이 보여주는 변화의 모태이며 죽고 사는 근본 시작이며, 신명의 창고이니 가히 통하지 않는 게 있겠는가? 그러므로 사물이 생하는 것을 음(陰)의 움직임인 화(化)라 하며, 사물이 극에 이르는 것을 양(陽)의 움직임인 변(變)이라 하며, 이와 같은 음과 양의 움직임을 구체적으로 헤아릴 수 없는 것을 신(神)이라 하며, 신(神)의 방법을 덕으로 쓰는 것을 성(聖)이라 하며, 변화하여 쓰는 것을 용(用)이라고 한다.

반면 그것이 하늘에 있으면 현(玄)이며, 땅에서는 화(化)다. 화(化)는 오미(五味)를 생하고, 도(道)는 지(知)를 생하고, 현(玄)은 신(神)을 생한다. 신이 하늘에 있으면 풍(風)이 되고, 땅에 있어서는 목(木)이 되고, 하늘에서는 열(熱)이 되고, 땅에서는 화(火)가 되며, 하늘에서는 습(濕)이 되고, 땅에서는 토(土)가, 하늘에서는 조(燥)가, 땅에서는 금(金)이 되며, 하늘에서는 한(寒)이, 땅에서는 수(水)가 된다. 여기서 풍열습조한(風熱濕燥寒)은 기(氣)로 하는 말이고 수화목금토(水火木金土)는 형체로 하는 말이다.

그러므로 하늘에서는 기(氣)가 되고 땅에서는 형(形)이 되어 형(形)과 기(氣)가 서로 감응하여 만물을 이룬다."

이는 곧 황제내경에서 역의 팔괘에 대한 의미를 천지(天地)에 오르고 내리는 기(氣)의 작용으로서 설명하는 해당 구절이다. 이에 그 책의 태시천원책을 보면 태허는 광대하고 무변하여 조화의 근원이 되어 만물이 힘입어 시작되며 오운(五運-오대 행성의 작용으로 상징화시킨 천체의 움직임)

이 하늘에서 미치고 진령의 기를 펴고 건원(乾元)을 통솔하고 구성(九星)이 하늘에서 빛나면서 칠요[칠정(七政)을 말한다. 목화토금수와 일월]가 주위를 돌게 되는데 그것이 바로 주역에서 말하는 음양(陰陽)이며 강유(剛柔)의 개념이다.

그 결과 세상의 변화 속에는 유(幽)와 현(顯)이 서로 자리를 잡고 한서(寒暑)가 서로 긴장하여 생생화화(生生化化)하며, 품물이 다 드러나게 되는 것이다. 이는 기백이 십 세 동안 그 집안에서 전해 내려오는 진리임을 강조하고 있다.

그런 변화에 주목하게 되면 바로 세상에는 오운(五運)과 육기(六氣)의 개념이 다음과 같이 생겨나게 된다.

세상에서 기(氣)의 작용은 이미 올라갔으면 내려와야 하는데 내려오는 것을 천(天)이라고 한다. 또 내려왔으면 다시 올라가야 하는데 오르는 것을 지(地)라고 한다. 천기(天氣)는 하강하여 그 기는 땅에서 흐른다. 그 결과 지(地)는 상승하며 그 기는 하늘로 올라간다. 그래서 고하가 서로 상대가 되고 승강이 서로 원인이 되어 변화가 일어나게 되어 있다.

한편 천원기대론(天元氣大論)에는 다음과 같은 말도 있다.

"한서조습풍화(寒暑燥濕風火)는 하늘의 음양(陰陽)이다. 그것은 역(易)의 자녀 괘들에 해당하는 삼양(三陽) 삼음(三陰)이다. 그와 달리 목(木)·화(火)·토(土)·금(金)·수(水)는 땅의 음양이다.

이에 하늘은 양(陽)을 생하고 음(陰)을 자라게 하니, 땅은 양(陽)을 죽이고 음(陰)을 감추게 된다. 또 하늘에는 음양(陰陽)이 있고, 땅에도 또한 음양(陰陽)이 있다.

그래서 양(陽) 중에 음(陰)이 있고 음(陰) 중에 양(陽)이 있다. 이런 까닭에 천지의 음양을 알고자 한다면 하늘의 기운에 응하고 움직여 쉬지 아니하므로 5년에 오른쪽으로 옮겨가고 땅의 기운에 응하고 고요하여 위치를 지키므로 6년에 다시 만나는 이치를 알아야 하는 것이다.

그로써 움직임과 고요함이 서로 부르고 위와 아래가 서로 호응하면서 음양이 서로 섞이면[相錯] 그로써 생겨나는 변화가 곧 역의 전체 64괘가 생겨나는 것이다."

이는 역의 전체 구조에 대한 황제내경의 설명이다.

계몽전의는 납음(納音)에 대한 해설에서 다음과 같은 기(氣)의 승강으로 역(易)의 기본 원리를 설명하고 있다. 즉 만물의 변화는 같은 유(類)에서 짝을 얻고 여덟 칸을 건너뛰어 서로 생한다는 게 핵심이다. 이를 간지(干支)에 적용하게 되면 양(陽)은 자(子)에서 나기 때문에 아래에서 생겨나며, 음(陰)은 오(午)에서 나기 때문에 위에서 나게 되는 것이다. 하늘의 기운은 아래로 10.6㎝ 내려가고 땅의 기운은 위로 올라감을 뜻하는데 나는 것이 세 차례에 그치는 것은 3원(元)의 뜻이 된다고 하였다.

그 결과 땅 위에 생겨나는 해 그림자의 문양은 앞에서 소개한 태극무늬로서 그것의 구체적인 변화 단위는 일 년 24절기가 되고 원 안에 나타나는 구분선은 6폭이 된다. 그 말뜻은 태극도 안 한 개 폭의 단위가 절후의 달이 찼다가 기우는 수 15일의 숫자와 관련된 주역 팔괘 구조에서 찾아볼 수 있다. 이와 같은 역의 구조는 십진법에서 후천팔괘의 가로 세로 숫자의 합이 바로 15가 되는 이치로 반영되어 나타난다. 여기서 15는 십진법의 1

에서 5까지를 합한 수다.

4	9	2	15
3	5중	7	15
8	1	6	15
15	15	15	15

〈도표 7〉 문왕 후천팔괘를 단순한 수의 작용으로 대체했을 때의 도표
(역의 九宮圖는 이것을 두고 일컫는 말이다)

우리는 〈도표 7〉에 주목하여 그 의미를 잠시 살펴보고 넘어가자. 수가 펼쳐지고 있는 원리는 매우 단순하면서도 전체적으로 일정하다. 가로의 합, 세로의 합, 대각선의 합이 모두 15가 된다.

이는 어떤 특징을 반영하는 결론일까?

땅 위에서 생겨나는 음양(陰陽)의 수리적인 기본 단위가 일정한 법칙성을 보여주고 있음을 의미한다. 실제 〈도표 7〉 안에서 짝을 이루고 있는 수들의 집합을 살펴보면 모든 수는 가운데 5를 매개로 나머지 둘이 10에 해당하는 십진법의 조합이다.

그때 서로 서로 마주 보고 있는 9와 1, 3과 7, 4와 6, 2와 8 등은 합이 모두 10이다. 거기에 중앙의 5를 포함하면 그 수의 합은 모두 15다. 대신 중앙의 5를 제외하게 되면 땅 위에서 작용하는 하늘의 기본수는 항상 10을 만수로 움직이는 특징이 있다.

실제 해와 달의 운행주기로 보더라도 처음 만났던 자리와 다시 되돌아

와 만나는 해와 달의 주기는 십진법으로 표현이 가능해진다. 왜냐하면 그 주기를 운행 횟수로 따지면 60년이 되지만 음양(陰陽)을 짝으로 하는 원의 주기율 360을 기준으로 삼아 역(易)의 괘상으로 이를 적용해보면 숫자의 기본 단위가 64가 되기 때문이다.

따라서 구궁도 안에 배열된 숫자의 집합을 만자(卍字)에 적용시켜 합해보면 4+9+5+1+6=25와 8+3+5+7+2=25의 두 개의 조합이 생겨난다. 이 역시 합이 50으로, 계사전에서 말하는 십진법의 대연수(大衍數) 50과 정확하게 일치하는 결과의 수다.

❾ 주역 설시(揲蓍)의 수, 50에 반영된 천체 움직임

성인이 천하의 떠들썩하게 비롯됨을 봄에 있어서 그 형용(形容)을 본떠 흉내 내고 그 물건의 마땅함을 형상화시켰다.

이와 같은 까닭에 상(象)이라 일컬었다. 성인이 천하의 움직임을 보고 그 모여 통함을 살펴서 떳떳한 예를 행하며 말을 매달아 길흉을 판단하였다. 이런 까닭에 효라고 말한다.

聖人 有以見天下之賾 而擬諸其形容. 象其物宜 是故 謂之象.
성 인 유 이 견 천 하 지 색 이 의 제 기 형 용   상 기 물 의 사 고 위 지 상

聖人 有以見天下之動 而觀其會通 以行其典禮 繫辭焉以斷其
성 인 유 이 견 천 하 지 동 이 관 기 회 통 이 행 기 전 례 계 사 언 이 단 기

吉凶. 是故謂之爻.　　　　　　　〈周易 繫辭 上傳 8章〉
길 흉 시 고 위 지 효　　　　　　　주 역 계 사 상 전   장

십진법에 근거한 주역 설시의 수 50과 역의 기본 팔괘는 천체의 움직임을 어떤 구조로 반영하고 있는가?

규표를 통해 나타난 해 그림자의 움직임이 십진법으로 구체화되었을 때를 우리는 여기서 다시 생각해보기로 하자.

역의 대연수(大衍數) 50을 중심으로 그것을 도표화시키면 아래 두 종류의 방원(方圓)상이 생겨나게 된다. 대연수란 십진법의 1부터 10까지의 움직임을 전체적으로 크게 펼쳐 보였다는 뜻이다.

그 가운데 다음 〈도표 8〉의 〈1〉을 보면 가로 세로 7칸의 사각형 안에 밑변이 3이고 높이가 4에 해당하는 삼각형의 개수가 모두 8개 나온다. 이는 일 년 동안 생겨나는 해 그림자의 움직임이 십진법을 적용했을 때 삼획

괘(三劃卦) 형태의 주역 기본 팔괘(八卦)로 구체화될 수 있는 증거다.

일 년의 단위를 봄·여름·가을·겨울의 넷으로 나누어 생각했을 때 적용되는 각 구간의 움직임은 물론 전체 공간의 모든 작용이 결국 역의 대연수(大衍數) 50을 벗어나지 않는 결과가 되어짐은 누구나 그림에서 거듭 확인해 알 수가 있게 된다. 왜냐하면 가로 7칸×세로 7칸의 곱셈식 결과는 물론 네 개로 나누어진 전체의 개별 영역들 역시 수리적인 작용의 합이 5^2을 벗어나 있지 않기 때문이다. 삼각형 대각선의 길이가 5이므로 이를 제곱한 수에 곱하기 2를 하면 몫이 50이다.

이는 역의 괘상에서 왜 기본 삼획괘가 8이어야 하며, 만물을 낳는 생수(生數)로서 주역 계사전에서는 1부터 5까지로 한정시키게 되는가를 확인시켜주는 구체적인 자료의 하나다. 이해를 돕기 위해 그 점을 다시 도표로 만들어 설명을 곁들이면 다음의 여섯 항으로 구분해 생각해볼 수 있는 내용이 된다.

다음 〈도표 8〉〈1〉에서 보면 7×7=49가 되는 가로 세로의 면적은 물론 태양(太陽)과 태음(太陰), 소양(少陽)과 소음(少陰)의 모든 영역이 50(5^2×2=50)으로 이는 주역 계사전(繫辭傳)에서 말하는 대연수 50의 개념과 똑같이 일치한다. 이와 같은 수의 움직임을 점(占)으로 활용하게 될 때 49를 쓰는 것까지 모두 이 삼각형의 변화 속에는 그대로 반영되어 있다.

〈1〉에서 보아 알 수 있듯이 구(句, 밑변)가 3, 고(股, 높이)가 4, 현(弦, 대각선)이 5인 네 개의 삼각형 안쪽에 검은 색으로 자리 잡고 있는 하나의 작은 방형은 역에서 쓰지 않는 태극의 수가 된다. 전체 사각형의 면적은 49가 되지만 모든 삼각형의 변화에 관여하고 있는 검은 색 부분의 하나를

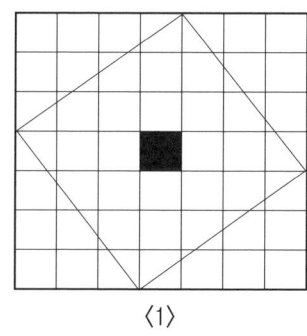 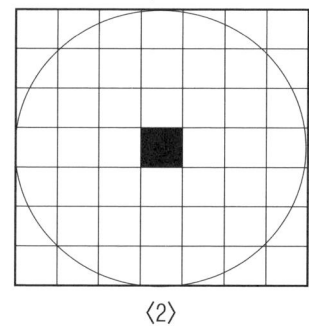

⟨1⟩   ⟨2⟩

1. ⟨1⟩에서 바깥의 큰 사각형은 가로가 7칸, 세로가 7칸이다.

2. 바깥의 큰 사각형 안에서 다시 가로가 3, 높이가 4, 대각선이 5인 삼각형 8개가 생겨난다. 이것은 해 그림자의 특징을 십진법에 적용했을 때 나타나는 역의 기본 팔괘다.(십진법에서 1부터 5까지는 하늘의 수에 속한다는 게 계사전의 시각이다.)

3. 가로가 3, 높이가 4, 대각선이 5인 삼각형의 조합은 2개가 하나인 짝으로 움직이면서 봄·여름·가을·겨울 사철을 차지하고 있다. 이것은 50을 대연수로 움직이는 역의 사상(四象)이다.($3^2 + 4^2 = 5^2$, $5^2 \times 2 = 50$)

4. 가운데 검은 점 하나는 사상의 모든 움직임에 관여하는 태극의 수 1이다.

5. 십진법으로 표기할 수 있는 천체의 움직임에서 보면 역의 대연수는 50임에도 사상의 전체 수가 49뿐임은 바로 그때의 검은 점 하나(태극)가 제외되기 때문이다.

6. ⟨2⟩는 하늘의 수가 π, 곧 3배로 불어나면서 땅에 만물을 펼쳐 보이는 원리의 반영이다.(6고의 원리를 참고하면 자세한 원리를 이해할 수 있다.)

⟨도표 8⟩ 해 그림자의 변화를 십진법에 적용했을 때 생겨나는 대연수의 작용 원리

  다시 더하면 총합은 50이 되고, 다시 사각형의 면적 49에서 그것 하나를 제외시키면 48의 수가 된다.

  이는 역(易)의 대연수가 50이지만 점을 치면서 조작하는 시초의 수를

48로 한정시키는 계사전의 본문과 그대로 일치하는 증거가 된다. 실제 점을 치면서 수를 조작하는 계사전의 설명을 참고하면 비로소 〈도표 8〉〈1〉에 나타나 있는 수리 작용의 의미를 쉽게 이해할 수가 있게 된다.

다음은 역을 점서로 활용할 때에 그 방법에 대한 주역 계사전의 본문 내용이다. 대연의 수가 50이니 그 씀은 49다. 나누어 둘로 해서 양의(兩儀)를 상징하고 하나를 걸어서 삼재(三才)를 형상한다. 넷 씩 헤아려 사시(四時)를 상징하고 남는 것을 손가락 사이에 끼워(돌려) 윤달을 상징하니 5년에 윤달이 두 번이므로 두 번 손가락 사이에 끼운[扐] 뒤에 거는 것이다.

여기서 대연의 수 50은 앞의 사각형에서 태극의 검은 점 하나를 다시 포함한 전체 면적에 해당하고 쓰는 수 49는 태극의 수 하나를 제외한 가로 7, 세로 7을 곱한 사각형의 실제 면적이 된다.

그뿐 만이 아니다. 〈도표 8〉〈2〉의 경우도 마찬가지다. 사각형 안에 겹쳐진 원(圓)의 그림에서 보면 지름이 7에 해당하므로 원(圓)의 둘레는 3×7로 21이 된다. 큰 사각형 전체 둘레의 길이는 4×7로 28이 된다.

따라서 하늘과 땅의 움직임을 대신하는 원의 둘레 21과 사각형의 둘레 28을 합하면 이 역시 합은 49로 십진법의 수가 작용하는 구체적인 원리를 우리는 여기에서 이내 확인할 수가 있다.

옛 사람들은 하늘의 별자리를 동서남북 사방 7수(宿)로 고정시켜 그로 인한 사방 28수(宿)의 개념을 역의 전체 괘상에 반영하게 되었다. 두 개의 삼각형이 하나로 되어 있는 큰 사각형 안의 네 영역은 역(易)의 사상과도 일치한다. 그 가운데 하나는 태양(太陽), 하나는 태음(太陰), 하나는 소양(少陽), 하나는 소음(少陰)이다.

⑩ 여덟 자 길이 규표(圭表)와 역(易)의 기본 원리

공자 말씀하셨다. "글로는 말을 다하지 못하고, 말로는 뜻을 다하지 못하니, 그런즉 성인의 뜻을 가히 보지 못하겠는가?" 이에 공자 다시 말씀하셨다. "성인이 상을 세움으로써 뜻을 다하며, 괘를 베풂으로써 참과 거짓을 다하며, 말을 맴으로써 그 말을 다하며, 변하고 통함으로써 이로움을 다하며, 북돋우고 춤추게 함으로써 신령스러움을 다한다"고 하셨다.

子曰 "書不盡言 言不盡意 然則聖人之意其不可見乎" 子曰
자 왈   서 불 진 언 언 불 진 의   연 즉 성 인 지 의 기 불 가 견 호   자 왈

"聖人立象以盡意 說卦以盡情僞 繫辭焉以盡其言 變而通之以
 성 인 입 상 이 진 의 설 괘 이 진 정 위   계 사 언 이 진 기 언   변 이 통 지 이

盡利 鼓之舞之以盡神."   〈周易 繫辭 上傳 12章〉
진 리 고 지 무 지 이 진 신   주 역 계 사 상 전   장

여덟 자 길이의 해 막대기[圭表]를 천체 운행에 적용하는 구체적인 원리는 역의 어떤 이치에서 찾아볼 수가 있는가?

먼저 한 해 동안 생겨나는 천체의 움직임을 관찰하고 이를 절기(節氣)에 반영하는 문제로부터 생각해보기로 하자.

옛 사람들의 자료에 의하면 천체의 움직임을 절기에 반영하는 방법은 하(夏)나라와 은(殷)나라, 주(周)나라의 시각이 서로 달랐다. 그래서 하나라의 연산(連山)역은 철저하게 천지 대연의 수 49를 어떻게 불변의 수리적인 법칙으로 반영할 수 있느냐에 초점을 맞추었다고 보면 된다.

그 결과 하(夏)나라는 구체적인 방식이 주천 28수의 삼각형과 사각형,

원의 이치로 어떻게 나타낼 것인가로 역(易)의 근본 원리를 삼았던 걸로 보게 된다. 천체의 움직임을 원(圓)으로 가정하면 지름 7이 되는 역의 원도(圓圖)를 당연히 생각하지 않을 수가 없다. 동서남북 사방의 작용 혹은 봄·여름·가을·겨울로 구분해서 천체의 움직임을 나타내게 되면 그것은 땅의 네모난 모양을 닮은 지름 7의 방도가 된다. 또 세상의 만물은 하늘과 땅의 기운이 사귀어 나타난 결과라고 볼 때 그들 원의 길이와 사각형 길이의 합은 반드시 십진법의 천지 대연수인 49와 일치해야만 한다.

그 원리를 십진법의 작용과 결부시키게 될 때 어떤 수의 어떤 작용에 의미의 초점을 맞추어야 하는가에 따라서 생겨나는 형식이 바로 연산(連山)역과 귀장(歸藏)역, 주역(周易)의 서로 다른 의미 체계다. 그 가운데 연산역은 7과 8의 작용을 중심으로 생각한다. 여기서 7은 해와 달을 포함한 오대 행성을 상징하는 수의 개념이다. 반면 8은 그로 인해 생겨나는 땅 위에서의 변화가 8개의 직삼각형으로 반영되어 나타난다는 뜻이다.

그 결과 7의 작용은 49(7×7) 대연수에 해당하고 8의 작용은 역의 전체 괘상 64(8×8)로서 천체 움직임을 망라하는 이치를 거기에서 찾아내게 되어 있는 십진법의 의미 체계가 된다.

그렇다면 지구상에 나타나는 절기의 변화를 십진법으로 구체화시킨다고 했을 때 생겨나는 연산역의 특징은 어떨까?

수의 작용으로 정리해 보면 다음과 같게 된다.

7×7=49(태극을 제외한 대연의 수)

7×3=21(하늘의 수 3을 곱한 삼천(三天)의 수)

7×4=28(땅의 수 2를 적용한 사방 주천의 수)

21과 28을 더하면 역시 십진법에 근거한 대연(大衍)의 수 49가 된다. 8×8=64는 역의 괘상(卦象)을 구성한다. 이들은 십진법에서 7과 8의 성질을 내세워 천체의 움직임을 구체화시킨 작용의 결과다.

이런 구분은 일 년 한 해의 천체 움직임을 그대로 반영하는 결과가 생겨나는데 365일의 운행도수에서 볼 때 이보다 완벽한 수리체계는 더 이상 생겨날 수 없다. 해가 다니는 길목에서 하늘의 별자리를 7로 고정시킨 28 수가 생겨나는 것도 전혀 무리는 아니다.

이에 7을 기본 단위(지름)로 하는 수의 움직임을 십진법의 작용에서 찾아보면 7×7=49가 되고, 그 몫 49는 계사전에서 말하는 천지(天地) 대연(大衍)의 수다.

그렇다면 그곳의 천지 대연의 수가 나타내는 의미는 결국 어디에 있게 되는가?

7을 지름으로 할 때 생겨나는 원(圓), 즉 하늘의 움직임은 21이 된다는 뜻이다. 동서남북 사방의 사각형으로 나타나는 땅의 움직임은 28로서 합이 곧 세상 만물을 크게 펼쳐 보인 천지 대연의 수 49다. 반면 귀장은 5와 10을 이용한다.

그 원리를 이해하기 위해서는 앞의 연산역도 마찬가지겠지만 계사전에 언급하고 있는 하늘의 수와 땅의 수에 대한 개념을 먼저 잊지 말아야 한다. 만물의 수를 단순한 십진법의 항목들로 나타낸다면 기본이 되는 수는 1에서부터 10이다. 따라서 이런 원리를 주목하고 있는 공자의 계사전에서는 '홀수가 하늘의 수, 짝수가 땅의 수'라는 분류가 당연히 생겨나게 된다.

그렇다면 그로 인한 수의 작용은 어떤 특징을 보이게 되겠는가?

일 년의 운행도수 365일에 그 수를 적용해야 하므로 십진법의 대연수로 이를 구체화시키면 약 일 년 365일의 천체 운행의 도수는 50 내지는 100의 숫자로서 설명이 가능해지게 된다. 반면 귀장역이라면 어떨까?

귀장역도 천체의 움직임을 파악하는 의미 체계는 역시 십진법에 의존하고 있다는 점에서 만물의 수는 당연히 100이 되어질 수밖에 없다. 그때의 100을 역(易)의 사상(四象)으로 나누어 생각하면 봄·여름·가을·겨울 혹은 동·서·남·북 네 방위로 그 수를 나누어 배분하면 된다. 그렇게 되면 그로 인한 수의 배분은 하나의 영역에 25의 몫이 돌아가게 되는데 이는 중앙과 사방의 한 변을 5로 하는 4개의 정사각형 모양과 그대로 일치하는 수의 배분이 된다. 즉 $5 \times 5 = 25$다.

그때의 25는 십진법에 바탕을 둔 하도(河圖)의 천수(1+3+5+7+9) 25와 서로 일치하는 결과가 되고, 이를 근거로 네 개의 변과 네 귀퉁이의 위·아래를 더하면 길이는 10이 되므로 이것이 곧 십진법에 의한 일 년의 전체 변화를 반영하는 수의 단위가 된다. 이에 거기서 생겨나는 가로 세로의 길이 10을 각각 곱하면 생겨나는 몫이 100이 되므로 이 역시 천체의 움직임에 해당하는 하도와 낙서(洛書)의 수와 일치하는 결과가 생겨난다.

우리는 거기에서 지금 우리가 사용하는 주역의 의미 체계를 자연스럽게 떠올려보면 된다. 왜냐하면 천체의 움직임을 그림자로 측정할 수 있게 하는 땅 위의 여덟 자 규표(圭表)를 팔괘(八卦)로 하고, 그 규표의 길이 8에 각 수마다 겹쳐지는 중심점 1을 더하면 9가 되어 태극의 수를 제외한 나머지 만물이 작용하는 수와 일치하는 주역의 의미 체계가 되기 때문이다.

십진법의 체계로 절기를 정하게 되면 5일을 1후, 10일을 1순으로 삼고 5

에 9를 곱한 수 45(기본 단위가 15일이 된다)를 수의 마디로 삼는 하나의 절기와 일치하게 된다. 앞 낙서 〈도표 7〉에서 종횡 및 대각선의 합이 반드시 15와 일치하는 그 개념이 여기에는 자연스럽게 반영되어 있다. 또 주천 360도는 사방 사시로 나누면 각각 90도가 되어 한 계절인 3개월의 날짜와 일치한다. 반면 일 년의 운행 단위는 365일이므로 주천 도수 360과 비교하여 5일이 남는다. 이것은 연산(連山)역에서 볼 때 중앙과 사방의 천수 5에 이미 반영되어 있으므로 더 이상 문제 삼을 것이 없다. 절기로 적용했을 때 생겨나는 시간상의 미세 차이조차도 윤달로서 보완하면 되므로 크게 문제되는 구석이 생겨나지 않는다.

한편 주역(周易)은 연산(連山)과 귀장(歸藏)보다 원리가 단순하다. 하늘에 펼쳐지는 하도의 도상에서 주역은 먼저 5를 취해 와서 만물이 펼쳐지는 근본으로 삼는다. 달이 차고 기우는 한 달의 주기는 15일에 해당하므로 15일의 날수에 해당하는 1부터 5까지의 수를 먼저 십진법의 조합 안에서 하늘의 수로 설정한 뒤 그 성격을 구체적으로 나누어 생각하면 된다. 그 가운데 하늘의 수는 1·3·5이고 땅의 수는 2·4이므로 하늘의 수 1·3·5를 모두 더하면 9가 되고 땅의 수 2·4를 더하면 6이 되어 십진법의 수 가운데 9와 6을 중심으로 천체의 움직임을 헤아린다.

모든 수의 조합에서 하도의 수를 합한 55와 낙서의 수를 합한 45를 중요시하게 된다. 이 두 수의 합은 결국 십진법의 온수 100과 일치한다. 이들 수의 특징이 9와 6의 변화에 주목하는 결과가 생겨나므로 주역을 9·6학 혹은 음양(陰陽)학으로 부르게 된다. 하도와 낙서의 개념은 이 책의 뒷부분에서 천체의 움직임과 관련시켜 다시 구체적으로 다루어진다.

⑪ 옛 사람의 역법(曆法)과 역(易)의 관련성

역에서 귀천의 등급은 지위에 있고 작고 큼을 정하는 것은 괘에 있다. 길과 흉을 분별함은(괘사 및 효사의) 말에 있고 회와 린을 근심함은(기미가) 나뉨[介]에 있고 움직여 허물이 없게 함은 뉘우침에 있으니 그러므로 괘(卦)에는 소(小)와 대(大)가 있으며 말에는 험함과 쉬움이 있으니 말은 각기 그 나아갈 바를 가리키는 것이다.

列貴賤者 存乎位. 齊小大者 存乎卦. 辨吉凶者 存乎辭. 憂悔
열귀천자 존호위　　제소대자 존호괘　　변길흉자 존호사　　우회

吝者 存乎介. 震无咎者 存乎悔. 是故卦有小大, 辭有險易. 辭
린자 존호개　　진무구자 존호회　　시고괘유소대　　사유험이　　사

也者 各指其所之.　　　　　　　　　〈周易 繫辭 上傳 3章〉
야자 각지기소지　　　　　　　　　　　주역 계사 상전　　장

천체의 운행에 근거한 역(易)의 명칭은 어떤 뜻을 지니고 있으며 역법(曆法)과는 또 어떤 관련성을 지니는가?

역(易)이라고 하면 일반적으로 주역(周易) 혹은 사서 삼경(三經)의 역경(易經)을 일컫는다.

고대 중국의 기록에 의하면 역(易)은 애초에 하늘 신[天神]·땅 신[地祇]·종묘(宗廟)에 제사 지내기 전, 혹은 전쟁과 같은 나라의 중대사에 대해 어떤 결정을 내리고자 할 때 사용하던 점서의 도구 일체를 두고 하는 말이다.

역의 기원이 시초 풀과 거북점에 바탕을 둔 점복서(占卜書)의 형태로서,

인간사와 천지자연의 법칙을 반영한 역경이라는 명칭은 역의 해설서인 전(傳)이 출현하고 난 뒤인 한나라 이후의 일이다. 주나라 초기의 제도에 대한 기록서인 주례(周禮)에 의하면 태복(太卜)이라는 관리가 세 가지 역 일왈연산(一曰連山), 이왈귀장(二曰歸藏), 삼왈주역(三曰周易)을 관장하였다는 기록이 있다.

여기서 연산은 하(夏)나라의 역, 귀장은 은(殷)나라의 역, 주역(周易)은 주나라의 역이었을 것으로 추정한다.

연산(連山)과 귀장(歸藏)은 그 내용이 전해지지 않아 자세한 것은 알 수가 없다. 다만 세 가지 역(易)의 명칭에서 알 수 있듯이 이들 세 역(易)의 차이점은 천지만물의 생성 이치를 어디에 맞추어 생각하느냐와 관련이 있을 것으로 보인다.

천지만물의 생성이치가 하늘 중심이라면 중천건(重天乾) 하늘 괘가 역의 머리 괘가 되고, 땅 중심이면 중지곤(重地坤) 땅 괘가 사람 중심이면 중산간(重山艮) 산 괘가 자리하게 된다.

실제 이들 세 나라의 달력을 살펴보면 하나라는 인월세수(寅月歲首), 은나라는 축월세수(丑月歲首), 주나라는 자월세수(子月歲首)로 역의 시대별 명칭과 의미가 서로 다르게 연결되어 있다.

주나라는 천지자연의 만물 중심을 하늘로 보아 역의 머리 괘로 중천건(重天乾)을 내세우고, 은나라는 땅이 만물의 근본 모체가 된다고 보아 중지곤(重地坤)을, 하나라는 사람 중심으로 생각하여 중산간(重山艮)을 역의 머리 괘로 내세우고 있다.

이를 간략하게 정리해보면 다음 〈도표 9〉와 같다.

분류	나라	역의 명칭	세수(歲首)	비고
인통 (人統)	하夏	연산역(連山易)	인월세수(寅月歲首) 인생어인(人生於寅)	사람 중심의 사고
지통 (地統)	은殷	귀장역(歸藏易)	축월세수(丑月歲首) 지벽어축(地闢於丑)	땅 중심의 사고
천통 (天統)	주周	주역(周易)	자월세수(子月歲首) 천개어자(天開於子)	하늘 중심의 사고

〈도표 9〉 옛 사람들의 세계관에 반영된 천지인(天地人) 삼재(三才) 사상

따라서 지금의 역이라면 당연히 주역을 일컫는다. 이때 주역의 주(周)는 그 뜻을 두 가지 측면에서 바라본다. 하나는 시대의 명칭이며, 다른 하나는 두루 혹은 널리라고 하는 개념(두루 '周')에 해당하여 천지만물의 모든 이치에 관여하는 책의 이름에 해당한다는 시각이다.(한나라의 정현鄭玄)

한편 역(易)의 개념은 다음과 같은 세 가지로 분류한다.

첫째, 변역(變易)이다.

모든 사물은 끊임없이 변하고 바뀐다. 봄이 왔는가 하면 여름이고 여름은 다시 가을을 거쳐 겨울로 바뀐다. 시간은 잠시도 머물러 있지 않은 세상의 이치를 역은 그대로 반영하고 있다. 이를 하나의 부호로써 바꾸면 음(陰)과 양(陽)이고 수로써 표시하면 구(九)와 육(六)이 된다. 그래서 다른 말로 나타내면 음양(陰陽)학 혹은 구(九)·육(六)학이 된다.

둘째, 불역(不易)이다.

변화의 원리 및 변한다고 하는 그 이치는 항상 바뀌지 않는다. 세상이 변하고 바뀐다는 역의 의미는 하나의 정해진 법칙이 된다. 동시에 하늘은 높고 땅은 낮으며 부모는 부모답고 자식은 자식다워야 하는 오륜은 어떤 상황에서나 바뀔 수 없다. 이것이 바로 항상 바뀌지 않는 불역(不易)의 의미다.

셋째, 쉽고 간단하다는 간이(簡易)다. 혹은 이간(易簡)이다.

세상의 진리는 쉽고 간단하다. 봄이 오면 양이 활동하고 가을이 되면 음이 점점 성해지기 시작하는 이치, 하늘이 주장하고 땅이 받아들여 세상의 만물을 전개하는 이치, 그것은 어떤 계산 아래 이루어지지 않는다는 뜻이다. 그야말로 쉽고 간단한 이치다.

참고로 〈도표 9〉와 관련된 우리나라 책력(冊曆)은 하(夏)나라 관점을 취한다. 매월 첫 달이 인월(寅月)로 되는 이유는 그 때문이다. 지지(地支)와 달리 천간(天干)은 오행(五行)의 작용과 관련되어 있다. 예컨대 갑기토(甲己土)의 해, 토성(土星)이 출현하는 해에는 토(土)의 기운이 힘을 받는 병(丙) 화(火)가 간지(干支) 첫 머리에 온다. 그래서 정월(正月)의 간지(干支)는 병인(丙寅)이다.

오행(五行)상 금(金)의 기운이 작용하는 을경금(乙庚金)의 해도 마찬가지다. 금성(金星)이 출현하는 을경금(乙庚金)의 해에는 오행(五行) 상생(相生) 원리에 따라 정월(正月)의 간지(干支)가 무인(戊寅)이 된다. 이하 나머지 병신수(丙辛水), 정임목(丁壬木), 무계화(戊癸火) 등도 원리는 동일하다. 덧붙여서 일별(日別) 간지(干支)를 살펴보면 월에서 적용했던 오행(五行) 상생(相生) 대신 적용하는 원리는 오행 상극(相剋)의 관점이다

주역이뭣고? 81

⑫ 설괘전(說卦傳) 등을 통한 주역(周易) 원리 이해

천지가 쌓이고 합함에 만물이 감화되어 두터워지고, 남녀가 정을 얽음에 만물이 화하여 생겨나니, 역에 말하였다. '세 사람이 가는 데는 곧 한 사람을 덜고, 한 사람이 가는 데는 곧 그 벗을 얻는다.'고 했으니 이는 하나를 이룸을 말한다.

天地絪縕 萬物化醇 男女構精 萬物化生. 易曰 '三人行 則損
천 지 인 온   만 물 화 순   남 녀 구 정   만 물 화 생   역 왈   삼 인 행   즉 손

一人 一人行 則得其友.' 言致一也.　　　〈周易 繫辭 下傳 5章〉
일 인 일 인 행 즉 득 기 우   언 치 일 야　　　　주 역 계 사 하 전　장

천체의 운행에 근거한 역(易)의 명칭은 어떤 뜻을 지니고 있으며 역법(曆法)과는 또 어떤 관련성을 지니는가?

먼저 설괘전에 등장하고 있는 연산(連山) 귀장(歸藏) 주역(周易)의 원리를 중심으로 앞의 질문 내용을 생각해 보자.

역의 원리를 설괘전에서는 연산(連山)이나 귀장 등의 명칭으로 특별하게 구분해서 언급하고 있지는 않다. 단 전체적인 의미의 구성이 누구나 음미해 보면 결국 그와 같다는 것을 알 수가 있는데 여기서는 그 내용의 요지만을 다음과 같이 정리해 소개하기로 한다.

⑴ 삼천(三天) - 하늘의 수 1, 3, 5를 합하면 9가 된다. 이는 태양(太陽)의 수다. 양지(兩地) - 땅의 수 2, 4를 더하면 6이 된다. 이는 태음(太陰)의 수다.

⑵ 1부터 5까지의 근본 수를 음양(陰陽)으로 세분해서 살피게 되면 양

(陽)에 속하는 숫자의 개수는 3개이므로 3×3=9가 되며, 음(陰)에 해당하는 숫자의 개수는 2개가 되므로 3×2=6이 된다. 이도 9를 노양(老陽), 6을 노음(老陰)으로 일컫게 되는 필연적인 이유 가운데 하나가 된다.

(3) 9와 6을 괘상에 적용하더라도 이는 마찬가지다. 양(陽)이 셋 모여 있는 하늘 건(乾☰)은 3×3=9가 되어 태양(太陽)의 수다. 왜냐하면 1부터 5까지의 하늘 수는 삼천양지(三天兩地)로 구체화시킬 수 있으므로 세 개의 단획(☰)으로 이루어진 하늘 건(乾☰)의 모양은 수로 대신 했을 때 반드시 9가 되지 않을 수 없다. 이는 음도 마찬가지다. 3획이 모두 음(陰)에 속하는 땅, 곤(坤☷)은 삼천양지(三天兩地)에서 2가 적용되므로 3×2=6이 되어 태음(太陰)의 수 6이 된다.

(4) 주역이 9, 6학인 이유는 앞의 (1), (2), (3)항에서 찾아볼 수 있는 그런 이유 때문이다. 반면 같은 음양(陰陽)이라도 7과 8은 변하지 않는 수지만 9와 6은 변하는 수다. 즉 변하는 것이 역(易)이라는 이치에서 생각할 때 십진법의 의미 체계에 속하는 역은 당연히 그때의 상징적인 수를 9와 6에서 찾을 수밖에 없다.

(5) 십진법의 전체 작용을 가족으로 좁혀 놓고 생각하면 9와 6은 아버지와 어머니의 모습이 되고 그 수가 다시 서로 밀치면서 움직이게 되면 생겨나는 것이 나머지 기본 삼획괘(三劃卦)에 해당하는 자녀괘들의 모습이 된다.

세 아들 진하련(震下連☳), 감중련(坎中連☵), 간상련(艮上連☶) 이는 모두 일양(一陽) 이음(二陰)의 수로서 중심이 양효(陽爻)가 되는 까닭에 아들 괘로 구분한다. 삼천양지(三天兩地)의 계산에 따르면 이들 괘상의 수리

값은 3×1+2×2=7이 된다. 7은 주역에서 소양(少陽)의 수로서 양(陽)의 성격이 아직 젊다는 뜻이다.

세 딸 손하절(巽下絶☴), 이허중(離虛中☲), 태상절(兌上絶☱) 이는 모두 일음(一陰) 이양(二陽)의 수로서 중심이 음효(陰爻)에 있으므로 모두 딸 괘로서 구분한다. 이들 역시 삼천양지(三天兩地)의 계산식에 의하면 괘상의 수리 값은 3×2+2×1=8이다. 8은 주역에서 소음(少陰)의 수로서 음(陰)이 아직 젊다는 뜻이다. 앞에서 이들 소양과 소음의 수에 연산역이 초점을 맞추었다는 것은 젊은 사람들의 역할에 천체의 변화를 구했다는 뜻으로 이해할 수도 있다.

(6) 이들 십진법의 수가 보여주는 역할을 본질과 현상으로 나누어 그 의미를 생각해보면 1에서 5까지는 본질의 수가 된다. 계사전(繫辭傳)에서는 이를 하늘의 근본 수로 보고 있다.

그런데 여기에 바탕을 두고 생각하게 되면 생겨나는 하나의 의문점이 있다. 역에서는 단위가 십진법이면서도 왜 1부터 5까지를 하늘의 수로 한정시켜 만물을 낳는 수로 여기는 것일까?

이유는 단순하다. 모든 수리의 작용에서 1부터 5까지의 합 15가 항상 근본을 이루고 있기 때문이다. 구궁도(九宮圖)에서 보았듯이 가로 세로의 합, 대각선의 합 등은 모두 15가 되는 게 그 증거 가운데 하나다. 이는 다시 구체적으로 다루어지게 된다.

한편 6에서 9까지는 현상의 수다. 이를 역에서는 흔히 사상(四象)의 수로 구분한다. 여기서 10을 제외하는 이유는 두 가지다. 하나는 10이 공수이기 때문이고, 두 번째는 현상으로 드러날 수 없는 태극의 수로서 그 성격이 완성되어 있다고 보기 때문이다.

(7) 천체 움직임에 근거한 음양(陰陽)의 변화를 구체화시키는 옛 사람들의 또 하나 방법으로 오운(五運) 육기(六氣)의 의미 체계가 있음은 앞에서 이미 살펴보았다. 이 역시 원리는 십진법의 범주를 벗어나지 않는다.

이해를 돕기 위해 해와 달이 갑자(甲子)에서 처음 만났을 때의 천체 운행에 관해 생각해 보자. 해와 달이 천체 공간에서 계속 움직이며 돌아가면서 처음 만났던 갑자(甲子)의 자리로 돌아오는 주기는 60년이 된다. 윤달을 포함한 이런 천체의 움직임을 역(易)의 64괘로 나타낼 수가 있다. 그것이 음양(陰陽)을 하나의 짝으로 만들어 생겨나는 수, 30의 개념으로 십진법 안의 가운데 수 5와 6을 곱한 수와 일치하는 역법(曆法)의 체계다.

실제 하늘에서 영향을 미치는 별들의 수는 다섯(5)이 되는 까닭에 오행(五行)을 오운(五運)으로 개념화시킨 결과다. 땅 위에 나타나는 여섯 자녀 괘들은 풍(風), 화(火), 습(濕), 열(熱), 조(燥), 한(寒) 여섯 가지 기운을 대변하고 있기 때문에 이것이 곧 앞에서 거론한 오운(五運) 육기(六氣)의 구체적인 명칭이다. 여기서 오운(五運)은 오행(五行)을 뜻한다.

육기(六氣)는 아버지와 어머니가 사귀면서 생겨나는 세 아들과 세 딸의 괘상(卦象)인 풍(風☴), 화(火☲), 습(濕☵), 열(熱☳), 조(燥☱), 한(寒☶)이다. 여기에 건(乾☰)과 곤(坤☷)이 더해지는데 건곤(乾坤)을 제외한 삼음삼양(三陰三陽)이 바로 육기(六氣)다.

이것이 계사 하전(繫辭 下傳)에서 말하는 하늘과 땅이 자리를 잡고 만물을 펼침에 상(象)으로 사람에게 알려준다는 천지설위(天地設位) 이상고(以象告)의 개념이다. 오행(五行)의 작용이 지구 위에서 십진법의 작용으로 구체화되어 나타나면 그 수가 50으로 이것이 천지(天地) 대연(大衍)의 수가 된다.

(8) 다른 곳에서도 이미 언급하고 있지만 1부터 10까지의 수에서 주역의 괘상이 여덟 가지로만 나타나는 이유를 다시 열거하면 다음과 같다.

첫째, 하늘과 땅의 기운이 사귀어 만물이 생겨나는 규표의 원리를 놓고 볼 때 8이 근본을 이루기 때문이다.

둘째, 삼천(三天) 양지(兩地)로부터 전개되는 음양(陰陽)의 기운을 보더라도 그것은 결국 8괘가 될 수밖에 없기 때문이다. 즉 천체의 변화는 음(陰)과 양(陽)의 둘로 나타나므로 하늘과 땅이 사귀어 만물이 생겨나는 오운(五運) 육기(六氣)의 교류(2×하늘의 음양, 2×땅의 음양, 2×사람의 음양, 2로서 2의 세 제곱 수는 8이 된다. $2^3=8$)에 대한 보다 더 구체적인 내용들은 앞으로 진도가 나가면서 자연스럽게 이해할 수 있게 되어 있다.

셋째, 십진법으로 천체의 움직임을 나타냈을 때 하늘의 수 36을 반영하는 수의 조합은 1부터 8까지가 되기 때문이다.

(9) 이를 복합적인 작용의 측면에서 범주화시키면 하늘[天道]과 땅[地道] 사람[人道]으로 구분해서 생각할 수 있는 삼재(三才) 사상이 생겨난다.

① 그때의 삼재(三才) 사상은 역의 6획괘로 구체화된다.

② 이를 수리적인 결과로 환산한 몫(5×6=30, 30×384=11,520)은 이미 언급한 대로다.

천체의 움직임은 오운(五運) 육기(六氣)로서 기본 단위가 30이면서도 간지의 주기가 60이 되는 까닭은 30의 숫자 안에는 음(陰)과 양(陽)을 하나의 짝으로 움직이는 음양(陰陽)의 변화 체계 때문이다. 그 의미를 여기서 해와 달의 움직임으로 구체화시켜 생각해 본다면 다음과 같은 설명이 가능하다.

384는 지구와 달의 회전 주기에 해당한다. 즉 지구의 회전주기는 약 365.25이고 달의 회전주기는 약 354도다. 이들 움직임의 공통된 체계를 적용하려면 원의 도수 360을 필요로 하게 된다. 그것이 우리가 다루고 있는 역의 384효가 된다. 그때의 384효는 태극도(太極圖)에 나타나는 음양(陰陽)의 수가 똑 같이 양분되어지는 현상을 보여준다.

그 가운데 양효(陽爻)의 수를 양(陽)의 값에 적용하여 몫을 구하면 192×36=6,912이고, 음효(陰爻)의 수를 음의 값에 적용하면 몫이 192×24=4,608으로 합은 6,912+4,608=11,520이다.

이런 까닭에 주역 계사전에서는 만물이 펼쳐지는 수로써 내세우는 값이 바로 11,520이 된다. 양의 값 36과 음의 값 24의 산출 근거는 여기에서 생략한다.

⑽ 일 년 360일의 1주기는 오행(五行)의 수로 나누게 되면 72일이 된다. 오행(五行) 가운데 토(土)는 절기가 뚜렷하게 변하는 과정의 목화금수(木火金水)에 포함되어 있으므로 실제 수의 단위는 90일을 넷으로 나눈 4계절이 나오게 된다.

⑾ 운용하는 수 49를 사계절로 나누면 12수가 나오고 남는 1은 윤달에 속한다.

⑿ 십진법으로 천체 운행을 구체화시켰을 때 모든 변화의 단위는 7로서 이루어진다. 주역의 괘상은 대성괘(大成卦)가 여섯 획이다. 이는 역(易)의 표현에 의할 때 칠일래복(七日來復)의 개념으로서 모든 사물의 변화가 7수

만에 일어난다고 보는 근거가 된다.

앞의 천체 운행에서 살핀 칠일래복(七日來復)의 개념도 여기서 다시 상기하면 역의 개념 이해에 큰 도움이 된다. 즉 해와 달이 하늘에서 만나는 지점을 갑자라고 할 때 다시 똑 같은 지점의 갑자로 돌아오는 주기도 역시 다름 아닌 칠일래복(七日來復)이다.

그런데 이를 다시 지구상에 생겨나는 음양의 변화로 바꾸어 생각하면 어떤 의미를 띠게 될까?

11월 동지(冬至)에 하나의 양(陽)이 생겨난 뒤, 하지(夏至)에 이르러 다시 하나의 음(陰)이 생겨나므로 그 기간의 수도 역시 7이다. 그것의 전개는 7×7=49의 수가 된다. 이도 역시 바탕은 십진법의 운행원리를 구체화시킨 결과임을 입증하는 하나의 증거들이다.

반면 천체의 움직임을 십간(十干) 십이지(十二支)로 나타낼 때, 천간(天干)과 지지에 모두 6합 7충(六合 七冲)이 있게 된다. 그 의미는 서로 조금씩 다르다. 천간의 6합 7충은 처음 자라난 양의 기운이 여섯 번 째의 마디에 가서 합이 되고, 7번째에 충이 온다는 뜻이고 땅에는 여섯 개의 합이 있다는 뜻이다.

⒀ 설괘전의 본문 내용 가운데는 천지정위(天地定位) 산택통기(山澤通氣) 뇌풍상박(雷風相薄) 수화불상석(水火不相射)의 개념이 다뤄지는데 이도 또한 다음과 같은 십진법의 수로써 설명이 가능하다.

○ 구궁도를 설명하는 곳에서 자세하게 밝히고 있지만 역도(易道) 卍방진(萬方陣)에 따르면 서로 맞물려서 짝이 되는 에너지의 합도 일정하다. 이는 하늘과 땅이 사귀며 펼쳐지는 빛의 움직임을 음양(陰陽)의 부호로서

구체화시킨 결과다. 이 역시 본질은 십진법에 의지한 대연수(大衍數)의 작용 결과가 된다.

○ 복희 8괘로 보면 건(乾☰)과 곤(坤☷)은 수의 합이 9다. 그 말도 주역을 음양(陰陽)의 관점에서 접근하게 되면 결국 본질은 십진법의 원리로서 건곤(乾坤) 이외의 나머지 괘상들도 모두 마찬가지다. 즉 산(艮☶)과 못(兌☱), 불(離☲)과 물(坎☵), 우레(震☳)와 바람(巽☴) 역시 예외가 아니다. 산(艮☶)은 못(兌☱)과 기운을 통하고 우레(震☳)와 바람(巽☴)은 서로 두드리며 불(離☲)과 물(坎☵)은 서로 배척하지 않는다.

역의 기본 삼획괘를 서로 짝이 되는 것끼리 모으면 다음 〈도표 10〉과 같다.

양중심의 괘	1.건(乾☰)	4.진(震☳)	3.이(離☲)	7.간(艮☶)
	↕	↕	↕	↕
음중심의 괘	8.곤(坤☷)	5.손(巽☴)	6.감(坎☵)	2.태(兌☱)
위에서 괘의 차례를 나타내는 수는 선천에 해당하는 복희 팔괘의 수로서 합은 항상 십진법의 단위인 9가 된다.				

〈도표 10〉 역의 기본 팔괘에 반영된 십진법의 작용 원리

○ 복희와 달리 후천의 문왕팔괘로 보면 그 변화가 뜻하는 바는 땅의 중심 오행이 된다. 이에 그들 수의 합을 빛의 움직임에 초점을 맞춰 마주 보고 있는 오행끼리 결합시키게 되면 합이 모두 25가 되면서 그것들을 연결한 모습은 절의 만(卍)자 모양을 이루게 된다. 여기서는 이에 대한 언급은 생략하고 그 가운데 수의 결합에 대해서만 정리해 보기로 한다.

5를 매개로 한 1과 6(수), 4와 9(금)의 합이 25다.

5를 매개로 한 3과 8(목), 2와 7(화)의 합이 25다.

이들 수의 의미는 앞 〈도표 7〉에서 소개한 낙서(洛書)와 다음 〈도표 11〉 구궁도(九宮圖)를 연결해서 생각하면 된다.

4금(동남방)	9금(남방)	2화(남서)
3목(동방)	5토(중앙)	7화(서방)
8목(북동방)	1수(북방)	6수(북서방)

〈도표 11〉 역의 기본 팔괘에 반영된 십진법의 작용 원리

태극 기운의 발생순서와 공간의 배치로 살피면 복희팔괘의 하도(河圖) 그림은 오행 중심이 되고, 문왕 8괘의 낙서(洛書) 그림은 하늘의 6기, 즉 8괘 중심이 된다. 하늘의 기운은 땅을 매개로 나타나고 땅의 기운은 하늘에 의존하여 전개되는 까닭에 오행(五行)과 6기, 하도와 낙서, 역의 팔괘(八卦)로 각기 구분해서 생각해 볼 수가 있게 된다.

⑭ 역의 기본 8괘에 대해서도 다음과 같은 시각에서 수리화시킬 수가 있다.

○ 십진법 안에서 7, 8, 9, 6이 사상의 수가 된다. 그 가운데 변하지 않는 하늘의 수는 7이 되므로 7×7=49가 괘를 조작하는 설시의 수다. 또 7, 8, 9, 6 중 변하지 않는 땅의 수는 8이 되므로 역의 기본 괘상은 8로 주역의 대성괘가 8×8=64다.

○ 이는 천지 운행 도수로 보더라도 384효의 괘상에 해당하는 64와 일치하는 수로서 하늘의 삼재와 땅의 삼재(三才)가 사귀어 겹치는 십진법상의 팔괘(八卦)로 만물이 생겨나는 이치를 포괄할 수 있게 된다.

ㅇ 여기서 역의 기본 8괘를 낙서 구궁도의 배치도로 살펴보면 현상으로 나타난 태극의 수 10과 변화하는 세상의 이치를 매개하는 중궁의 수 5를 제외하게 되는데 이도 또한 그 수의 종류가 8이다.

⑬ 하도(河圖)와 낙서(洛書) 의미 체계 1

하늘과 땅이 자리를 정하고 역이 그 가운데서 행해진다. 그때 하늘과 땅은 건(乾☰)·곤(坤☷)의 형상이고, 자리를 정한다는 것은 음양(陰陽)이 짝으로 섞이며 배열하는 일이다. 그 결과 건(乾☰)·곤(坤☷)의 작용은 감(坎☵)·이(離☲)로 나타난다. 두 가지 작용은 효의 자리가 따로 없다. 두루 흘러 6허(虛)에 순행한다. 오고 감이 정해지지 않고 위아래가 또한 항상 일정하지 않다. 깊이 잠기거나 드러나며 만물을 감싸면서 도의 기강을 이룬다.

天地設位 而易行乎其中矣. 天地者 乾坤之象也. 設位者 列陰
천 지 설 위 이 역 행 호 기 중 의   천 지 자 건 곤 지 상 야   설 위 자 열 음

陽配合之位也. 易謂坎離 坎離者 乾坤二用 二用無爻位 周流
양 배 합 지 위 야   역 위 감 리 감 리 자 건 곤 이 용 이 용 무 효 위 주 류

行六虛 往來旣不定 上下亦無常 幽潛淪匿 變化於中 包裹萬
행 육 허 왕 래 기 부 정 상 하 역 무 상 유 잠 윤 익 변 화 어 중 포 리 만

物 爲道紀綱.　　　　　　　　〈周易 參同契 2章 坎離二用〉
물 위 도 기 강 　　　　　　　　　주 역 참 동 계   장 감 리 이 용

역의 원리가 지구의 일 년 사계절과 이십사절기의 변화에 바탕을 두고 있다면 그와 같은 천체 운행의 원리를 역에서는 어떤 구조로 설명하고 있는가?

하늘의 해가 일정한 궤도 위를 움직이는 운행의 법칙은 하도(河圖)와 낙서(洛書)에 구체적인 형태로 반영된다. 예로부터 하도와 낙서는 주역의 팔괘, 서경의 홍범구주(洪範九疇)와 더불어 상수학(象數學)의 한 갈래로서

항상 중요하게 다루어 왔다. 그 가운데 하도와 낙서는 음양(陰陽) 2기의 변화 법칙과 오행(五行) 생성의 법칙을 모두 포함한 의미 체계의 하나였다. 반면 주역 팔괘는 역법(曆法)·절기·음률 등 우주 변화에 따른 축소판이라고 할 수 있으며, 인간사의 모든 문제들도 팔괘의 변화를 가지고 나타낼 수 있다고 보았다.

이와 같은 시각은 특히 한나라 때 주역을 연구하는 사람들에 의해서 역의 상(象)과 수(數)에 집중하는 경향으로 나타나게 된다. 후대의 송나라 사람들은 이들 계보를 상수학 혹은 상수파로 분류해 받아들였다. 그들에 의해 중시되는 상(象)과 수(數)는 주역의 내용 속에서 당연히 쉽게 찾아볼 수 있는 내용들이다.

예를 들어 공자의 역 해석을 참고하더라도 그렇다. 계사전에서 괘(卦)를 베풀어 상을 보이고, 또 괘사(卦辭)와 효사(爻辭)를 붙여 길흉을 판단했다. 설괘전에는 "신명을 그윽히 협찬하여 시초풀을 이용하는 법을 만들고 1·3·5의 수를 하늘의 수로 하고 2와 4를 땅의 수로 하여 수를 세웠다.[幽贊於神明而生蓍 參天兩地而倚數]"는 구절도 있다.

그뿐 아니다. 상(象)에 대한 뜻을 언급하는 구절에서는 그것이 지닌 의미의 본질까지도 다음과 같이 자연스럽게 덧붙이고 있다.

"성인께서 천하 만물이 너무도 잡다함을 보고 그 밖의 물상을 가지고 천지만물의 형태에 비기거나 혹은 천지만물의 마땅히 그러한 모습을 상징으로 나타냈으니 그것을 상이라고 한다."

천지만물의 잡다한 모습을 역(易)은 상(象)으로서 단순화시켰음을 강조하는 내용이다. 이들 역(易)의 수(數)는 그것이 작용하는 원리에 의존하여 점을 치는 수단이 되고 있다는 점에서도 상수학파 사람들에게 매우 중요한 분야의 하나였다.

다음은 50개의 시초풀로 역의 괘상을 결정하는 과정에 대한 공자의 계사전 말씀이다.

"대연의 수가 50이니 그 씀은 49다. 나누어 둘로 해서 양의(兩儀)를 상징하고 하나를 걸어서 삼재(三才)를 형상한다. 다시 넷 씩 헤아려 사시(四時)를 상징하고 남는 것을 손가락 사이에 끼워(돌려) 윤달을 상징한다. 윤달은 5년에 두 번이므로 두 번 손가락 사이에 끼운[扐] 뒤에 거는 것이다.

하늘의 수가 다섯이고, 땅의 수가 다섯이다. 다섯의 자리가 서로 얻어 각기 합함이 있으며 하늘의 수는 25요, 땅의 수는 30이다. 무릇 하늘과 땅의 수는 55다. 이것이 변화를 이루며 귀신을 행하는 것이다."

주역에서 왜 수가 중요한가를 알 수 있는 구절의 내용이다.

만물의 변화에 관여하면서 귀신을 행하는 기능만으로도 충분하다. 역의 중요한 요소 가운데 하나가 점치는 기능에 해당하고 점치는 기능이 수에 의존해 있다면 역에서 수가 차지하는 비중은 자연스럽게 연구의 대상이 아닐 수가 없다.

실제 역은 앞쪽에 소개한 계사전의 본문 내용처럼 괘를 결정하는 핵심원리가 수의 작용에 의존해 있다. 십진법이 펼쳐지는 대연수 50과 거기에서 하나를 제외한 49개의 시초풀을 조작하여 4영 8변을 거친 뒤에 얻게 되는 7·8·9·6의 수가 소양·소음·노양·노음의 성격을 결정하기 때문이다.

이처럼 주역에서 수(數)는 매우 중요한 하나의 핵심 분야였다. 따라서 역의 상수학(象數學)이라고 하면 이들 수(數)와 상(象)을 중요시하는 계보임을 쉽게 짐작할 수가 있다.

이와 같은 상수 측면의 구체적인 주역 연구는 그 이론 체계가 처음부터 확고하게 자리 잡았던 것은 아니었다. 차츰 시간이 흐르면서 오랜 기간에 걸쳐 형성된 결과였다.

이론적인 틀을 처음 갖추었다고 보는 사람은 위상(魏相)과 맹희(孟喜) 초공(焦贛) 등이다. 이를 한나라 원제 경제 때의 경방(京房)이 잇고, 동한의 마융(馬融) 정현(鄭玄) 순상(荀爽) 우번(虞翻) 등이 나타나면서 좀 더 복잡하게 발전해 나간다.

이들은 괘기설(卦氣說)과 사정괘설(四正卦說), 12월 벽괘설(辟卦說)과 오행생성설(五行生成說) 효진설(爻辰說) 호체(互體), 반상(半象) 일상(逸象) 등으로 주역을 해설하면서 오늘날까지 이어지는 상수학의 근본 틀을 형성했다.

하도와 낙서의 도식에 특히 의존하던 송대(宋代) 상수역(象數易)에서 보면 그 연원은 당연히 이들 초기 상수학파(象數學派)까지 거슬러 올라간다.

송대의 상수역(象數易)은 음양(陰陽) 재이(災異)와 천인감응(天人感應)의 측면을 집중적으로 문제 삼던 한역의 상수학과 달리, 역경 속에 담겨있는 세계의 형성과 변화의 틀에 대한 하늘의 이치가 그 목적이었다. 그 점은 하도와 낙서의 도식에 대한 관심도 역시 마찬가지였다.

하도와 낙서를 통해 보여주는 숫자의 배열과 도식의 구축은 같은 시대의 대표적인 의리학자(義理學者) 정자(程子)에게서 볼 수 있는 것처럼 우주와 인간의 이치를 탐구하려는 노력의 결과물이었다. 그 성격을 보더라도 주역의 팔괘와 상서(尙書) 홍범(洪範)의 구주(九疇), 하도와 낙서를 통한 역의 구체화를 추구하면서 뚜렷한 하나의 물줄기를 이루는 영향력 있는 학술 사조가 된다.

훗날 청대의 유학자들은 이들을 가리켜 도서학(圖書學)이라는 별칭으로 부르게 되는데, 엉뚱하게도 그 출발점은 도가(道家) 쪽 인물인 도사(道師) 진단(陳摶)이다. 송의 태조가 왕에 오를 것을 미리 알아 맞혀 송나라 조정과 매우 밀접한 관계를 유지하던 진단은 지금의 하남성 녹읍현 사람이었다.

그는 도교의 단을 수련하는 사람이 내단(內丹)을 단련할 때 생겨나는 기질의 변화를 논하면서 처음 태극도(太極圖)와 무극도(無極圖), 선천도(先天圖)를 그림으로 그려 세상에 유포시킨다. 그것은 종방(種放)·목수(穆修)·이지재(李之才) 등을 거쳐 주돈이(周敦頤)와 소옹(邵雍)의 역학으로 발전한다.

그 가운데 진단의 선천 팔괘는 소강절(邵康節)의 황극경세서(皇極經世書)로 이어지고, 태극선천도는 주돈이(周敦頤)의 태극도로 발전한다.

진단의 하도와 낙서는 종방(种放) 및 유목(劉牧)의 역수구은도(易數鉤隱圖)를 거쳐 주희(朱熹)와 채원정(蔡元定)에 의해서 다음 〈그림 6〉과 같은 도상으로 받아들여지면서 세상에 유행하게 되었다는 게 일반적인 학계의 정설이다.

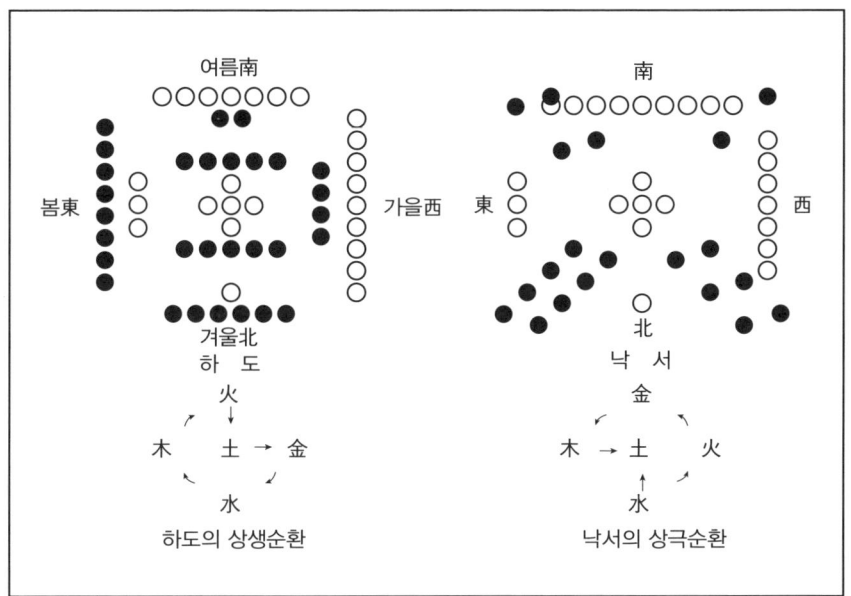

〈그림 6〉 그림으로 전해오는 하도(河圖)와 낙서(洛書)

⑭ 하도(河圖)와 낙서(洛書) 의미 체계 2

정(精)과 기(氣)가 만물이 되고 혼(魂)이 돌아다녀 변(變)이 된다. 이 때문에 귀(鬼) 신(神)의 정상(情狀)을 아는 것이요, 천(天)·지(地)와 더불어 서로 같은 까닭에 어기지 않는 것이다. 지혜가 만물에 두루하고 도는 천하를 이룬다. 그러므로 지나침이 있지 않으며 사방으로 행하되 흐르지 아니해서 하늘의 이치를 즐거워하고 천명을 아는 까닭에 근심하지 않으며 자리[土]에 편안하여 어짊[仁]을 돈독히 하는 까닭에 능히 사랑할 수가 있다. 천지 조화를 법칙으로 두루 틀을 짓되 이를 벗어나지 않으며 주야의 도에 통하여 안다. 신(神)은 일정한 방소가 없고 역(易)은 일정한 틀[體]이 없는 것이다.

精氣爲物 遊魂爲變 是故 知鬼神之情狀 與天地相似 故不違.
정 기 위 물 유 혼 위 변 시 고 지 귀 신 지 정 상 여 천 지 상 사 고 불 위

知周乎萬物 而道濟天下 故不過 旁行而不流 樂天知命 故不
지 주 호 만 물 이 도 제 천 하 고 불 과 방 행 이 불 류 낙 천 지 명 고 불

憂. 安土敦乎仁 故能愛. 範圍天地之化而不過 曲成萬物而不
우 안 토 돈 호 인 고 능 애 범 위 천 지 지 화 이 불 과 곡 성 만 물 이 불

遺 通乎晝夜之道而知 故神无方而易无體.
유 통 호 주 야 지 도 이 지 고 신 무 방 이 역 무 체

〈周易 繫辭 上傳 4章〉
주 역 계 사 상 전 장

앞 하도(河圖)와 낙서(洛書)에 반영되어 있는 구체적인 의미는 무엇이며 주역의 의미 체계와 어떤 관련성이 있는가?

먼저 '하도(河圖)와 낙서(洛書)의 의미 체계 1'의 〈그림 6〉을 보면 거기에

그려져 있는 흰 동그라미가 하늘의 수다. 검은 동그라미는 땅의 수를 나타낸다. 방위는 도표에 나타난 대로 아래가 북쪽, 위가 남쪽, 왼쪽이 동쪽, 오른쪽이 서쪽에 해당한다. 뒷날 이 그림은 유목에 의해서 하도와 낙서로 불리지만 본래 진단에 의해서는 하도가 오행생성도, 낙서가 구궁도였다.

진단에 의하면 계사전의 천지지수는 55가 된다고 하고 그와 관련된 해설에서 천지미합지수(天地未合之數)와 천지이합지위(天地已合之位)를 설정하게 된다. 그 뜻은 천지미합지수(天地未合之數)가 하늘과 땅의 기운이 서로 합해지지 못한 선천의 수라는 의미이다. 천지이합지위(天地已合之位)는 하늘과 땅의 기운이 서로 사귀면서 만물로 나타난 현상의 개념이다.

그 결과 제 삼변으로 오행이 생겨나는 그림인 하도(지금과 달리 유목은 이를 낙서라고 이름 붙였다)와 구궁도인 낙서의 그림이 생겨날 수가 있게 된다. 물론 의리역에 관심이 집중되었던 옛날의 역학가들과 마찬가지로 상수학에서도 하도와 낙서의 출발점은 서로가 조금도 다를 수가 없었다.

언제나 그들의 공통된 관심사는 공자의 계사전에 실려 있는 다음과 같은 구절이다.

"하늘이 신묘한 물건을 내자 성인이 법 받으며, 천지가 변화하자 성인이 본 받으며, 하늘이 상을 드리워 길흉을 나타내자 성인이 이를 형상하며, 하수에서 그림이 나오고 낙수에서 글이 나오자 성인이 이를 법 받았다."
[천생신물(天生神物) 성인칙지(聖人則之) 천지변화(天地變化) 성인효지(聖人效之) 천수상(天垂象) 현길흉(見吉凶) 성인상지(聖人象之) 하출도(河出圖) 낙출서(洛出書) 성인칙지(聖人則之) 〈주역 계사 상전 11장(周易 繫辭 上傳 11章)〉]

이 구절은 뒷 사람이 계사전 속에 끼워 넣었다는 설도 있고 그 의미가 본래는 옛날의 제왕이 제위를 물려받을 때 하나의 상징물이었을 수도 있다는 견해를 제시하기도 한다.

그런데 그 도식을 처음 주역의 괘상과 연결시킨 이는 한대의 유흠(劉歆)이었다고 한서(漢書) 오행지(五行志)에서는 전한다. 그 뒤 정현이 하수(河水)의 용(龍)이 도(圖)를 내고 낙수(洛水)의 거북이 서(書)를 이루었다고 주석하고, 양웅에 의해서 거듭 언급이 되면서 후대의 지금과 같은 하도와 낙서 도식으로 자리를 잡았다. 그 결과 남송(南宋)의 주진(朱震)은 상수학을 역학의 정통으로 간주, 하도와 낙서의 도식을 한상역전(漢上易傳)의 역괘도 첫머리에 올리고 뒤에 주희는 이를 주역본의(周易本義)와 역학계몽(易學啓蒙)에서 받아들이게 된다.

그렇다면 주희는 이 그림의 내용이 주역과 어떻게 연관되었다고 생각하기에 자신의 저술 첫머리에 이것을 싣고 있는 것일까? 하늘의 천체 움직임과 관련된 포괄적인 상징성 때문이었을 것이다.

이런 추측은 앞 〈그림 6〉에 나타나 있는 전체 동그라미 모양을 살펴보면 쉽게 납득이 간다. 먼저 우리는 앞의 동그라미 모양을 지구의 밤하늘에 나타나는 별들의 형태로 바꿔 생각하면 쉽다. 그때 동그라미의 숫자는 절기가 변하고 있는 월별 시간의 단위로 검은 점은 땅의 숫자인 음(陰)이며, 하얀 점은 하늘의 숫자인 양(陽)을 나타내는 표시다.

그 가운데 먼저 동쪽 그림의 설명이다. 점들의 집합이 하얀 점 3과 검은 점 8로 되어 있다. 그 뜻은 3월과 8월이면 동쪽 하늘에 목성이 나타남을 상징한다.

남쪽도 마찬가지다. 검은 점집합인 2와 하얀 점의 집합 7은 2월과 7월의 남쪽 하늘에 출현하는 화성의 상징이다. 다시 서쪽의 검은 점집합 4와 하얀 점 9는 4월과 9월의 서쪽 하늘에 출현하는 금성의 상징이다. 북쪽의 하얀 점 1과 검은 점집합 6은 11월과 6월의 북쪽 하늘에 출현하는 수성의 상징이다.

이를 계사전에서는 음양(陰陽)의 개념으로 구분하면서 홀수인 흰 동그라미는 하늘의 수, 짝수인 검은 동그라미는 땅의 수를 나타낸다고 하였다. 또 방위로 보면 도표에 나타나 있는 대로 아래가 북쪽, 위가 남쪽, 왼쪽이 동쪽, 오른쪽이 서쪽이다. 이것을 두고 옛 사람들은 하도와 낙서의 그림이 된다고 하였다.

그런데 이런 하늘의 변화상을 십진법의 수리적인 원리로 단순화시키면 어떤 설명이 가능할까?

하늘의 수 1이 수(水)를 낳고, 땅의 수 6이 이를 이룬다는 하늘과 땅의 관계로 설명할 수가 있다. 그밖의 수들도 이는 마찬가지다. 하늘의 수 3이 목(木)을 낳고, 땅의 수 8이 이를 이루며, 하늘의 수 2가 화(火)를 낳고, 땅의 수 7이 이를 이루며, 하늘의 수 5와 4가 토(土)와 금(金)을 낳고, 땅의 수 10과 9가 이를 이루는 관계가 생겨난다.

맹희의 벽괘설과 한의학의 삼음삼양(三陰三陽) 원리도 또한 이를 벗어나지 않는다. 예컨대 일 년의 순환을 12벽괘설로 나타내면 다음 〈도표 12〉에서 보듯이 11월에 하나의 일양(一陽)이 생겨나고 4월이면 중천건(重天乾)으로 양(陽)이 지상에 가득해진다. 5월이면 하나의 일음(一陰)이 생겨나고 10월이면 음(陰)이 가득한 중지곤이 된다.

1월	2월	3월	4월	5월	6월
地天泰	大壯卦	澤天夬	重天乾	天風姤	風山遯
☰ ☷	☰ ☳	☰ ☱	☰ ☰	☴ ☰	☶ ☴
三陽	四陽	五陽	六陽	一陰	二陰
7월	8월	9월	10월	11월	12월
天地否	風地觀	山地剝	重地坤	地雷復	地澤臨
☰ ☷	☴ ☷	☶ ☷	☷ ☷	☷ ☳	☷ ☱
三陰	四陰	五陰	六陰	一陽	二陽

〈도표 12〉 음양(陰陽)의 소장(消長) 이치로 단순화시킨 월별 괘상의 변화

이를 하도에 배치된 수와 결부시키면 그 원리는 다음과 같다.

11월의 일양(一陽)은 북방에서는 한랭하여 수(水)에 속하는 반면, 음(陰)이 극에 이르러 양을 발생시키면서 일양(一陽)이 처음 생겨나므로 수(水)를 발생시키는 하늘의 생수(生數)로 삼는다. 이것이 바로 앞에서 설명한 하늘의 수 1이 수(水)를 낳고, 땅의 수 6이 이를 이룬다는 하도 구성의 기본 원리다. 하늘의 수 3이 목(木)을 낳고, 땅의 수 8이 이를 이루는 이치도 마찬가지다.

정월이 되면 만물이 발생하고 이때는 태양이 떠오르는 동쪽과 목(木)을 상징하기 때문에 삼양(三陽)으로 목(木)의 생수(生數)를 삼고 하늘의 수 3이 목(木)을 낳고, 땅의 수 8이 이를 이룬다고 하였다.

한편 5월에는 북극으로부터 음(陰)이 진행되면서 극(極)에 이른 양(陽)이 음(陰)을 발생시키지만 이때의 혹서(酷暑)는 하지(夏至)인 이음(二陰)의 때에 미치지 못하므로 6월 하지의 이음(二陰)을 화(火)의 생수(生數)로

삼게 된다. 따라서 하도에서는 하늘의 수 2가 화(火)를 낳고, 땅의 수 7이 이를 이룬다고 하였다.

하지(夏至) 이후에는 음기(陰氣)가 점차 진행되면서 8월이 지나면 만물이 시들고, 음양(陰陽) 순환의 측면에서 보면 이때가 바로 사음(四陰)의 수에 해당한다.

그러므로 하늘에 출몰하는 금성 및 해가 지는 서쪽과 만물이 결실을 맺었음을 나타내는 금을 낳는 생수(生數)가 된다. 또 대지는 만물의 무게를 감당해내고 그 변화의 양상에서 보면 봄·여름·가을·겨울의 사계절이 변하는 마지막 무렵이 가장 분명한 징후로 나타난다. 따라서 사철의 마지막 18일 씩을 토(土)로 삼아 하늘의 생수(生數)와 땅의 성수(成數) 5와 10으로 이를 대신하여 토(土)로 나타내게 된다.

이는 월로 보면 3월로 5양(陽)의 달이 되고 10월에 다시 하늘에 토성(土星)이 출몰하므로 하도에서는 하늘의 수 5가 토(土)를 낳고, 땅의 수 10이 이를 이룬다고 하였다.

ⓖ 하도(河圖)와 낙서(洛書), 주역의 수리적 법칙

문을 닫는 것을 곤(坤☷)이라 일컫고 문을 여는 것을 건(乾☰)이라 이름 붙이니 한번 닫고 한번 여는 것을 변(變)이라 일컬으며, 가고 옴에 끝이 없음을 일컬어 통(通)이라고 하며, 나타나는 것을 이에 상(象)이라고 하며, 형체를 일러 기물(器物)이라고 하고 지어서 쓰는 것을 법(法)이라고 하며 나오고 들어감에 이롭게 하여 백성이 모두 씀을 신(神)이라고 일컫는다.

闔戶謂之坤, 闢戶謂之乾. 一闔一闢謂之變, 往來不窮謂之通.
합 호 위 지 곤   벽 호 위 지 건   일 합 일 벽 위 지 변   왕 래 불 궁 위 지 통

見乃謂之象, 形乃謂之器. 制而用之謂之法, 利用出入, 民咸
현 내 위 지 상   형 내 위 지 기   제 이 용 지 위 지 법   이 용 출 입   민 함

用之謂之神.　　　　　　　　　　〈周易 繫辭 上傳 11章〉
용 지 위 지 신　　　　　　　　　　　주 역 계 사 상 전   장

앞에서 소개한 하도 낙서의 도식은 천체의 운행법칙과 관련시켜 생각할 때 어떤 형태의 수리적인 작용으로 설명할 수가 있는가?

음양(陰陽)의 관점을 구분해서 이를 생각해보자.

먼저 양(陽)을 중심으로 생각하면 하나의 양(陽)이 처음 회복되는 때가 24절기의 동지(冬至)다. 동지(冬至)는 절기상 겨울이고 물이 왕성한 특징이 있다. 이때 하늘에서는 북두칠성의 손잡이가 지구의 북쪽을 가리키며 기상조건으로 보면 매우 한랭하다. 따라서 음(陰)의 세력은 극도로 왕성하고 그로 인해 하나의 양(陽) 기운이 비로소 생겨난다.

그때는 하늘의 오대 행성 가운데 수성이 모습을 드러내는 시기로서 다

음 〈도표 13〉 아래 칸에 자리 잡은 1과 6의 수(數)와 관련이 있다. 즉 계절상 겨울이 시작되는 11월로 황혼 무렵이면 북쪽 하늘에 수성(水星, Mercury)이 그 모습을 드러낼 때다. 수성이 다시 같은 방위에 모습을 드러내는 때는 6월이다.

이처럼 11월 동지에 남극에는 양(陽)이 오고 음(陰)이 가며, 북쪽은 한냉(寒冷)하여 수(水)에 속하고 음(陰)이 극치에 이르러 양(陽)을 발생시키므로 북방에 해당하는 동지 달의 일양(一陽)을 오행상 수(水)의 생수(生水)로 삼는다. 또 6월이 되면 다시 수성이 같은 자리에 나타나므로 6이라는 숫자는 오행상(水)의 성수(成數)가 된다.

다음 〈도표 13〉에서 상단의 2는 음(陰)이 처음 생겨난 남방 5월 하지(夏至)의 수(數)에 해당한다. 이때 지구의 기상조건은 북극(北極)에서 음(陰)이 진행되고 양(陽)이 쇠퇴하는 까닭에 남쪽은 혹독한 무더위가 나타나면서 오행상 화(火)에 속하는 때가 된다. 2는 음(陰)에 속하는 별자리의 움직임으로 놓고 보면 황혼녘 남쪽 하늘에 화성(火星, Mars)이 나타나고 달은 2월과 7월이다.

하지(夏至)를 지나 일음(一陰)이 생겨나는 남방의 2는 음(陰)을 화(火)의 생수(生數)로 삼고 하도(河圖)에서는 하늘에 화성이 나타나는 2월과 7월의 수를 본떠 남방에 위치한 2와 7의 수(數)로 화(火)가 된다고 하였다.

다음으로 3은 동지(冬至)에 처음 생겨난 양(陽)의 기운이 삼양(三陽)으로 자라나 진행되면서 만물을 발생하는 정월에 해당한다. 이때는 북두칠성의 자루가 동쪽을 가리키고 동쪽에서 나타나는 하늘의 별자리는 목성(木星, Jupiter)에 해당하므로 삼양(三陽)의 목기운(木氣運)은 동방(東方)

이 되고, 오행(五行)상 삼양(三陽)으로 목(木)의 생수(生數)를 삼는다. 이 때도 역시 하늘의 목성이 동쪽 황혼녘에 나타나는 시기가 3월과 8월이므로 하도(河圖)에서 3과 8의 수(數)를 목(木)의 생수(生數)와 성수(成數)로 나타내게 된다. 이를 두고 옛 사람들은 하늘의 수 3이 목을 낳고 땅의 수 8이 목을 이룬다고 하였다.

다음으로 4는 당연히 음(陰)의 수(數)다. 여기서 음수(陰數) 4는 하지(夏至)에 처음 생겨난 2음(陰)이 점차 힘을 얻어 넷으로 자라난 4음(陰)의 때이고, 절기로 보면 추분(秋分)이다. 이는 해가 지는 서쪽에 해당하면서 북두칠성의 손잡이도 당연히 서쪽을 가리킨다. 또 서쪽은 만물이 결실을 맺어 수확을 하는 때고 하늘에 나타나는 별자리는 금성(金星, Venus)으로 4월과 9월에 그 모습을 때에 맞춰 드러낸다. 음(陰)의 기운이 점차 성해 4음(陰)이 되는 추분 무렵은 금(金)을 상징하고 땅의 4는 금(金)을 낳고 하늘의 수(數) 9는 금(金)을 이루는 성수(成數)로 대신하였다.

다음 5는 양(陽)이면서 토(土)의 생수가 된다. 동지(冬至)에 생겨난 1 양(陽)은 춘분(春分)을 거쳐 청명(淸明) 곡우(穀雨)에 이르면 5양(陽)으로 자라난다. 이때는 사계의 첫머리인 봄의 마지막에 해당하고 계절이 바뀌는 때이므로 그 어느 때보다 기후의 변화가 눈에 띄게 두드러져 보인다. 그 때문에 3월 6월 9월 12월의 마지막 18일씩을 오행상 토(土)의 기운으로 분류한다. 그러나 월별로 보아 3월 6월 9월 12월이지만 하늘에 화성이 나타나는 때는 5월과 10월의 황혼 무렵 하늘 중천이다. 5와 10은 하도에서는 중앙 토(土)의 수(數)로 삼고 5를 토(土)의 생수(生數), 10을 토(土)의 성수(成數)로 삼는다.

여기까지 설명을 천체 운행의 변화로 요약해서 말하면 다음과 같다.

물(水)을 상징하는 1과 6은 11월과 6월의 황혼녘에 출현하는 북쪽의 수성에 해당한다.

불(火)을 상징하는 2와 7은 2월과 7월의 황혼녘에 남쪽으로 출현하는 화성에 해당한다.

목(木)을 상징하는 3과 8은 3월과 8월의 황혼녘에 동쪽으로 출현하는 목성과 일치한다.

금(金)을 상징하는 4와 9는 4월과 9월의 황혼녘에 서쪽으로 출현하는 금성과 일치한다.

토성(土星, Saturn)은 5월과 10월 황혼에 하늘 중앙에 나타난다.

이를 옛 사람들은 목·화·토·금·수(木·火·土·金·水)의 상생(相生) 순환 구조인 하도로서 구체화시켜 보여주고 있다.

		7		
		2		
8	3	5 10	4	9
		1		
		6		

〈도표 13〉 오행으로 구체화시킨 하도의 배치 수열(하도는 십진법에 바탕을 둔 하늘의 운행 법칙이며 땅 위에서 펼쳐지는 오행 생성의 원리를 반영하고 있다)

○ 1과 6은 북방에서 합하여 수를 낳고 2와 7은 남방에서 합하여 화를 낳으며, 3과 8은 동방에서 합하여 목을 낳고, 4와 9는 서방에서 합하여 금을 낳으며, 땅의 10을 가하여 중앙에서 합하여 토를 낳으니, 땅 위에서 봄·여름·가을·겨울의 오행이 생겨나고 만물이 있게 된다.

⑯ 하도(河圖)와 낙서(洛書), 주역(周易)의 기본 팔괘

주역은 천하의 지극히 떠들썩함을 말하되 싫어하지 않으며, 천하의 지극한 움직임을 말하되 어지럽지 않으니, 주역의 이치에 비겨 본 뒤에 말하고 (마땅함에 대해) 의론한 뒤에 움직이니 비기고 마땅함을 의론함으로서 그 변화를 이룬다.

言天下之至賾 而不可惡也. 言天下之至動 而不可亂也. 擬之
언 천 하 지 지 색   이 불 가 오 야   언 천 하 지 지 동   이 불 가 난 야   의 지

而後言 議之而後動 擬議以成其變化.   〈周易 繫辭 上傳 8章〉
이 후 언 의 지 이 후 동 의 의 이 성 기 변 화   주 역 계 사 상 전   장

복희(伏羲) 선천(先天)의 하도(河圖)는 문왕(文王) 후천(後天)의 낙서(洛書)와 어떤 형태로 상호 연관성을 갖게 되는가?

처음 태극이 음양으로 나누어지기 전의 상황을 가정해 보자. 하늘은 양기(陽氣)로서 위에 높이 떠 있고, 땅은 음기(陰氣)로서 아래에 낮게 엎드려 있다.

그렇지만 하늘의 높은 기운이 위만 고집하고 땅의 낮은 기운이 위와 호응하지 않는다면 어떻게 세상의 만물이 출현할 수 있겠는가?

그러므로 두 기운은 서로 땅 위에서 어울리며 작용하게 되는데 하늘이 앞서고 땅이 유순하게 따르면서 생겨나는 괘상(卦象) 배치도(配置圖)가 역(易)의 구궁도(九宮圖)다. 음양(陰陽)이 서로 작용하면서 만물이 생겨나는 차례를 그때의 그림에 바탕을 두고 설명하면 다음과 같다.

제 1은 하늘의 기운이 북방에서 시작된다.

제 2는 북방 하늘의 기운에 대해 땅이 서남방에서 호응한다.

제 3은 하늘의 기운이 정동방에 작용한다.

제 4는 땅의 기운이 동남방에서 호응하게 된다,

제 5는 하늘의 기운이 중앙에서 작용한다.

제 6은 땅의 기운이 서북방에서 호응하고 있다.

제 7은 하늘의 기운이 정서방에 작용한다.

제 8은 땅의 기운이 동북방에서 호응하고 있다.

제 9는 하늘의 기운이 정남방에서 작용한다.

그렇다면 낙서가 왜 이와 같은 순서와 관련성으로 작용하는 모습을 보이게 되는가?

주된 이유로 다음의 네 가지를 꼽을 수가 있다.

첫째, 지구와 태양의 움직이는 방향이 서로 다르기 때문이다. 지구의 북반구에서 하늘을 올려다볼 때 해는 왼쪽으로 돌면서 움직이고[左旋] 지구는 오른쪽으로 돌면서 움직이는[右旋] 현상의 반영이 되는 셈이다.

둘째, 계사전의 설명처럼 하늘은 높고 땅은 낮아서 하늘의 주된 움직임에 땅의 작용이 호응하기 때문이다. 수의 배치를 보면 하늘의 수(홀수)는 가운데 오고 땅의 수는 구궁도의 모서리에 자리 잡고 있다.

셋째, 이는 결과론적인 개념이긴 하나 하늘은 굳세고 땅의 성질은 유순하여 방위로 볼 때 하늘은 동북쪽, 땅은 서남방이 될 수밖에 없는 필연성 때문이다.

넷째, 천체 움직임으로 볼 때 하늘의 북극성은 그 움직임이 실제 이들 구궁도의 차례와 같은 이유 때문이다.

그러므로 역의 팔괘를 사방의 자리에 배치하는 구궁도(九宮圖)를 다음과 같은 〈도표 14〉로 구체화시킬 수 있게 된다. 중복되는 면이 있지만 수리적인 시각에서 그 내용을 정리하는 기회로 삼기 위해 이들 수의 배치와 작용 원리를 다시 〈도표 14〉로서 소개해 보겠다.

4. 손(巽☴)	9. 이(離☲)	2. 곤(坤☷)	합 15
3. 진(震☳)	5	7. 태(兌☱)	합 15
8. 간(艮☶)	1. 감(坎☵)	6. 건(乾☰)	합 15
합 15	합 15	합 15	대각선의 합 15

〈도표 14〉 북극성의 손잡이가 가리키는 구궁도상의 차례

○ 도표 안의 가로 세로 대각선의 합 15는 여기서도 결국 하늘의 수 5가 작용하는 결과임을 알 수 있게 한다.

	9 (3×3=9)	
3 (3×1=3)	5	7 (9×3=27)
	1감(坎☵) (7×3=21)	
하늘의 기운은 3배수로 불어나면서 시계 방향[右旋]으로 움직이고 있다. [三天兩地]			

〈도표 15〉 왼쪽으로 돌면서(左旋) 작용하는 하늘 수의 배열

4 2×2=4		2 2×1=2
8 4×2=8		6 8×2=16
땅의 기운은 2배수로 불어나면서 시계 반대 방향[右旋]으로 움직인다. [三天兩地]		

〈도표 16〉 오른쪽으로 돌면서(右旋) 작용하는 땅의 수 배열

참고로 이들 구궁도의 움직임을 하늘에 있는 별자리로 표시하고 있는 낙서구성도는 다음과 같다.

별자리 사보(四輔) 괘상 손(巽☴) 차서-4	별자리 천기(天紀) 괘상 이(離☲) 차서-9	별자리 호분(虎賁) 괘상 곤(坤☷) 차서-2
별자리 하북(河北) 괘상 진(震☳) 차서-3	별자리 오제좌(五帝座) 괘상 중궁 차서-5	별자리 칠공(七公) 괘상 태(兌☱) 차서-7
별자리 화개(華蓋) 괘상 간(艮☶) 차서-8	별자리 북극성(北極星) 괘상 감(坎☵) 차서-1	별자리 천수(天廚) 괘상 건(乾☰) 차서-6

〈도표 17〉 주역 십진법의 수를 하늘의 별자리로 상징화시킨 낙서구성도

⑰ 하도(河圖)와 낙서(洛書)

하나의 음(陰)과 하나의 양(陽)을 도라고 일컫는다. 이를 잇는 자는 선(善)이요, 이루는 자는 성(性)이다. 어진 자는 이를 보고 어질다 하고 지혜로운 자는 이를 보고 지혜롭다 한다. 백성은 날마다 쓰면서도 알지 못한다. 그러므로 군자의 도가 드문 것이다.

一陰一陽 謂之道. 繼之者善也, 成之者性也. 仁者見之 謂之
일음일양 위지도 계지자선야 성지자성야 인자견지 위지

仁, 知者見之 謂之知, 百姓 日用而不知, 故君子之道 鮮矣.
인 지자견지 위지지 백성 일용이부지 고군자지도 선의

〈周易 繫辭 上傳 5章〉
주역 계사 상전 장

  하도(河圖)와 낙서(洛書)에 반영된 역의 원리를 어떻게 세상의 진리로서 수용하는 일이 가능하겠는가? 지나치게 신비한 이치로 포장하고 있는 옛사람들의 억지일 수도 있지 않겠는가?
  하도와 낙서는 주역의 원리를 보여주는 일종의 도형이 된다는 전제 아래 우리는 이제껏 그것을 다루어왔다. 그러나 그것이 역의 근본 이치를 압축하고 있다는 주장은 사실 무리일 수도 있다. 왜냐하면 복희씨(伏羲氏) 때 황하에서 용마(龍馬)가 55점으로 된 하도를 등에 지고 나왔다는 설에서부터 하우씨(夏禹氏) 때 낙수에서 나온 그림으로 거북의 등에 45점이 씌어 있었다는 설까지 너무나 허황된 견해 때문이다.
  실제 하우씨가 물을 다스리면서 남긴 서경(書經)의 우공편(禹貢篇)을 보면 여기에 대한 구체적인 언급도 없다. 대신 주역 계사전에서 언급하고 있

는 유사한 문구는 이미 소개해서 누구나 알고 있는 부분일 것이다. 후대의 학자들은 그곳의 내용이 바로 하도와 낙서에 대한 실마리로 보고 싶어 하지만 후대의 학자 구양수(歐陽脩)는 오히려 계사전까지도 비판적인 시각에서 받아들인다.

"구양공(歐陽公)은 하도와 낙서를 믿을 수 없는 허망한 글이라 하여, 계사까지도 다 믿지 않았다."

이는 호정방(胡庭芳)이 지은 계몽익전(啓蒙翼傳)에서 확인되는 부분이다.

그렇다면 지금의 우리는 구양공의 이런 주장을 어떻게 받아들여야 할까? 하도와 낙서의 설이 하나의 허설일 뿐이라고 거기에 동조해야 하는 것은 아닐까?

사마광(司馬光)의 통감(通鑑)을 보면 생각이 달라진다. 그는 구양공이 허망하다고 말한 이와 같은 상징이 오히려 후대에 일어났음을 다음과 같이 기록하고 있기 때문이다.

"연호가 청룡이던 위나라의 2대 명제 무렵에 장액 유곡구 물 속에서 보석이 솟아나왔는데 하도 모양과 흡사하였다. 이러므로 신령스러운 거북을 상징하여 냇물 서쪽에다 세웠는데 석마(石馬)·봉황(鳳凰)·기린(麒麟)·백호(白虎)·희우(犧牛)·황결(璜玦)·팔봉(八封)·열숙(列宿)·혜패(彗孛) 따위의 여러 상징이 있다."

그밖에도 이와 같은 낙서의 무늬를 연상시키는 기록으로 십육국춘추(十六國春秋)의 기록을 찾아볼 수 있다. 그곳에서는 "오호십육국(五胡十六國)의 하나인 전진 왕(부견) 영흥 12년에 고육민이 우물을 파다가 거북을 발견했는데 크기는 석 자 여섯 치고 등에는 8괘의 무늬가 있으므로 태복지(太卜池)에 넣어 기르게 했다"는 구절이 나온다. 또 아골타가 세운 금나라의 역사책인 금지(金志)에서도 앞의 내용과 유사한 기록을 찾아볼 수가 있다.

"천회(연호) 4년에 변도(汴都) 태강현(太康縣)에서 어느 날 저녁에 우레를 크게 치면서 비가 쏟아졌는데, 거북 모양의 얼음 덩어리[氷龜]들이 수십 리에 걸쳐 뻗어 있었다. 그 거북은 크기가 서로 같지 않았으나 머리와 발에는 모두 주역 8괘의 문채가 똑 같이 갖춰져 있었다."

이런 기록들을 두고 성호(星湖, 李瀷)는 만물문(萬物門)에서 말하기를, "하늘에서 얼음 무늬가 내려오고 땅에서 석상이 솟아나오는, 이런 짓을 과연 누가 행한 것일까? 저 얼음과 돌이란 아무 의식도 지각도 없는 물건인데도 반드시 거북 모습을 상징하고 있거늘, 하물며 천지의 조화에 응해서 생겨난 하도와 낙서 등의 신령스러운 물건이겠느냐!"고 하여 그 예측할 수 없는 신비스러운 하늘 이치에 대한 소회를 피력하고 있다.

하도와 낙서의 이치가 의심스러운 사람이라면 한번쯤 참고해볼 만한 기록이다.

⑱ 역(易)에 반영된 수리적 원리와 삶의 교훈

초육은 제사를 지냄에 깔 자리로 흰 띠 풀을 쓰니 허물이 없다고 하였다. 공자께서 말씀하셨다. 혹 땅에 (제물을) 두더라도 옳거늘 깔 자리로 띠를 쓰니 무슨 허물이 있겠는가. 삼가는 마음의 지극함이다. 무릇 띠라는 물건이 천박하나 쓰는 것은 소중하게 여기는 것이니 이 방법으로 삼가 행해 가면[往] 그 잃는 바가 없을 것이다.

初六藉用白茅无咎. 子曰 苟錯諸地而可矣. 藉之用茅 何咎之
초 육 자 용 백 모 무 구   자 왈 구 조 저 지 이 가 의   자 지 용 모 하 구 지

有 愼之至也. 夫茅之爲物薄 而用可重也. 愼斯術也以往 其无
유 신 지 지 야 부 모 지 위 물 박 이 용 가 중 야   신 사 술 야 이 왕 기 무

所失矣.   〈周易 繫辭 上傳 11章〉
소 실 의   주 역 계 사 상 전   장

　역의 의미 체계에 반영된 십진법의 수리적인 작용 원리를 고전과 결부시켜 그 특징을 설명할 수도 있을까? 특히 본질을 뜻하는 무(無)의 덕스러운 작용으로 설명하려고 하면 생겨나는 시각의 초점은 무엇이 되겠는가?
　여기에 답하기 위해서는 중복되는 구석이 있더라도 먼저 수(數)에 대한 역의 시각을 다시 정리할 필요가 있다. 천지(天地)의 수를 열거할 때 역에서는 흔히 1·2·3·4·5의 다섯에서 그친다. 그밖에 십진법의 6·7·8·9·10은 각기 5를 의지하여 뒤에 생겨나면서 앞의 다섯에 짝이 된다고 생각한다. 따라서 역에서는 1·2·3·4·5의 다섯을 소연(小衍)이라고 일컫는다. 또 대연(大衍)의 수 50은 소연(小衍)을 말미암아 일어난다. 동시에 이들 수가 전개되는 특징을 보면 일곱 가지 구분이 가능했다.

앞에서 다루었지만 이것도 역시 거듭 정리해 보자.

첫째, 1·2·3·4·5 소연(小衍)의 수를 합한 수 15다.

둘째, 하늘의 수 셋과 땅의 수 둘인 삼천양지(三天兩地)이니 모두 15다.

셋째, 하도(河圖) 가운데 자리 잡고 있는 수(數)의 합이니 하늘의 수 5와 땅의 수 10의 합이다. 그것도 역시 15다.

넷째, 낙서 종횡(縱橫)의 합이다. 가로와 세로 혹은 대각선의 합이 어느 경우나 모두 15였다.

다섯째, 모든 수에 관여하고 있는 수 1은 태극이 된다. 태극이 음(陰)과 양(陽)의 양의(兩儀)를 낳고, 양의(兩儀)가 사상(四象)을 낳으며, 사상(四象)은 팔괘(八卦)를 낳는다. 또한 각 단계의 수를 합하면 그것도 15다.

여섯째, 노음(老陰)은 수가 6이고 노양(老陽)은 수가 9다. 그 수는 서로를 짝으로 연결하고 있으니 그 합도 15다.

반면 소음(少陰)과 소양(少陽)도 마찬가지다. 소음(少陰)은 수가 8이고 소양(少陽)은 수가 7이니 서로 짝이 되는 이들 수의 합도 15다.

일곱째, 10에 5를 곱하면 50 대연(大衍)의 수다.

이로서 보면 소연의 수 5까지의 합은 15이고, 대연(大衍)의 수는 50이니 그것이 수에 반영된 자연의 법칙이다. 혹 의심하기를 역의 대연수(大衍數)는 연수도(衍數圖)를 종횡으로 펼쳐 수의 원리를 나타냈을 뿐인데 그것이 어떻게 세상의 모든 사물을 대신한다고 할 수 있겠느냐고 한다. 이에 그 해답을 제시하느라 수많은 사람들의 갖가지 지론이 생겨나면서 그 종류가 무릇 50여 가지에 이른다.

근세의 원연도(原衍圖)를 작성해서 수의 원리를 설명한 석담(石潭)도 그 가운데 한 사람이다. 그런데 그곳에서 하는 말 가운데 앞의 의문과 연결해서 생각해 볼만한 다음과 같은 내용이 있다.

하늘의 수 1은 땅의 수 2와 더불어 3이 나온다. 또 땅의 수 2는 하늘의 3과 더불어 5가 나온다. 이렇게 1은 2, 2는 3, 3은 4, 내지 하늘의 수 9와 땅의 수 10에 미치면 19로서 그 수열이 1·3·5·7·9·11·13·15·17·19가 되어 그들 수를 모두 합하면 99의 수가 된다.

그러자 이 설명 끝에 어떤 사람이 이렇게 의심을 제기했다. 그것은 대연(大衍)의 수를 50으로 보고 쓰지 않는 하나가 있어서 사십구(四十九)가 된다는 계사전의 말과 다르지 않느냐는 내용이다.

석담은 그 질문에 대해 이렇게 답한다.

"이것은 쓰지 않는 수다. 그런즉, 예로부터 지금에 이르기까지 수로서 역의 이치를 말함에 일정한 설이 없게 되었다. 그러나 그대가 하나에 집착하여 의문을 버리지 않는다면 역의 지극한 이치를 수로서 보기는 어려울 것이다." 또 덧붙여서 말하면 경에 대해 해석하는 일을 문장 짓는 것에 견주어서는 안 된다고 하였다. 문장을 짓는 일은 다만 하나의 설을 세워서 주장을 펼칠 뿐이다. 안목이 높은 자는 주장이 빼어나겠지만 당나라 현종의 말처럼 경의 내용을 이해하기 위해서는 반드시 올바른 해석서인 전(傳)에 의지해야만 한다. 왜냐하면 그래야만 경의 내용을 제대로 이해할 수 있기 때문이다.

그로 인해 경을 제대로 이해하게 되면 반드시 하나로 돌아간다. 정밀한 자연의 이치는 둘이 없다. 경을 읽었을 때 둘이 아닌 하나의 이치를 얻는다면 비로소 경전에서 말하는 세상의 본질적인 의미를 얻었다고 말할 수가 있다. 하물며 역(易)을 통한 쉽고 간단한 하늘과 땅의 작용을 뜻하는 이간(易簡)의 이치이겠는가.

　대연의 수는 지극히 쉽고 지극히 간단하다. 다만 그것이 어렵고 깊게 여겨지는 까닭은 우리의 관심이 핵심을 벗어나 있기 때문이다. 수에서 그것을 찾으려면 천지의 수인 오십오(五十五)를 보기만 하면 된다. 혹 사람에 따라서는 대연(大衍)의 수로 오십(五十)만을 강조할 수도 있으나 결론은 마찬가지다. 천지만물의 근본이 되는 하늘의 수 오(五)를 포함하면 되기 때문이다.

　어쨌든 천지(天地)의 수 오십오(五十五)에서 쓰지 않는 진원(眞元)의 수 오(五)를 제외하면 나머지는 계사전에서 말하는 대연(大衍)의 수 오십(五十)이다. 그 까닭에 수로서 역을 말하면 소연(小衍)의 수는 십오(十五)요, 대연(大衍)의 수는 오십(五十)이 된다고 주장한다.

〈참고자료 : 원(元)나라 임신자(壬申子)의 『대역집설(大易輯說)』〉

　그의 이런 주장은 수를 이해하는 자세를 말할 때만 적용할 수 있는 게 아니다. 무(無)의 덕스러움에 대해 생각할 때도 마찬가지다. 삶의 본질을 추구한다면 우선 일정한 선입견으로부터 벗어날 필요가 있다. 자기 마음을 비우고 무(無)로 돌아가는 일이다. 그것이 우리가 학문을 하는 이유이고 본질을 문제 삼는 올바른 삶의 자세다. 하물며 천지자연의 운행원리를 구체화시킨 역의 연수도이겠는가! 결코 의심의 여지가 없는 일이다.

⑲ 수가 작용하는 원리와 대연수(大衍數) 50

건(乾☰)의 책수(策數)가 216이요, 곤(坤☷)의 책수(策數)가 144다. 이는 모두 360이니, 기년(期年)의 일수에 해당한다. 2편의 책수가 1만 1천 520이니, 만물의 수에 해당한다. 이런 까닭에 네 번 경영하여 역(易)을 이루고 18번 변하여 괘를 이루니 8괘로 작게 이루어 이끌어 펼치며 유에 따라 확장하면 천하의 일을 모조리 적용해 마치게 된다.

乾之策二百一十有六, 坤之策百四十有四, 凡三百有六十, 當
건 지 책 이 백 일 십 유 육　　곤 지 책 백 사 십 유 사　　범 삼 백 유 육 십　　당

期之日. 二篇之策, 萬有一千五百二十, 當萬物之數也. 是故
기 지 일　　이 편 지 책　　만 유 일 천 오 백 이 십　　당 만 물 지 수 야　　시 고

四營而成易, 十有八變而成卦, 八卦而小成. 引而伸之, 觸類
사 영 이 성 역　　십 유 팔 변 이 성 괘　　팔 괘 이 소 성　　인 이 신 지　　촉 류

而長之, 天下之能事畢矣.　　　　　　　〈周易 繫辭 上傳 9章〉
이 장 지　천 하 지 능 사 필 의　　　　　　　　주 역　계 사　상 전　　장

역의 대연수 50과 그 작용의 수 49에 관한 전개과정을 구체적으로 설명할 수도 있는가?

거듭 의심할 까닭조차 없는 일이다. 천지(天地)의 수는 각기 다섯(5)이다. 합하여 만물로 펼치면 얻게 되는 과정이 아홉이다. 1과 2는 합이 3이 된다. 2와 3은 합이 5다. 3과 4는 합이 7이다. 4와 5는 합이 9다. 여기까지는 천지만물을 낳는 기본 생수(生數)다.

다시 5와 6은 합이 11이다. 여기서 10은 만수이므로 실제 수는 1이다. 다시 6과 7은 합이 13이다. 13은 다시 10을 제하면 3이다. 7과 8은 합이

15다. 15는 10을 제하고 5다. 8과 9는 합이 17이다. 17도 10을 제하면 7이다. 9와 10은 합이 19다. 19 역시 10을 제하면 9다. 6부터 10까지는 천지만물의 성수다.

하늘의 수 다섯(1·3·5·7·9)과 땅의 수 다섯(2·4·6·8·10)은 각기 합해져 9위를 얻는데 그 수는 모두 기수다. 앞의 생수(生數)에서도 떨어지는 수는 하늘의 수 3·5·7·9이고, 성수(成數)에서도 떨어지는 수는 하늘의 1·3·5·7·9가 된다. 다시 이들 수의 집합에서 태극 본질의 수 1을 제하고 나머지 3·5·7·9의 수를 각기 합해보면 생수가 24, 성수도 24다. 그래서 설시(揲蓍)에서도 대연의 수는 50이지만 실제 조작하는 수는 48이다.

地十	天九	地八	天七	地六	天五	地四	天三	地二	天一	1.數
	九	七	五	三	一	九	七	五	三	2.奇
	二十四			掛一	二十四				3.策
	天地大衍의 數 五十 가운데 其用이 되는 四十九									4.대연수

〈도표 18〉 십진법의 체계 안에서 대연수 50이 작용하는 구체적인 원리도

〈도표 18〉에서 3층은 24를 이루는 항목이 모두 좌우로 넷이다. 이것은 넷씩 헤아려 기수(奇數)를 구해 나가는 설시의 기본 원리다. 가운데 하나는 설시를 하는 과정의 약지에 하나를 거는 바로 그 의미에 해당한다. 즉 5와 6은 하늘의 수와 땅의 수에서 양쪽을 매개하는 중심수가 되므로 설시에서 제외되는 근본 이치와도 통한다. 곧 하늘의 수 1과 약지에 거는 하나를 제외한 수 48이 좌우 양쪽 기수의 합 24다.

이는 태양의 움직임을 놓고 볼 때 지구의 적도를 중심으로 북위 24도와 남위 24도의 범위를 벗어나지 않으므로 그와도 일치하는 숫자다. 하늘에 있어서 상을 이루고[재천성상(在天成象)] 땅에 있어서 형체를 이룬다는[재지성형(在地成形)] 계사전의 말씀에서도 벗어나지 않는다.

설시에서도 3과 9, 5와 7의 합이 각각 12였다. 이들은 모두 넷으로 12×4=48이 되고 넷씩 헤아려 합해지는 기와 더불어 책(策)이 12의 상(象)에 통하는 이치다. 다시 이들은 3·5·7·9의 개체들이 둘씩 짝을 이루는 책(策)의 숫자를 그대로 반영하면서 좌우로 각기 합이 24가 된다.

여기서 우리는 이 구절을 짚어보면서 24에 대한 개념을 자세히 음미할 필요가 있다. 24는 기(奇)와 책(策)의 가운데 수다. 기(奇)는 24에서 그치고 책(策)은 24에서 일어난다. 또 만물의 기본 구성요소인 천지인(天地人) 삼재(三才), 즉 8괘의 단위로 보면 24는 전체 8괘를 이루는 효(爻)의 숫자[數]다.

우리가 아는 역의 64괘라는 게 무엇인가?

삼획괘(三劃卦)의 중복, 24효가 상하로 겹쳐진 모양이다. 예컨대 일 년 360일의 운행도수도 이 삼획괘(三劃卦)의 삼천양지(三天兩地)의 수를 벗어나지 않는다. 건(乾)의 책수(策數) 216과 곤(坤)의 책수(策數) 144가 일 년 360일의 당기지수(當期之數)이니 216은 삼(三)을 기본 단위로 하는 양(陽)의 수이고, 144는 둘(兩)을 기본 단위로 하는 음(陰)의 수다. 이것이 기(奇)는 24에서 그치고 책(策)은 24에서 일어난다고 하는 앞 구절의 뜻이다.

율려(律呂)도 마찬가지다. 오성(五聲)의 기본 토대인 81은 삼천(三天)을 현상적인 수로 나타낸 수이며, 궁(宮)의 짝이 되는 치(徵)는 양지(兩地)에 해당하는 54다. 54는 81을 3으로 나눈 27을 기본 단위로 하여 2배의 수이므로 양지(兩地)에 해당한다.

다시 치(徵) 54는 위로 상 72를 상생(上生, 위로 낳음)하는데 율려에서는 이를 삼분익일(三分益一)의 개념으로 표현한다. 삼분익일(三分益一)이란 앞의 치(徵)음이 54이므로 54를 셋으로 나누면 얻어지는 수가 18이다. 따라서 54에 18을 더하면 그 수는 72가 되어 상(商)이다. 이하 음(陰)과 양(陽)으로 낳고, 낳는 역(易)의 이치를 율려에 의존하여 도표로 나타내면 다음과 같다.

궁 81	三天兩地 3:2	치 54		상72	三天兩地 3:2	우 48		각 64	三天兩地 3:2	변궁 128/3		변치 215/9
			양3:음4				양3:음4				양3:음4	

〈도표 19〉 삼천(三天) 양지(兩地)의 수와 역(易)의 율려(律呂)

이처럼 역은 기본 단위가 사상(四象)의 기(奇)와 사상(四象)의 책(策)이다. 역의 64괘는 그 가운데에 상하 소성괘로서 모조리 갖추어진다.

⑳ 대연수(大衍數) 50과 주역(周易) 설시(揲蓍)의 수

역(易)은 도를 드러내고 덕행을 신비스럽게 하게 되니, 이 때문에 더불어 수작(酬酢)할 수 있으며 더불어 신(神)을 도울 수 있다. 공자께서 말씀하셨다. 변화의 법도를 아는 자는 신의 하는 바를 알 것이다.

顯道神德行 是故 可與酬酢 可與祐神矣. 子曰 "知變化之道者
현 도 신 덕 행 시 고 가 여 수 작 가 여 우 신 의   자 왈   지 변 화 지 도 자

其知神之所爲乎"   〈周易 繫辭 上傳 9章〉
기 지 신 지 소 위 호   주 역 계 사 상 전   장

역의 대연수 50을 설명하면서 언급하는 설시(揲蓍)의 수란 무엇이며 어떤 과정을 거쳐서 얻어지게 되는가?

먼저 설시에 관한 개념의 고찰이다. 설(揲)은 손으로 무엇인가를 집어서 헤아려 본다는 뜻이고, 시(蓍)는 역의 괘상을 뽑기 위해 조작하는 대나무 막대와 같은 풀의 명칭이다. 따라서 설시는 주역에서 어떤 문제의 흐름을 엿보기 위한 괘상(卦象)의 조작과정에 해당한다. 이를 주역 계사전(繫辭傳)에서는 음양(陰陽) 건곤(乾坤)의 책수(策數)로서 설명하고 있는데 구체적인 내용을 요약해 보면 다음과 같다.

먼저 시초풀 50 가닥을 가지고 아래 ①부터 ③까지의 과정을 통해 삼재(三才)를 상징하는 수로 조작을 시작한다.

① 50의 대연수를 가지고 그것을 조작하되 하나는 태극의 수로 고정하여 바닥에 내려놓고 나머지 49개의 수를 둘로 아무렇게나 나누어 양의(兩儀)를 상징한다.

② 둘로 나눈 49 대연수를 하나는 왼손에 들고 오른손에 든 한 무더기는 땅 바닥에 내려놓는다. 이는 하늘과 땅의 둘로 나누어짐을 상징하니 왼쪽의 손에 들린 산대는 하늘, 땅에 내려놓은 오른쪽의 산대는 땅에 해당한다.

③ 여기서 땅에 내려놓은 산대를 다시 하나 집어 왼손의 새끼와 약지 사이에 끼워 건다. 이것은 땅에서 일어난 만물을 상징하니 천·지·인(天·地·人) 삼재(三才) 가운데 인재(人才)에 해당한다.

④ 다음은 왼손에 들린 산대를 일 년 사시의 운행에 해당하는 숫자인 넷씩 헤아려 바닥에 내려놓고 남는 나머지로 중지와 약지 사이에 끼워 윤달을 상징한다. 이는 삼 년에 한 번씩 생겨나는 하나의 윤달을 의미한다.

⑤ 다음은 땅 바닥에 내려놓은 나머지 산대를 다시 집어 들고 앞과 마찬가지로 다시 넷 씩 헤아려 제(除)하고 남는 나머지를 둘째와 셋째 손가락 사이에 끼워 건다. 이는 5년에 한번 생겨나는 윤달을 상징한다.

이 과정을 학자에 따라서는 계사(繫辭)전에서 말하는 삼오이변(參伍以變)의 개념으로 받아들이기도 한다. 그러나 그것은 하나의 그럴듯한 견해일 뿐 이것만을 두고 삼오이변(參伍以變)으로 생각하는 것은 다만 하나의 시각일 뿐이다. 아무튼 그게 삼오이변(參伍以變)이 된다고 하면 삼(參)은 ①부터 ③까지고 오(伍)는 ①부터 ⑤까지다.

삼(參)은 삼재(三才) 혹은 산대를 헤아려 세 번 변한 나머지를 통틀어 계산하는 과정을 나타내고 오(伍)는 오행을 뜻한다고 볼 수도 있으나 그 개념도 틀렸다고 말하기는 어렵다. 문헌이나 사람마다 견해를 달리하는 부분은 십진법으로 구체화시킨 천체 운행의 움직임에서 찾아보면 된다.

⑥ 이렇게 삼오이변(參伍以變)의 과정을 똑같이 3번 되풀이하고 나면 하나의 효가 생겨난다. 첫 번째의 변화에서는 반드시 5가 아니면 9가 남는다. 두 번째와 세 번째의 변화에서는 반드시 4가 아니면 8이 남는다.

⑦ 앞의 3번 되풀이하는 삼오이변(參伍以變)의 과정을 여섯 번 되풀이하고 나면 하나의 괘에 해당하는 여섯 개의 효가 생겨난다.

앞의 조작에 의해 생겨난 한 효의 사상(四象)은 반드시 다음 〈도표 20〉의 어느 항목 가운데 하나다.

4상 ①에서 ⑤까지의 조작을 세 번 하고 난 뒤 숫자 조합	사상의 구별	산대의 나머지 수	사상의 책수	비고	표시법
9, 8, 8	太陰이다.	25	49−25=24 (4×6)	태음으로 하늘이 운행했음을 뜻한다.	변하는 음의 표시 ×로 태음이다.
9, 8, 4 9, 4, 8 5, 8, 8	少陽이다.	21	49−21=28 (4×7)	소양으로 하늘이 운행했음을 뜻한다.	변하지 않는 단획의 소양으로 표시한다.
9, 4, 4 5, 4, 8 5, 8, 4	少陰이다.	17	49−17=32 (4×6)	소음으로 하늘이 운행했음을 뜻한다.	변하지 않는 쌍획의 소음으로 표시한다.
5, 4, 4	太陽이다.	13	49−13=36 (4×6)	태양으로 하늘이 운행했음을 뜻한다.	변하는 양의 표시 ×로 태양이다.

〈도표 20〉 시초풀로 점을 치며 50 대연수를 조작했을 때 생겨나는 주역 사상의 수

〈도표 20〉에서 태양(太陽)과 태음(太陰), 소양(少陽)과 소음(少陰)은 하

나의 짝이 되므로 이들 책수(策數)를 주역 전체 384효에 적용하여 그 책수(策數)를 계산해보면 다음과 같은 수들의 조합이 나타난다.

첫째, 주역 하나의 괘는 6효로 이루어져 있으므로 64괘는 384효다.

둘째, 전체 384효를 음양(陰陽)으로 구분하면 양이 192, 음이 192다.

셋째, 이들 각자의 효들을 노양(老陽)과 노음(老陰)의 짝으로 계산하면 노양이 192×36=6,912책이 되고, 노음은 192×24=4,608책이 된다.

두 수의 합은 11,520책으로 만물의 종류에 해당한다는 계사전의 해설은 바로 이를 두고 하는 말이다. 한 해가 소양과 소음의 변하지 않는 책수로 운행한다고 하더라도 마찬가지다. 소양(少陽)은 28, 소음(少陰)은 32의 수이므로 192×28=5,376책이 되고, 소음은 192×32=6,144책이 되므로 합은 역시 앞과 마찬가지로 11,520책이다.

무릇 사상(四象)의 책수(策數)는 천지(天地) 운행의 상징이다. 그러므로 이를 하도(河圖)로 설명하면 태양(太陽)은 북방의 1에 자리 잡고 있으면서 서방의 9와 이웃하고, 소음(少陰)은 2에 자리 잡아 동방의 8과 이웃하고, 소양(少陽)은 3에 있으면서 7과 이웃하며 태음(太陰)은 4에 자리 잡아 6과 이웃하고 있다.

설시를 헤아리는 방법도 세 번 변한 나머지를 통틀어 계산하되 처음 걸었던 1을 제외하고 4를 기(奇)라 하고 8을 우(偶)라 하니 기(奇)는 둥글기 때문에 둘레가 3이고, 우(偶)는 네모지기 때문에 둘레가 4다. 이때 3은 그 수가 완전하기 때문에 그대로 사용하고, 4는 완전한 수가 아닌 까닭에 둘을 하나로 하는 그 반만 쓴다.

그래서 이것을 모아 세면 6·7·8·9가 되어 세 번 변한 설수(揲數)와 책수(策數)가 모두 들어맞는다. 즉 계산되어 나오는 책수가 36이 되면 이는 사계절이 모두 태양(太陽)의 수로 움직인 결과이니 36÷9=4로서 이는 곧 9=3×3의 수와 일치하면서 이것이 사상의 첫 번 째인 태양의 수다. 소양(少陽)과 소음(少陰), 태음(太陰) 등의 나머지도 이치는 마찬가지다.

이를 도표로 구체화시켜 보면 다음의 설시취책도(揲蓍取策圖)가 된다.

揲蓍取策												
노양		소양		소음		노양		三變	再變	虛一 初變	
헤아린수는二十四策이니老陰	掛扐共二十五策三變皆得耦也	헤아린수는二十八策得少陽	掛扐共二十一策三變得一奇	헤아린수는三十二策得少陰	掛扐共十七策三變得二奇	헤아린수는三十六策得老陽	掛扐共十三策三變皆得奇 아래해석	나머지 40策 혹 三十二策 혹 三十六책	나머지 40策 혹 四十四策	四十九策	
								둘로 나눔	둘로 나눔	둘로 나눔	
								하나를 걸어둠	하나를 걸어둠	하나를 걸어둠	
								左得三則右必四 左得二則右必一 左得四則右必三	左得三則右必四 左得二則右必一 左得四則右必三 左得一則右必二	左得三則右必一 左得二則右必二 左得四則右必四 左得一則右必三	

〈도표 21〉 역의 괘상을 구하는 설시취책도(揲蓍取策圖)

괘륵공십삼책(掛扐共十三策) 삼변개득기야(三變皆得奇也)의 뜻은 세 번에 걸쳐 손가락 사이에 걸어 남은 책수(策數)가 13책(策)으로 남는 산대가 기수(奇數)임을 뜻한다. 나머지도 모두 마찬가지다.

예를 들어 새끼손가락 사이와 중지 검지 등의 사이에 넷을 헤아리고 남아서 끼워 모은 책수가 13책이었다고 하면 대연수는 49이므로 49-13으로 36은 노양이 된다는 뜻이다. 계사 상전 9장에 대연의 수가 50이니 그 씀은 49(大衍之數五十, 其用四十有九)가 된다고 하였다.

역(易)의 시초(蓍草)는 7×7=49로 기수(奇數)다. 대개 수(數)는 기수(奇數)가 아니면 움직이지 않는다. 그러므로 역(易)에서 대연(大衍)의 수(數) 혹은 천지(天地)의 수(數)로 49가 쓰인다고 하였다.

역(易)의 괘(卦)는 8×8=64이니 우수(偶數)다. 우(偶)는 곧 상(象)이다. 대개 상은 짝이 아니면 서지 못한다. 역(易)에서는 괘에 대해 '괘를 베풀어 상을 본다'는 '설괘이관상(設卦以觀象)'과 '팔괘(八卦)는 상(象)으로써 고한다'는 팔괘이상고(八卦以象告)로 설명한다. 근거로 삼는 구절은 계사 하전 12장 구절이니 그곳에서 팔괘(八卦)는 상(象)으로써 알려주고[八卦以象告] 효와 단은 뜻으로서 말한다[효단이정언(爻彖以情言)]고 하였다.

오직 기수라야 원이 된다. 그러므로 시초(蓍草)의 덕은 둥글어 신령스럽다. 반면 우수는 방이다. 그러므로 괘의 덕은 방정하여 지혜롭다. [시지덕원이신(蓍之德圓而神) 괘지덕방이지(卦之德方以智)]

근거로 삼는 구절은 계사 상전 11장의 구절이다. 역은 어째서 만든 것인가를 물으면서 역은 사물을 열어주고 일을 이루어 천하의 도를 포괄하니, 이와 같을 뿐이라고 하였다. 시초의 덕은 둥글어 신묘하고 괘의 덕은 방정해 지혜롭되, 육효(六爻)의 뜻은 변하고 바뀌어 길흉을 알려준다고 하였다. 그 까닭에 성인이 이로써 마음을 깨끗이 씻어 은밀함에 물러가 감추며, 길흉(吉凶) 간에 백성과 더불어 근심을 함께 하여 신으로써 미래를 알고, 지혜로서 지나간 일을 보관하니 누가 이처럼 신묘한 도리에 참여할 수 있겠느냐고 반문하는 구절이 있다. 즉 미래의 길흉을 탐색하여 사람에게 보여주는 것은 시초다.

그러므로 역의 이치는 지혜로서 가는 것을 갈무리한다는 '지이장왕(知以藏往)'이 되는 것이다. 시초는 괘의 변화를 취하여 보여주니 모조리 합해서 4,096괘가 있다.

역은 괘상이 모두 64다. 이들 64괘의 괘상이 다시 모두 64괘로 변화를 보이면 그 수의 합은 4,096괘다. 그들 24,576효(二萬四千五百七十六爻)는 모두 스스로 나타나는 자연의 법칙이다. 터럭만큼도 사람이 그 사이에 어떤 조작을 더한 결과가 아니다.

〈참고자료 : 임신자(壬申子)의 『대역집설(大易輯說)』〉

남은 수	兩多 一少 9·8·4 9·4·8 5·8·8	兩少 一多 9·4·4 5·4·8 5·8·4	三少 5·4·4	三多 9·8·8
사상(속성)	少陽-不變爻	少陰-不變爻	老陽	老陰
관련 숫자	7	8	9	6
	소양(少陽)	소음(少陰)	노양(老陽)	노음(老陰)
표시 기호	―	--	□	×
참고	多의 개념-9와 8		少의 개념-5와 4	

〈도표 22〉 시초풀 조작에 따른 사상(四象) 구성표

〈도표 22〉 설시 법도에 대해 부족한 설명을 곁들이면 다음과 같다.
1) 제 1의 설시에서는 넷 씩 헤아리고 남는 손가락 사이의 무더기 수가

5가 아니면 9다. 두 번째와 세 번째의 설시에서는 남는 손가락 사이의 무더기 수가 4가 아니면 8이다.

 2) 5·4·8(五·四·八), 5·8·4(五·八·四), 9·4·4(九·四·四)의 숫자 조합이 왜 소음인가? 이들 수의 합을 구하면 각각 17(十七)이다. 십칠은 산대를 조작하는 대연의 수 49에서 넷씩 헤아려 남는 수에 해당하므로 49-17=32가 된다. 32는 넷씩 헤아렸을 때 8로 나누어지는 수이므로 32÷4=8로 8은 곧 소음(少陰)의 수가 된다.

 3) 9·8·4(九·八·四), 9·4·8(九·四·八), 5·8·8(五·八·八)도 원리는 위와 마찬가지다. 이들 수의 합을 구하면 각각 21(二十一)이다. 21(二十一)은 산대를 조작하는 대연의 수 49에서 넷씩 헤아려 남는 수에 해당하므로 49-21=28이 된다. 28은 넷씩 헤아렸을 때 7로 나누어지는 수이므로 28÷4=7로 7은 곧 소양(少陽)의 수가 된다.

 4) 같은 이치에서 9·8·8(九·八·八)은 남는 수가 24가 되므로 노음, 5·4·4(五·四·四)는 남는 수가 36이 되므로 운행하는 도수가 36이라는 뜻으로 36÷4=9가 된다. 9는 노양의 수이므로 5·4·4(五·四·四)는 노양이 된다.

五 四 八	五 八 四	九 四 四	九 八 四	九 四 八	五 八 八	九 八 八	五 四 四
少陰	少陰	少陰	少陽	少陽	少陽	老陰	老陽

〈도표 23〉 대연수(大衍數) 50을 조작하면서 생겨나는 주역 사상의 수

 ○ 괘를 뽑고자 할 때 알아야 할 사항

전해져 오는 방식은 공자의 설시법에 근거한다. 이는 계사전의 제 9장 행신문(行神文)에 기술되어져 있다.

먼저 괘를 뽑자면 자기 자신이 지금 하늘에 묻고자 하는 마음의 궁금증이 무엇인지를 구체적으로 정리해야 한다. 그래서 필기도구와 종이를 갖추어서 거기에 다음과 같이 적는다.

"00년 00월 00일 00시 김 모는 묻습니다."(예, 갑자년 을축월)
"…… 어떤 일에 관한 궁금증입니다."
(일의 개요를 이어서 간략하게 기술한다.
혹은 어떤 사람에 관한 일이면 그 사람의 주소와 궁금한 일의 구체적인 내용을 간략하게 기술한다.)
"알고자 하오니 하늘은 감응하여 주시기 바랍니다."

묻고자 하는 궁금증만 분명하게 드러낼 수 있다면 작성하는 문구는 꼭 이와 같지 않아도 된다.

○ 문구가 작성되고 나면 대나무 50개(이것을 책(策)이라고 말한다.)를 이용해 점괘를 뽑아 나간다. 이때 50이라는 대나무 숫자는 천지자연의 생성 원리를 대신한다는 것에 대해서는 앞에서 이미 자세하게 밝혔다. 물론 점을 치는데 반드시 시초풀 50개를 이용해야 하는 것만은 아니다. 동전 3개를 이용한 동전점. 콩이나 바둑돌 등 주변의 적절한 사물을 이용한 득괘법이 있다.

어떤 방식이든 자기 나름대로의 원칙을 가지고 자기 자신의 정성과 하늘에 대한 경건함이 있다면 무방하다 하겠다. 대신 전통적으로는 산대를 이용한 산대법, 동전이나 엽전을 이용한 척전법, 설시법 등이 주로 이용되어 왔다.

참고로 산대법은 20㎝ 가량의 산대를 여덟 개 만들어 각각의 산대에 1부터 8까지의 숫자를 기록하여 괘를 뽑는 방법이다. 산대 여덟 개를 양손으로 감싸 쥐고 머리 위로 올렸다 내리면서 왼손으로 1개를 뽑아 내괘를 얻는다.

그런 다음 처음과 같이 하되 오른 손으로 한 개를 다시 뽑아 이것으로 외괘를 삼는다. 다시 같은 방법으로 산대 1개를 왼손으로 뽑는데 이것은 동효이다. 단 이것은 남자일 때의 경우이고, 여자는 반대로 오른손부터 먼저 뽑는다. 남자는 양(陽)이므로 왼쪽 우선이고, 여자는 음(陰)이므로 오른쪽 우선이 된다.

㉑ 수리(數理)와 역(易)의 계사전(繫辭傳)

삼오(參五)로서 변하며, 그 수를 착종하고 그 변화에 통해서 드디어 천지의 문(文)을 이루며, 그 수를 지극하게 해서 드디어 천하의 상(象)을 정하니, 천하의 지극한 변화가 아니면 그 누가 능히 이에 참여하겠는가.

參伍以變, 錯綜其數. 通其變, 遂成天地之文. 極其數, 遂定天
삼 오 이 변   착 종 기 수   통 기 변   수 성 천 지 지 문   극 기 수   수 정 천

下之象. 非天下之至變, 其孰能與於此.〈周易 繫辭 上傳 10章〉
하 지 상   비 천 하 지 지 변   기 숙 능 여 어 차   주 역 계 사 상 전   장

역의 대연수 50을 설명하면서 언급하는 설시(揲蓍)의 수란 무엇이며 어떤 과정을 거쳐서 얻어지게 되는가?

수에 근거하여 역을 설명할 때 계사전에서는 천지의 모든 만물이 변화를 이루고 귀신을 행하는 수로 15가 아닌 55를 내세운다. 만약 십진법의 집합 가운데서 하늘의 수가 1부터 5까지의 합인 15가 되어야 한다면 서로 모순된 주장이 되지 않겠는가?

그곳에서 행해진다고 말하는 귀신의 작용이란 오행으로 온전한 형태를 갖추고서 눈앞에 구체적으로 펼쳐진 현상 세계에 초점을 맞추기 때문이다.

우선 귀신(鬼神)의 개념도 그렇다. 귀(鬼)는 만물이 본질로 돌아가게 되는 음(陰)의 작용, 즉 8·6의 개념이다. 반면 신(神)은 만물이 구체적인 현상으로 펼쳐져 나타나는 양(陽), 즉 7·9의 작용이다. 6·7·8·9 사상의 수에 태극의 수 10과 천지를 낳는 수 1부터 5까지를 합해야 비로소 만물이

현실로 드러나는 수의 작용을 망라하게 되고, 그것이 바로 계사전에서 말하는 만물의 변화를 이루고 귀신을 행하는 수가 되는 것이다.

이들 수의 작용은 1부터 5까지를 매개로 해서 생겨나게 되므로 혹 15가 중심이 된다고 말하기도 하지만 그것은 본질에 초점을 맞추었을 때의 시각이다. 만물로 사물이 드러났을 때는 언제나 본질을 포함하게 되므로 1부터 5까지의 수가 아닌 십진법의 전체 작용을 거론해야 한다. 그래서 천지의 모든 만물이 변화를 이루고 귀신을 행하는 수로 15가 아닌 55를 계사전에서는 강조하게 된다.

㉒ 천체 운행의 기초 개념, 주역(周易)의 음양(陰陽)

역에 성인의 도가 넷이 있으니, 역으로서 말하는 자는 그 (역의) 말을 숭상하고 역으로써 움직이는 자는 그 변화를 숭상하고 기물을 제작하는 자는 그 상(象)을 숭상하고 역을 점서로 활용하는 자는 그 점을 숭상하니 이로써 군자가 장차 하고자 함이 있으며, 행함이 있음에 물어서 말을 하려거든, 그 명을 받음이 메아리가 울리는 것과 같아서, 먼 데나 가까운 데나 그윽한 데나 깊은 데나 할 것 없이 드디어 오는 일을 알게 되니, 천하의 지극한 정미로움이 아니면 그 누가 이에 참여할 수 있겠는가.

易有聖人之道四焉 以言者尙其辭 以動者尙其變 以制器者尙
역 유 성 인 지 도 사 언   이 언 자 상 기 사   이 동 자 상 기 변   이 제 기 자 상

其象 以卜筮者尙其占. 是以君子將有爲也 將有行也 問焉而
기 상   이 복 서 자 상 기 점   시 이 군 자 장 유 위 야   장 유 행 야   문 언 이

以言 其受命也如嚮 无有遠近幽深 遂知來物. 非天下之至精
이 언   기 수 명 야 여 향   무 유 원 근 유 심   수 지 래 물   비 천 하 지 지 정

其孰能與於此.   〈周易 繫辭 上傳 10章〉
기 숙 능 여 어 차   주 역 계 사 상 전   장

역에 반영되어 있는 십진법의 원리는 천체 운행의 변화를 구체적으로 어떻게 반영하고 있을까?

앞 둘째 단락의 내용을 이어서 생각해 봄직한 질문이다. 이는 한 해 24절기와 황도 28수 별자리의 상관관계로서 그 궁금증을 살피는 게 효과적이다. 지구상에 생겨나는 절기가 변한다는 것은 지구가 해를 중심으로 계

속 움직인다는 뜻이다. 그것이 옛 사람들이 지구의 변화를 하늘의 별자리로 표시했던 황도 28수의 개념이다.

그때 중요하게 여겨지는 것 가운데 하나로는 두병(斗柄)의 손잡이가 있다. 왜냐하면 절기가 변하면서 생겨나는 땅 위의 규칙적인 변화를 확인해 볼 수 있는 게 바로 두병의 위치(북두칠성의 손잡이)였기 때문이다. 그러나 태양의 위치를 염두에 두거나 두병의 위치를 기준으로 삼더라도 일 년 24절기의 변화는 결국 음양(陰陽) 소장(消長)의 이치를 벗어나 있지 않으므로 황도 28수의 명칭과 천간(天干) 지지(地支)의 육십(六十) 갑자(甲子) 또한 그 개념 안에 음양 소장의 이치를 그대로 반영하는 결과에 지나지 않는다.

여기서는 태양의 위치를 나타내는 황도 28수 별자리가 음양(陰陽) 소장(消長)의 관점에서 오행의 이치를 어떻게 반영하고 있는지 그 점을 먼저 알아볼 필요가 있다.

먼저 28수의 명칭과 오대행성의 관련성을 〈도표 24〉로 정리하면 다음과 같다.

	주천 28수의 명칭	참고
북방 현무 7수	벽(壁), 실(室), 위(危) 허(虛) 여(女), 우(牛), 두(斗)	오행상 수가 왕성한 계절
동방 청룡 7수	기(箕), 미(尾), 심(心), 방(房) 저(氐), 항(亢), 각(角)	오행상 목이 왕성한 계절
남방 주작 7수	진(軫), 익(翼), 장(張), 성(星) 유(柳), 귀(鬼), 정(井)	오행상 화가 왕성한 계절
서방 백호 7수	삼(參), 자(觜), 필(畢), 묘(昴) 위(胃), 루(婁), 규(奎)	오행상 금이 왕성한 계절

〈도표 24〉 해와 달이 움직이는 길목에 위치한 주천 28수와 오행의 관련 도표

28수	동방 7수							남방 7수							서방 7수							북방 7수						
	箕	尾	心	房	氐	亢	角	軫	翼	張	星	柳	鬼	井	參	觜	畢	昴	胃	婁	奎	壁	室	危	虛	女	牛	斗
도수	11	18	5	5	15	9	12	17	18	18	7	15	4	33	9	2	16	11	14	12	16	9	16	17	10	12	8	26
12진	寅			卯			辰			巳			午			未			申			酉			戌			亥			子			丑
	析木			大火			壽星			鶉尾			鶉火			鶉首			實沈			大梁			降婁			娵訾			玄枵			星紀

〈도표 25〉 하늘을 360도로 가정했을 때 생겨나는 28수의 낱낱 도수

〈도표 25〉에 근거해서 천체 운행의 변화를 주목하면 생겨나는 결론이 다음과 같아진다.

1) 황도 운행 도수의 전체 합은 365도이다.

2) 12진의 구간과 28수의 구획은 도표(圖表)상 일치하지 않는다. 예컨대 인방(寅方)은 28수에서 두(斗)의 끝에서 시작하여 미(尾)의 2/3 부분에서 끝난다. 묘(卯)는 미(尾)의 2/3 부분에서 시작하여 저(氐)의 3/4 지점에서 끝난다. 또 진(辰)은 저(氐)의 3/4 지점에서 시작하여 진(軫)의 1/3 지점에서 끝난다. 나머지 모든 12진과 28수의 구획이 모두 이와 같다.

황도 운행의 좌표에서 볼 때 12진의 구획선과 28수의 별자리가 서로 명확하게 일치하는 구간은 한 곳도 없다. 이는 하늘에서 해가 움직이는 길 위에 자리 잡고 있는 별들의 위치가 전체적으로 일정하게 놓여 있지 않다는 뜻이다. 〈도표 25〉에서 밝히고 있듯이 28수의 낱낱 별자리가 보여주는 간격은 서로 일정하지 않고 매우 불규칙하다. 그럼에도 28수로서 하늘의 별자리를 취하고 있다는 것은 그 의미가 곧 역(易)의 상하경에 배분되어 있는 28수와 동일하다는 사실이다.

3) 태양의 위치는 정확하게 해마다 어느 지점을 어느 시점에 통과한다고

말하기 어려우며 약간의 세차(歲差)를 보인다. 그러므로 반드시 24절기는 태양이 지나는 지점을 고려하여 손질되어져야 하며 이것이 19세 7윤의 법이 생겨날 수 밖에 없는 설시법의 이치를 연상시켜준다는 점이다.

4) 그런데 이들 28수와 12진의 관계를 밝힘에 있어 그 명칭이 둔갑(遁甲)과 태을(太乙), 육임(六壬)의 지론이 많이 다르다.

천체의 움직임을 삶의 근본으로 삼고자 했던 옛 사람들의 다양한 시각을 이해하기 위해 직접적인 역의 참고 자료는 아니라고 하더라도 살피고 넘어가기로 하자.

육임의 십이지장은 해가 규(奎)의 끝에서 위(胃)의 초에 오는 해(亥) 추자의 때가 등명(登明), 술(戌)의 때를 천괴(天魁)라고 일컬었다. 이들 명칭을 옛 사람들은 합신(合神) 혹은 태양과궁(太陽過宮 : 태양이 지나는 별자리라는 뜻)이라고 불렀는데 우리가 책력에서 만날 수 있는 12지지의 간지와는 차이가 난다.

우리가 책력에서 표시하는 12지지는 북두칠성의 손잡이가 가리키는 땅 위의 지점을 주목하여 월건(月建)으로 삼는데 비하여 여기서 말하는 합신(合神) 혹은 태양과궁(太陽過宮)의 의미는 하늘에서 땅 위의 절기에 맞추어 위치한 별자리의 지점에 해당한다.

책력은 인월(寅月)이나 합신(合神)은 해(亥)에 있고 책력의 묘(卯)월은 합신(合神)의 술(戌)에 있다. 마찬가지로 태양과궁(太陽過宮)도 정월 태양은 추자궁(28수의 奎星 초반)까지 운행하며 2월 태양은 강루궁(28수의 胃星 중반)까지 운행한다. 즉 합신(合神)과 태양과궁(太陽過宮)의 이론은 서로 일치한다. 다만 시대별 역(曆)에 따라 종종 이들 합신(合神)과 태양과궁

(太陽過宮)의 지점이 차이가 나는데 그 이유는 태양과궁(太陽過宮)의 이론은 실제 하늘에서 운행하는 해의 위치를 근거로 이야기되는 데 비하여 합신(合神)은 단순히 일반적인 논리를 적용하기 때문이다.

토(土)	목(木)	화(火)	금(金)	수(水)	정(精)
축(丑)	인(寅)	묘(卯)	진(辰)	사(巳)	오(午)
자(子)	해(亥)	술(戌)	유(酉)	신(申)	미(未)

〈도표 26〉 해와 달의 교차점과 북두칠성의 손잡이가 일치하면서 생겨나는 천체 움직임의 공통된 좌표

다시 앞의 설명을 보충해서 〈도표 26〉이 지닌 의미를 구체적으로 살펴보기로 하자. 그곳에 의하면 자(子)와 축(丑), 인(寅)과 해(亥), 묘(卯)와 술(戌) 등이 짝을 이룬다. 그 의미는 축(丑)과 인(寅) 등의 지점에서 해와 달이 만난다면 북두칠성의 손잡이는 자(子)와 해(亥) 등을 가리키고 그때 지구에 영향을 미치는 행성은 토성과 목성이 된다는 뜻이다.

반대의 경우도 마찬가지다. 만약 해와 달이 자(子) 해(亥) 등의 지점에서 만나고 있다면 북두칠성의 손잡이는 축(丑) 인(寅) 등의 땅 위 지점을 가리키는 규칙적인 현상을 보여주면서 오대 행성의 일정한 영향력도 〈도표 26〉과 같이 나타나게 되어 있다는 뜻이다.

5) 한편 육임(六壬)에서 12신장이 지니는 명칭의 뜻은 다음과 같다. 만물의 생장수장에 근거한 12지지를 기준으로 생각하면 된다.

정월에는 바야흐로 양기가 확립되고, 만물이 다시 돌아오게 되니 등명(登明)이라고 칭했다.

2월은 사물이 뿌리와 싹을 내리므로 천괴(天魁)라고 한다.

3월은 꽃과 잎이 뿌리에서부터 자라나니 종괴(從魁)다.

4월은 양기(陽氣)가 극점에 달하니 점점 쇠퇴해지게 되어 있으므로 전송(傳送)이다.

5월은 초목이 무성하게 처음 자라났기에 승선(勝先)이다.

6월은 만물이 여전히 매우 무성하므로 소길(小吉)이다.

7월은 각종 곡물이 열매를 맺어 능히 자신의 힘에 의지하여 지탱해 내므로 태일(太一)이다.

8월은 작물의 가지가 단단해지니 천강(天岡)이다.

9월은 수목이 장성하여 사용할 수 있는 재목이 되니 태충(太衝)이다.

10월은 만물이 모두 생장을 완성하여 공적을 쌓으므로 공조(功曹)다.

11월은 북두칠성의 자루가 다시 자위(子位)를 가리키고 상제가 원래의 위치로 돌아가므로 대길(大吉)이다.

12월은 맛난 술을 담아 신령에게 제사 지내므로 신후(神后)다.

이상은 육임의 명칭에 대한 전통적인 개념이다. 송대의 심괄은 다소 시각을 달리하여 이를 해석하고 싶어한다. 참고가 된다고 보아 여기에 그 내용을 소개한다.

등명은 정월에 세 양(陽)이 생겨나 천하 만물이 광채를 발하므로 등명이라고 한다.

천괴는 두구(斗口)상의 첫 번째 별로 이 첫 번째 별이 술위(戌位)에 도달하므로 천괴라고 한다.

종괴는 두구(斗口)상의 두 번째 별인데 이 두 번째 별이 유위(酉位)에 도달하므로 종괴라고 한다.

전송은 4월의 양기가 극점에 도달했다가 점점 쇠퇴할 조짐을 보이므로 음(陰)을 맞이하고 양(陽)을 보낸다는 뜻에서 전송이다.

소길은 하지의 기상이니 양기(陽氣)가 가고 음기(陰氣)가 오는 것이다. 따라서 소인의 날이 점점 좋아지니 소인이 길하여 결혼과 술 먹고 밥 먹는 등의 일을 상징하는 말이다.

승선은 군주가 북쪽에 앉아 남쪽을 향해 천하를 다스리는 것을 말하니, 만물이 이 시기에 모두 생장하기 시작하여 무성함이 그 극에 달하는 까닭이다.

태일은 태미원이 있는 방위가 태일성이 자리 잡은 곳에 있다.

천강은 북두칠성의 자루가 가리키는 방위의 별이다.

태충은 일월(日月)과 오성(五星)이 출입하는 문으로 천정의 요충이다.

공조는 시월에 매 해의 일들이 완성되어 그 업적을 심사한다는 뜻이다.

대길은 동지의 기상으로 음기가 가고 양기가 오게 되어 군자나 대인(大人)에게 상서로운 때로서 문무 대신의 일을 상징한다.

십이월신장은 북방의 중앙에 위치하는데 이는 상제가 거주하는 지역이다. 신후는 황제와 군주의 칭호이다. 이것은 하늘의 십이신장이므로 모두 하늘의 사정으로써 이름을 정한 것이다.

심괄(沈括)의 설명이 반드시 올바른 개념에 해당한다고 수긍하기는 어렵지만 천체의 움직임에 근거하여 육임의 십이신장 등을 구체적으로 이해할 수 있다는 점에서 주역의 이해에도 도움이 될 것으로 여겨진다. 그렇듯이 하늘의 28수 명칭도 결국은 핵심 의미가 주역에서 말하는 음양(陰陽)의 자라나고 소멸되는 변화의 원리를 한 발자국도 벗어나 있지 않다.

이는 다음 〈도표 27〉에서 확인되는 음양소장(陰陽消長)의 원리다.

토	28수 명칭	음양 소장에 입각한 개념의 해설
북방 현무 7수	벽(壁)	벽(壁)은 하늘이 열린다는 벽(闢)의 개념이다. 하늘의 생기가 열림을 뜻한다.
	실(室)	실(室)은 영실(營室)로 양기(陽氣)를 수태하여 생성됨과 동시에 동쪽으로 옮겨감을 뜻하는 말이다.
	위(危)	위(危)는 괴멸(壞滅)을 의미한다. 양기가 이곳에 이르러 소실된다.
	허(虛)	허(虛)는 허와 실에 해당하는 말이다. 겨울철의 공허함 속에서 양기가 양성됨을 뜻한다.
	여(女)	여(女)는 수녀(須女)다. 음양의 두 기운이 아직 나뉘지 않아 서로 필요로 한다는 뜻이다.
	우(牛)	견우(牽牛)로 양기가 만물을 견인하여 이끌어낸다는 뜻이다. 소가 양기의 도움을 받아 만물을 이끄는 이치다.
	두(斗)	두(斗)는 남두(南斗)다. 해와 달이 교차하는 지점이다. 일 년의 시작과 끝의 표식에 해당한다.
동방 청룡 7수	기(箕)	기(箕)는 기(基)의 뜻으로 만물의 기초다.
	미(尾)	미(尾)는 만물이 처음 태어나 힘이 약하다. 꼬리처럼 작고 가늘다는 뜻이다.
	심(心)	심(心)은 조짐 혹은 싹에 해당하는 아(芽)다. 초목의 싹이 처음 나왔음을 뜻한다.
	방(房)	방(房)은 만물의 문이 이미 열려 있음을 나타낸다.
	저(氐)	저(氐)는 나온다. 초목의 생장에 비유하였다.
	항(亢)	항(亢)은 亢奮이다. 생장의 속도를 나타낸다.
	각(角)	각(角)은 초목이 뿔처럼 갈라졌음을 뜻한다.

남방 주작 7수	진(軫)	진(軫)은 繁이다. 초목이 무성해졌음을 나타낸다.
	익(翼)	익(翼)은 날개를 뜻한다. 만물이 날개를 가진 듯한 모습이다.
	장(張)	장(張)은 열렸다는 개(開)다. 만물이 장대해진다는 의미다.
	성(星)	성(星)은 일곱 개의 별로 이루어진 별자리다. 양(陽)의 기운이 완성되어 7에 이르렀음을 뜻한다.
	유(柳)	유(柳)는 주(注)다. 초목이 쇠약해지기 시작, 양기가 약해지기 시작했다.
	귀(鬼)	귀(鬼)는 음의 기운으로 돌아간다. 음기(陰氣)가 서서히 길어지기 시작한다.
	정(井)	정(井)은 샘이다. 음기가 샘에서 솟아 나오듯 한다.
서방 백호 7수	삼(參)	삼(參)은 참험(參驗)이다. 만물을 모두 참험하여 알아볼 수가 있다.
	자(觜)	자(觜)는 사물의 뾰족한 끝인 부리(취嘴)다. 만물이 양육의 기를 잃고 탄식함을 뜻한다.
	필(畢)	필(畢)은 마친다는 종(終)이다. 초목이 종말을 맞이했음을 뜻한다.
	묘(昴)	묘(昴)는 머문다는 류(留)다. 만물이 이루어져 계류된다는 뜻이다.
	위(胃)	위(胃)는 위장이다. 음식이 위장으로 들어가듯 양기가 안으로 모습을 감추었다.
	루(婁)	루(婁)는 만물이 말라 시든다는 위(萎)다. 만물이 생기를 잃는다는 뜻이다.
	규(奎)	규(奎)는 멧돼지다. 만물을 삼켜 거둠을 뜻한다.

〈도표 27〉 음양(陰陽) 소장(消長)의 원리에 입각한 28수의 개념 해석

이와 같은 음양(陰陽) 소장(消長)의 이치는 천간(天干)지지(地支)의 이치에도 다음과 같이 적용된다.

10간	설문	사기 율서	한서 율력지
甲	씨앗이 껍질을 이고 있는 나무의 모습이다.	만물이 껍질을 뚫고 나오는 모습이다.	껍질을 이고 나오는 모습이다.
乙	봄에 초목의 싹이 꾸부러져 나온다. 음기가 아직 강하기 때문이다.	만물이 삐죽삐죽 나오는 모습이다.	을에서 만물의 싹이 비집고 나온다.
丙	만물이 뚜렷해진다.	양의 도가 드러난다.	병에서 만물이 뚜렷하게 드러난다.
丁	여름에는 만물이 모두 왕성하고 실하다.	만물이 무럭무럭 자란다.	정에서 아주 무성하다.
戊	만물이 우거져 무성하다.	우거져 무성하다.	무는 무성함이다. 만물이 가지와 잎사귀가 무성하다.
己	만물이 안으로 자기의 모양을 형성하기 시작했다.	자기의 형체가 잡힌다.	기에서 자기의 체계가 잡힌다.
庚	가을에 만물이 여물어 단단해진다.	음기가 만물을 바꾼다.	경에서 거두어 바꾼다.
辛	만물이 가을에 성숙해진다.	새로 탄생한 만물이 새롭다는 뜻이다.	신에서 모두 새롭다.
壬	사람이 옷깃을 여민 모습이다.	壬은 맡긴다는 뜻이다. 양기가 아래에서 만물을 맡아 기른다.	壬은 姙娠이다. 음양이 교합하여 만물이 잉태되고 싹이 트는 子로 이어진다.
癸	겨울에 물과 땅이 가지런하므로 헤아릴 수 있다. 물이 사방에서 땅 속으로 흘러든다.	癸는 (땅을 뚫고 태어날 때를) 헤아린다는 뜻이다.	癸에서 헤아린다.

〈도표 28〉 음양(陰陽) 소장(消長)의 원리에 입각한 간지(干支) 개념의 해석

㉓ 24절기와 28수(宿)에 반영된 역(易)의 음양(陰陽)

천(天)·지(地)와 더불어 서로 같은 까닭에 어기지 않는 것이다. 지혜가 만물에 두루 하고 도는 천하를 이룬다(관통해 있음을 뜻한다). 그러므로 (이에서) 지나침이 있지 않으며 사방으로 행하되 흐르지 아니해서 하늘의 이치를 즐거워하고 천명을 아는 까닭에 근심하지 않으며 자리[土]에 편안하여 어짊[仁]을 돈독히 하는 까닭에 능히 사랑할 수가 있다. 천지의 조화[化]를 법칙으로 두루 틀을 짓되 (어느 것도) 이를 벗어나지 않으며 주야의 도에 통하여 안다. 그러므로 신(神)은 일정한 방소가 없고 역(易)은 일정한 틀[體]이 없는 것이다.

與天地相似 故不違 知周乎萬物 而道濟天下 故不過. 旁行而
여 천 지 상 사 고 불 위 지 주 호 만 물 이 도 제 천 하 고 불 과   방 행 이

不流 樂天知命 故不憂. 安土敦乎仁 故能愛. 範圍天地之化而
불 류 낙 천 지 명 고 불 우   안 토 돈 호 인 고 능 애   범 위 천 지 지 화 이

不過 曲成萬物而不遺 通乎晝夜之道而知 故神无方而易无體.
불 과 곡 성 만 물 이 불 유 통 호 주 야 지 도 이 지 고 신 무 방 이 역 무 체

〈周易 繫辭 上傳 4章〉
주 역 계 사 상 전   장

역의 특징에 해당하는 음양(陰陽)의 작용에 바탕을 두고 생각할 때 24절기와 28수의 관계는 어떤 상관관계를 지니게 되는가?

동지(冬至)와 하지(夏至)는 음양(陰陽)의 기운이 새롭게 돌아와 만나는 절기다. 동지(冬至)는 음(陰)이 지극해져 양(陽)이 돌아와 만나는 때다. 하지(夏至)는 양(陽)이 지극해져 음(陰)이 아래서 자라나며 가득찬 양(陽)과

만나게 되는 때다.

동지(冬至)에는 두병(斗柄)이 자(子)방을 가리키고 태양은 28수의 미(尾)의 자리에 위치한다. 하지(夏至)에는 두병(斗柄)이 오(午)방을 가리키고 태양은 28수 삼(參)의 자리에 위치한다. 역의 괘상(卦象)에서 보면 동지(冬至)는 지뢰복(地雷復☷)으로 연결되고, 하지(夏至)는 천풍구(天風姤☰)로 변해간다.

춘분(春分)과 추분(秋分)은 음양(陰陽)의 두 기운이 분리할 때다. 춘분(春分)에는 북두칠성의 손잡이 두병(斗柄)이 묘방(卯方)을 가리키고 태양은 28수 벽(壁)의 자리에 위치한다. 추분(秋分)에는 북두칠성의 두병이 유방(酉方)을 가리키고 태양은 28수 익(翼)의 자리에 위치한다. 역의 괘상으로 보면 춘분(春分)은 뇌천대장괘(雷天大壯卦☷)이고 추분(秋分)은 풍지관(風地觀☷)이다. 월별로 나타내면 동지(冬至)는 11월이고 하지는 5월 후반이다.

춘분(春分)은 2월이고 추분(秋分)은 8월 후반이다. 밤낮의 길이로 따지면 동지(冬至)는 밤의 길이가 일 년 중 가장 길고 하지(夏至)는 낮의 길이가 일 년 중 가장 길다. 춘분(春分)과 추분(秋分)은 밤낮의 길이가 각각 50각으로 서로 같다.

동지(冬至)에 해가 뜨는 시간은 진(辰)시 초각이고, 해가 지는 시각은 신(申)시 4각이다. 그래서 밤은 59각, 낮은 41각으로 음기가 가장 왕성한 때다.

하지(夏至)는 해가 뜨는 시간이 인(寅)시 4각이고, 해가 지는 시각은 술(戌)시 초각이다. 그래서 낮은 59각, 밤은 41각으로 양기가 가장 왕성한 때다.

춘분(春分)에는 해가 묘(卯)시 초각에 뜨고, 해가 지는 시각은 유(酉)시 초각이지만 이때부터 낮은 서서히 길어지고 밤은 차츰 짧아지면서 양기(陽氣)가 왕성해지기 시작한다. 추분(秋分)에는 춘분(春分)과 달리 음(陰)의 기운이 더욱 왕성해지는 절기이지만 해가 뜨고 지는 시각은 춘분과 서로 같다.

이상의 이지와 이분의 절기 이외에도 주천 28수와 절기의 순환을 서로 알기 쉽게 도표로 그려 보면 다음과 같다.

주천 28수	정(井), 귀(鬼), 유(柳) 성(星), 장(張), 익(翼) 진(軫)	각(角), 항(亢), 저(氐) 방(房), 심(心), 미(尾) 기(箕)	두(斗), 우(牛), 여(女) 허(虛), 위(危), 실(室) 벽(壁)	규(奎), 루(婁), 위(胃) 묘(昴), 필(畢), 자(觜) 삼(參)								
24절기	소한절	대한	입춘절	우수	경칩절	춘분	청명절	곡우	입하절	소만	망종절	하지	소서절	대서	입추절	처서	백로절	추분	한로절	상강	입동절	소설	대설절	동지
월별	12월	1월	2월	3월	4월	5월	6월	7월	8월	9월	10월	11월
12지지	축(丑)	인(寅)	묘(卯)	진(辰)	사(巳)	오(午)	미(未)	신(申)	유(酉)	술(戌)	해(亥)	자(子)
12차	현효 玄枵	추자 娵訾	강루 降婁	대량 大梁	실침 實沈	순수 鶉首	순화 鶉火	순미 鶉尾	수성 壽星	대화 大火	석목 析木	성기 星紀

〈도표 29〉 하늘의 주천 28수와 절기의 순환도

1) 12차는 하늘에서 해당 절기에 해와 달이 만나는 자리를 나타낸다.

2) 주천 28수는 입춘 후반에 유(柳), 성(星) 2수가 남쪽 하늘의 한 가운데, 각(角), 항(亢) 2수는 동쪽 하늘의 한 가운데, 자(觜), 삼(參) 2수는 서쪽 하늘의 한 가운데, 우(牛), 여(女) 2수는 북쪽 하늘의 한 가운데 위치하는 것을 보고 그 모양에 근거하여 주천 이십 팔수의 별자리 명칭이 붙여졌다. 앞에서 설명했듯이 그 의미는 음양의 변화에 의한 만물의 생장수

장과 결부되어 있다.

3) 옛날의 시간 단위는 하루가 100각, 1각이 60분이었다.

4) 주천 28수는 사방에 자기의 위치를 벗어나지 않고 있으며 그것들의 도수를 모두 합하면 365.25도가 된다.

5) 태양의 주위를 지구는 매일 1도씩 움직이므로 한해의 동지에서 다음에 동지까지의 주기를 하늘의 도수로 나타내면 일 년의 운행 주기가 365.25여도가 된다.

6) 북방의 7수를 서로 연결하여 그 형상을 유추하면 거북을 닮았으므로 북방의 7수가 북방 현무(玄武) 7수가 된다. 마찬가지 원리로 동방의 7수는 청룡, 남방은 주작, 서방의 7수는 백호(白虎)가 된다.

㉔ 오행(五行)으로 본 28수(宿)와 12차(次) 개념

역은 생각함도 없으며 함도 없어서, 고요하여 움직이지 않다가 느껴서 드디어 천하의 연고에 통하나니, 천하의 지극한 신령스러움이 아니면 그 누가 능히 이에 참여하겠는가.

易无思也 无爲也 寂然不動 感而遂通天下之故. 非天下之至
역 무 사 야 무 위 야 적 연 부 동 감 이 수 통 천 하 지 고   비 천 하 지 지

神 其孰能與於此.　　　　　　　　　〈周易 繫辭 上傳 10章〉
신 기 숙 능 여 어 차　　　　　　　　　주 역 계 사 상 전 　 장

하늘의 28수 명칭을 역의 음양(陰陽) 소장(消長)의 원리에 따라 해석이 가능하다면 역의 측면에서 12차의 명칭은 어떤 차이점을 보여주고 있는가?

28수의 명칭에 적용되는 원리가 역의 음양(陰陽) 소장(消長)과 관련된다면 12차의 명칭은 하늘의 오행을 반영한 결과로 보면 된다. 물론 우리는 이를 뒷받침하는 관련 문구를 주역 설괘전의 본문 내용에서 찾아볼 수도 있다. 해당 구절은 설괘전 3장의 다음 구절이다.

"물과 불은 서로 충돌하지 않는다. 혹은 배척하지 않는다." [수화불상석(水火不相射)]

우주의 공간에서 보면 불은 태양이고 물은 은하와 달을 상징한다. 상징적인 오행의 관점에서는 전자가 여름에 영향을 미치는 화성의 존재고, 후

자는 겨울이 되어 하늘에 나타나는 수성의 작용이다. 이는 당연히 지구상의 모든 변화를 천체의 움직임에 맞춰 생각해보는 역의 당연한 사고 작용이다.

그렇다면 여기에서 우리가 생각해볼 수 있는 또 하나의 결론은 무엇이 될까?

천체의 움직임에서 보면 태양의 궤도를 황도라고 일컫고 은하의 움직임은 물의 궤도가 되는데 이들 움직임의 자리는 별들의 위치에 근거하여 파악해야 한다는 사실이다. 그때 그 궤도를 하나의 동심원으로 대신해 놓고 보면 하늘의 중심부는 지구상의 적도와 같고 태양의 궤도는 계절에 따라 위치를 바꾸어가며 일정하게 전개된다.

여름에는 북쪽, 겨울에는 남쪽으로 돌면서 활 모양의 반쪽 곡선을 각기 이루는데 태양이 북쪽으로 돌 때는 춘분에 강루의 위치에서 시작하여 하지가 되면 순수의 위치에서 최고에 달하며, 추분에 수성의 위치에서 끝난다. 남쪽으로 돌 때는 추분에 수성의 위치에서 시작하여 동지가 되면 성기의 위치에서 최고에 달하며, 춘분에 다시 강루의 위치에서 끝난다.

은하는 태양과 서로 교차하면서 봄에는 북쪽, 가을에는 남쪽으로 돈다. 북으로 돌 때는 하지에 순수의 위치에서 시작하여 춘분에 강루의 위치에서 최고에 달하며 추분에 수성의 위치에서 끝난다. 이때 궤도는 적도가 되며 황도는 안쪽에 위치하여 최고점과의 거리는 각각 64도에 달하며, 은하는 외부에서 최고점과의 거리가 각각 22도에 달한다.

〈참고자료 : 『성토탁개도(星土坼開圖)』의 해설〉

앞의 설명에서 보면 물 기운과 불 기운의 반복은 순수의 위치에서 두 갈래로 나뉘어 나타난다. 순수의 자리에서 불 기운이 왕성하기 시작하면 물 기운은 저절로 분산되고, 강루의 위치에서 불 기운이 약해지면 물 기운은 다시 뭉쳐진다. 그 움직임의 방향은 지구에서 하늘을 바라보아 태양의 움직임이 서쪽에서 동쪽으로 가고, 은하는 상대적으로 동쪽에서 서쪽의 반대 방향을 향한다.

그런데 우리가 이들의 개념을 분명하게 이해하고자 하면 앞의 설명에서도 볼 수 있듯이 하늘의 천체 현상을 취급할 때마다 언급되어 있는 28수와 12차의 명칭이 어떤 근거에서 어떤 의미를 가지고 사용되고 있는지 먼저 살피지 않으면 안 된다. 그래서 앞서 다룬 28수에 대해서는 생략하기로 하고 동방 창룡에 해당하는 수성 대화 석목으로부터 남방 주작의 순수 순화 순미 등에 대해 알아보기로 하자.

다음은 그들 자리의 성격을 하늘의 28수와 결부시켜 작성한 내용의 도표이다.

	동방 창룡							북방 현무							서방백호							남방 주작						
28수	角2	亢4	氐4	房4	心4	尾3	箕9	斗6	牛6	女4	虛2	危3	室2	壁2	奎16	婁3	胃3	昴7	畢8	觜3	參7	井8	鬼4	柳6	星7	張6	翼22	軫4
12차	壽星		大火			析木		星紀		玄枵			娵訾		降婁		大梁			實沈		鶉首		鶉火			鶉尾	
12지	辰		卯			寅		丑		子			亥		戌		酉			申		未		午			巳	

〈도표 30〉 천체의 움직임에 따른 하늘의 28수와 12차의 구분

이들 내용을 대략 살펴보면 그 뜻은 다음과 같은 이치에 근거하고 있다. 계절에 따라서 나타나는 해와 달의 움직임은 60년을 주기로 일정하게 되풀이 되는데 그 자리를 별자리로 대체시키면 앞의 28수가 된다. 그러나 실제는 그들 28수의 별자리는 가장 눈에 두드러지게 나타나는 것들만을 열거하여 나타냈을 뿐 동궁이 46개의 별자리로 354개가 되고, 남궁은 42개의 별자리로 576개이며, 서궁은 54개로 707개, 북궁은 65개의 별자리로 815개이다.

이는 중국 고대의 천문도에 집성된 하늘의 천문체계에 근거할 때의 숫자다. 28수라고 하면 그들 동서남북의 각 궁을 대표하는 별자리들을 일컫고 그 모양이 동쪽은 용(龍), 남쪽은 주작(朱雀), 서쪽은 백호(白虎), 북쪽은 거북인 현무(玄武)를 닮은 모양으로 파악하였다.

반면 12차에 대한 해설은 28수와 연관된 별 계통의 12차에 속하는 천문 구획도이다. 목성(木星)은 대략 12년에 걸쳐 천체를 한 바퀴 돌아 제자리로 온다. 이 목성의 운행 주기를 기준으로 12지로 하늘의 방위를 나누어 표시하되 천상을 12등분하고 목성이 그 중 어디에 위치하고 있느냐로 12지 표시 연도의 어느 해에 해당하는가를 알 수 있도록 만든 것이 앞 〈도표 30〉에 적시된 12차이다.

도표에서 보면 수성은 각수(角宿)와 항수(亢宿) 저수(氐宿)의 일부 별들이 합쳐져 수성(壽星)이라고 일컫고 12지지에서는 진(辰)에 속한다. 이들 내용 중 순화(鶉火)를 예로 들어 사기 천관서와 그 구절의 해설을 다루고 있는 사기정의를 잠시 참고해보자.

〈사기정의(史記正義)에 나오는 순화(鶉火)의 해설〉

유수(柳宿)의 여덟 별, 성수(星宿)의 일곱 별, 장수(張宿)의 여섯 별을 합쳐 순화(鶉火)라고도 한다. 이들은 12진의 방위에서는 오(午)에 위치한다. 이 설명은 사기 천관서의 남궁에 대한 구체적인 내용의 주석이다. 그들 내용들을 요약하여 그것이 상징하는 모양을 28수에서 구체화시키면 다음 〈도표 31〉과 같다.

28수	角 2	亢 4	氐 4	房 4	心 3	尾 9	箕 4	斗 6	牛 6	女 4	虛 2	危 3	室 2	壁 2	奎 16	婁 3	胃 3	昴 7	畢 8	觜 3	參 7	井 8	鬼 4	柳 6	星 7	張 6	翼 22	軫 4
각수는 청룡의 뿔로 天門이다	항수는 청룡의 목으로 朝廷이다	저수는 청룡의 가슴이니 行宮이다	방수는 청룡의 배이니 가마와 마굿간이다	심수는 청룡의 심장이니 皇帝이다	미수는 청룡의 꼬리이니 后宮이다	기수는 청룡의 배설물이니 糞斗이다	두수는 뱀의 몸체이니 量斗이다	우수는 뱀의 몸체이니 제사용 소의 머리다	여수는 뱀의 몸체이니 女職工이다	허수는 뱀의 몸체이니 祠廟다	위수는 거북의 몸체니 지붕무덤 폐허다	실수는 거북의 몸체니 宗廟다	벽수는 거북의 몸체니 벽도서관이다	규수는 백호의 꼬리 백호혹은 식료 창고다	누수는 백호의 몸체이니 개제사용犧牲이다	위수는 백호의 위장이니 평이다	묘수는 백호의 몸체이니 닭 깃대 장식이다	필수는 백호의 몸체이니 각종 수렵도구다	자수는 백호의 머리이니 부월이다	삼수는 백호의 가죽이니 기린다	정수는 주조의 머리이니 우물이다	귀수는 주조의 눈이니 양이다	유수는 주조의 부리이니 초목과 廚宰다	성수는 주조의 목이니 말의 복이다	장수는 주조의 모이주머니 주방접객이다	익수는 주조의 날개니 빈객접대다	진수는 주조의 꼬리니 車馬다

〈도표 31〉 오행의 관점에서 해석한 하늘의 28수 별자리 명칭

사기 천관서에 남궁은 주작(朱雀)의 형상으로 권성좌와 형성좌로 이루어져 있으니, 형성좌는 태미원(太微垣)이라고 한다. 모전에 보면 순(鶉)은 조이다. 조와 연은 탐욕스럽고 잔악한 새라고 하였다. 설문해자(說文解字)에도 수리에 해당하는 단(鷻, 저수리)이 조(雕, 수리)라고 하였다.

이를 근거로 일본의 하야시 미나모는 12차의 명칭 중 하나인 순(鶉, 메추라기)을 메추라기가 아닌 수리를 나타내는 용어로 해석한다. 남방 7수의

주조 유수는 수리의 부리, 성수는 수리의 목으로 보고자 한다. 12차에 해당하는 별자리의 명칭은 28수와 달리 그 개념이 천체의 12지지에 속하는 영역에 자리 잡은 별자리들이 어떤 모양을 하고 있느냐를 말해 주는 내용이다.

순화를 참고한다면 유수, 성수, 장수, 익수의 불같은 색상의 볏깃을 지닌 검독수리의 머리 부분을 상징하는 용어가 바로 앞 12차의 명칭임을 알게 하는 해설이다. 이는 별자리의 명칭 자체가 자연의 이치를 그대로 반영하는 상징물이다.

그 증거로 우리는 춘추 좌씨전의 한 구절을 예로 들 수 있다. 진나라의 평공(平公)이 사약(士弱)에게 송나라에서 발생한 화재와 관련된 질문을 했을 때 사약의 대답이 곧 순화 대화는 불을 관장하는 화정의 신과 관련이 깊고 유수와 심수도 역시 마찬가지라는 것을 알려주고 있기 때문이다.

"옛날에 불을 관장하던 관직[火正]은 심수를 제사지낼 때 함께 제사를 받거나 혹 유수의 제사를 함께 받으면서 불의 출납을 관리하였습니다. 그래서 유(柳)수를 순화(鶉火)라 하였고, 심(心)수를 대화(大火)라 하였습니다."

이 구절을 근거로 볼 때 12차의 명칭은 동서남북의 별자리를 대신하면서도 청색 적색 백색 흑색의 오행이 보여주는 특징을 그대로 자연의 사물에서 따와 이름 붙였다. 그것이 곧 하늘의 네 방위를 중심으로 뚜렷한 구획이 이루어지게 된 연유다. 나머지 명칭들도 이를 근거로 유추해 보면 그 의미를 대체로 파악하기가 쉬워진다.

㉕ 주역(周易)의 출현 시기와 사상적 배경

역의 일어남은 중고적의 일이니 역을 지은 자 우환이 있었을 것이다. 그런 까닭에 전체 역의 64괘를 중심으로 살펴보면 다음의 9개 괘상을 주목해 볼 수가 있다. 그 가운데 첫째는 천택리(天澤履☲)니, 리(履)는 덕의 터(기반)요, 둘째는 지산겸(地山謙☷)이니 겸(謙)은 덕의 자루요, 셋째는 지뢰복(地雷復☷)이니 복(復)은 덕의 근본이요, 넷째는 뇌풍항(雷風恒☷)이니 항(恒)은 덕의 견고함이요, 다섯째는 산택손(山澤損☲)이니 손(損)은 덕의 닦음이요, 여섯째는 풍뢰익(風雷益☷)이니 익(益)은 덕의 넉넉함이요, 일곱째는 택수곤(澤水困☵)이니 곤(困)은 덕의 분별이요, 여덟째는 수풍정(水風井☴)이니 정(井)은 덕의 땅이요, 아홉째는 중풍손(重風巽☴)이니 손(巽)은 덕의 지음이다.

易之興也 其於中古乎! 作易者 其有憂患乎. 是故 履 德之基
역 지 흥 야   기 어 중 고 호   작 역 자   기 유 우 환 호   시 고 리 덕 지 기

也 謙 德之柄也 復 德之本也 恒 德之固也 損 德之修也 益 德
야 겸 덕 지 병 야 복 덕 지 본 야 항 덕 지 고 야 손 덕 지 수 야 익 덕

之裕也 困 德之變也 井 德之地也 巽 德之制也.
지 유 야 곤 덕 지 변 야 정 덕 지 지 야 손 덕 지 제 야

〈周易 繫辭 下傳 7章〉
주 역 계 사 하 전   장

천체 운행의 움직임이 주역의 체계로 드러났다면 그 역이 등장한 시기를 역사에서는 언제부터로 추정하며 어떻게 생활 속에 자리를 잡게 되었는가?

역의 제작은 중국의 역사서에 의존할 때 복희씨(伏羲氏)부터라고 주장한다. 복희씨는 수인씨(燧人氏) 신농씨(神農氏)와 더불어 중국 역사의 출발점이 되는 인물이다. 그들을 후대에는 흔히 삼황(三皇)시대로 일컫는다. 참고로 복희씨와 신농씨는 환단고기(桓檀古記) 등에서 동이족에게도 똑같이 나타나는 인물이다. 환단고기 등의 사서가 정사로 취급되지 않기 때문에 아쉬움은 있지만 전혀 근거없는 주장만은 아닐 것이다.

삼황씨(三皇氏) 가운데 수인씨(燧人氏)는 나무를 엮어 움집을 만들고 자연적으로 익은 나무의 열매 등을 따먹으면서 짐승이나 다름없는 생활을 하였다. 나무를 마찰시켜 불을 일으키는 지혜도 수인씨의 공덕이었다.

역을 만들었다는 복희씨는 수인씨의 뒤를 이어 나타난다. 문헌에 의하면 복희씨의 생김새는 특이하다. 머리는 사람과 같았으나 몸은 뱀과 같았다고 한다. 그가 역을 만들었음을 알려주는 문헌으로는 공자의 계사전이 있다. 그곳에서 복희씨는 천문을 우러러 보고 지리를 살펴 역의 기본 8괘를 만들었다고 되어 있다.

문자가 없던 시대에 새끼로 매듭을 엮어 의사소통을 꾀하고, 그것들을 이용하여 정치를 하였다. 또 역을 이용하여 그물로 물고기를 잡고[중화리(重火離 ☲)] 활과 화살로 사냥을 해서 짐승고기를 먹었으며[화택규(火澤睽 ☲)] 야생동물을 길들여 생활 속의 수단으로 활용[택뢰수(澤雷隨 ☲)]하였다.

그 후 사회는 모계 중심의 씨족사회를 이루었다. 인류사적으로 보면 이 무렵부터는 신석기 시대에 해당한다고 볼 수 있다. 그때 나타난 성인은 신농씨였다. 신농씨는 역의 괘상을 응용하여 나무를 깎아서 쟁기와 보습을 만들고, 나무를 휘어서 가래를 만들었으며, 백성에게 밭을 갈아 살아가게 하는 농경사회를 정착시켰다.[풍뢰익(風雷益 ䷩)]
　풍뢰익괘(風雷益卦)가 어떻게 농경사회의 쟁기문화로 응용되었는가에 대한 해설은 다음과 같다.

　나무를 깎아 보습을 만들고 나무를 구부려 쟁기를 만들어서 밭갈고 김매는 이로움으로써 천하를 가르치니 대개 이는 저 익괘(益卦 ䷩)에서 취하였다. [착목위사(斲木爲耜) 유목위뢰(揉木爲耒) 뇌누지리(耒耨之利) 이교천하(以敎天下) 개취저익(蓋取諸益). 〈계사 하전 2장(繫辭 下傳 2章)〉]

　난해하나마 이 구절에 대한 우번(虞翻)의 해석을 곁들이면 다음과 같다.
　천지비(天地否 ䷋)의 4효가 아래의 초효(初爻)로 갔다. 손(巽☴)은 나무[木]가 되고 들어간다는 뜻이 있다. 간(艮☶)은 손이 되고 건(乾☰)은 쇠[金]가 된다. 손으로 쇠를 잡고서 나무에 들게 했으므로 나무를 깎아 보습을 만들었다는 뜻이 생겨난다. 보습이 파고 들어 땅을 갈게 만드는 도구가 된다. 까닭에 명칭이 보습이다. 간(艮☶)은 작은 나무도 된다. 손으로 휘어 나무를 구부려 만드는 것이 쟁기다. 쟁기와 보습은 경작을 하는 기물이다.
　손(巽☴)은 하늘의 명인 까닭에 호령이 되고 건(乾☰)은 하늘이다. 그러므로 천하를 가르치는 게 된다. 곤(坤☷)은 땅이고 손(巽☴)은 넓적다리로, 나가고 물러나는 진퇴(進退)의 뜻이 있다. 진(震☳)은 다리고 보습을 움직인다. 간(艮☶) 손으로 쟁기를 잡고 밭 가운데를 앞으로 갔다 뒤로 물러났다 하므로 경작하는 괘상이다. 만물을 유익하게 하는 것은 우레와 바람보다 뛰어난 것이 없다. 우레와 바람을 본받아서 쟁기와 보습을 만들었다.(이상은 주역 집해의 인용이다.)

　신농씨의 뒤에는 황제가 등장한다. 당시 중국 대륙은 적(狄)·이(夷)·강(姜)·묘(苗)의 네 종족이 자리를 잡고 서로 동거하며 사는 시대였다. 한반도의 우리 민족은 그 중 이(夷)족에 속한다. 따라서 복희씨에 의한 역의 이치는 중국만의 전유물은 아니다. 다만 황제의 등장은 역사의 주도권이 황하 강변에서 농사를 짓고 양자강을 개발하여 생활의 터전으로 삼던 지금의 한족 화하족에게 넘어가면서 역(易)하면 그것은 바로 한족의 전유물처럼 인식되기에 이르렀다고 볼 수 있다. 그러나 역이 어느 민족의 전유물인가를 논하는 일은 의미가 없다. 진리는 누리는 자의 것이고, 그 이치를 자기 삶 속에서 구현하며 살아가는 자의 전유물이어야 하기 때문이다.

　황제의 활동 무대는 당연히 황하와 양자강 유역이었다. 부보(附寶)라는 여인이 공손씨에게 시집을 가서 낳은 인물이 황제 헌원씨(皇帝 軒轅氏)였다. 그는 강(姜)족의 신농씨, 동이(東夷)족의 치우천황(蚩尤天皇)과 대립하여 처음으로 대륙의 모든 씨족 사회를 하나로 통일했다고 보는 인물이다. 그때 황제와 세력을 다투던 동이족의 치우천황에 대해서는 우리의 야사 환단고기 등에 기술되어 있고, 중국의 사서에도 매우 구체적인 묘사가 이루어지고 있다. 그들 사서를 바탕으로 살펴보면 동이족의 치우천황은 힘이 무시무시하고 이마가 무쇠처럼 단단하며 짙은 안개를 일으켜 활용하는 술법을 지니고 있었다고 말한다. 이를 역사의 기록이 이긴 자 중심으로 기술되는 특성상 한족(漢族)의 사서에는 치우천황이 무척 잔인하고 포학했다고 보는 반면, 우리 쪽의 사서에서는 동이족의 자긍심을 느끼게 하는 관점에 서서 그 자취를 기록하고 있다.

  황제는 중국 북부의 탁록(涿綠)에서 치우천황을 맞아 싸움에서 이기고 그를 포로로 사로잡아 신농씨를 대신한 중국 대륙의 천자가 되었다. 황제가 역을 활용한 예는 풍수환(豐水渙 ䷺)과 중천건(重天乾 ䷀), 중지곤(重地坤 ䷁) 등이었다.

  계사전에 의하면 다음과 같다.

  나무를 파내 배를 만들고, 나무를 깎아 노를 만들어, 배와 노의 이로움으로써 통하지 못함을 건너서, 먼 데를 건너게 함으로써 천하를 이롭게 하니, 대개 저 환괘에서 취했다. [고목위주(刳木爲舟), 섬목위즙(剡木爲楫), 주즙지리이제불통(舟楫之利以濟不通), 치원이리천하(致遠以利天下), 개취저환(蓋取諸渙 ䷺) 〈계사 하전 2장(繫辭 下傳 2章)〉]

  섬유를 뽑아 옷을 만들되 상의는 하늘의 이치를 본받아 둥글게 해 입고 하의는 땅의 이치를 본떠 갈라진 상을 취한 치마로 하였다.

  황제씨 요임금 순임금이 의상을 드리우고 천하를 다스림은 대개 저 건괘와 곤괘에서 취하였다. [황제요순수의상이천하치(黃帝堯舜垂衣裳而天下治), 개취저건(蓋取諸乾 ䷀) 곤(坤 ䷁) 〈계사 하전 2장(繫辭 下傳 2章)〉]

  이 부분의 의미를 구가역(九家易)에 의존하여 살펴보면 다음과 같다.

  "황제가 나타나기 전까지는 사람들의 생활이 새의 깃털이나 동물의 가죽, 나뭇가지들로 자연의 추위와 더위를 막았다. 황제에 이르러 비로소 의

상을 지어서 입는 법을 천하에 가르쳐 보여주었다. 옷은 중천건괘를 취했으니 위에서 만물을 덮는 것을 본떴다. 치마는 중지곤괘를 취했으니 아래에서 물건을 품는 것이다."

황제는 동시에 십간(十干) 십이지(十二支)를 활용하여 역법(曆法)도 제정하였다고 전한다. 한편 무(無)의 덕스러움을 생활 속에서 그대로 실현해 보인 사례가 역에 반영된 인물로는 은(殷)나라의 시조 탕(湯) 임금이 있다. 탕은 성이 자(子), 이름은 이(履)였다. 그의 선조는 설(契)로 제곡(帝嚳, 요 임금의 아버지)의 아들이었다. 그의 탄생 설화는 제비와 관련이 되어 있다.

하루는 제비가 설의 어머니 앞을 지나가면서 알을 낳아 떨어뜨렸다. 설의 어머니는 그것을 삼켰는데 곧 아기를 가져 설을 낳았다. 그는 뒤에 요 임금과 순임금 때 교육을 담당하는 사도(司徒)라는 벼슬을 지냈고, 상(商)이라는 땅의 제후로 봉해졌다.

탕이 처음 박(亳)이라는 곳에 살던 때의 일이었다. 한번은 어떤 사람이 밖에 나가 사방에 그물을 쳐 놓고 신에게 이렇게 비는 소리를 들었다.

"하늘에서 내리고 땅에서 솟아나오며, 또는 사방에서 오는 자 모두 내 그물에 걸리어라."

탕은 그 말에 깊은 한숨을 내쉬며 탄식하였다.

"슬프다. 이는 새란 새를 모조리 붙잡아 씨를 말리자는 것이 아닌가?"

탕은 그와 달리 세 방향의 그물을 거둬 없애고 이렇게 말했다.

"왼쪽으로 가고 싶은 놈은 왼쪽으로 가고, 오른쪽으로 가고 싶은 놈은 오른쪽으로 가고, 마음대로 가거라. 다만 내 말이 들리지 않는 놈은 이 그

물에 걸려라."

제후들은 그 말을 듣고 크게 감탄하였다.

"탕의 어진 덕이 지극하구나. 사람은 물론이요, 새나 짐승에게까지 그 덕이 미치는구나."

여기서 제후들에 의해 칭송받는 그의 덕스러움은 역에서 수지비(水地比 ䷇) 구오효사(九五爻辭)에서 삼구법(三區法)으로 구체화되어 있다.

그런데 왜 그 많은 역의 괘상 가운데서 삼구법이 하필 수지비(水地比)에서 언급되고 있는가?

수지비(水地比 ䷇)의 뜻이 서로 도와서 공존하는 세상이 되어야 한다고 보기 때문이다. 괘상의 구조를 보면 위가 물, 아래가 땅이다. 둘이 하나로 어울리고 있다는 것은 '물과 땅이 친하여 서로 돕게 되어 있는 이치'로 나타난다.

사회적인 시각에서 그 의미를 살펴보자. 무리가 모이면 나라가 되고, 나라의 사람들은 서로 친하고 서로 도와야 반드시 편안하게 된다. 그 방식은 반드시 만물을 살리는 하늘의 덕에 근거하지 않으면 안 된다. 곧 탕임금의 어진 마음이 날아다니는 새나 짐승에게까지 미쳐가게 되어 있는 앞의 삼구법과 같은 원리다.

주역의 괘상으로 보면 땅 위의 물이 사방으로 흘러가듯 위에서는 백성을 하늘의 이치로 친하고, 아래에서는 위의 물이 순조롭게 어느 곳으로나 잘 흘러가도록 유순하게 따르는 형상이다. 그 중 다섯 번째의 괘상(卦象)인 구오(九五)는 세상의 중심이 되는 위정자(爲政者)다. 그렇다면 그 위정자의 덕은 일체의 만물을 자기 품안에 받아들여 양육할 수 있는 어진 덕이 있어야 한다.

이 괘에 반영된 삼구법의 뜻은 바로 거기에 있고 그 본보기가 바로 앞에서 말하는 탕 임금의 고사다. 물론 역의 원리를 깨우칠만한 그의 일화로는 그 밖에도 여러 가지가 있다. 그 가운데 인상적인 기록으로는 왕이 되어 세상을 다스리고 있을 때 보여준 다음의 일화가 될 것이다.

7년 동안이나 나라 안에 가뭄이 계속될 때의 일이었다 탕왕은 세상을 걱정하는 마음에 여기에 대한 점을 쳐 보았다. 점괘는 하늘에 기우제를 올리되 사람을 제물로 바쳐야 한다는 내용이었다.

탕왕은 그때 이렇게 말했다.

"백성을 위해 기우제를 지내고자 하는데 그 백성을 죽일 수는 없다. 꼭 사람을 재물로 써야 한다면 내가 제물이 되리라."

그리고 그 기원 속에 자신을 스스로 문책하는 말로 채웠다.

1) 나는 정치를 바르게 하고 있는가?
2) 백성들에게 일터를 마련해 주었는가?
3) 내 살림집이 너무 호화롭지 않은가?
4) 후궁들이 하자는 대로 하지 않았는가?
5) 뇌물을 주고받지 않았는가?
6) 고자질을 믿고 부당한 인사를 행하지 않았는가?

㉖ 문왕의 고사와 공자의 십익(十翼)

무릇 역은 간 것을 밝혀서 오는 것을 살피며, 드러나 있는 것을 미미하게 하고 그윽한 것을 밝히며 열어서 이름을 마땅하게 하며 만물을 분별하고 말[言]을 바로 하게 하니, 그 안의 말[辭]을 판단해 보게 되면 어떤 사물의 이치라도 곧 갖추어져 있음을 보게 된다. 이처럼 역은 그 이름은 보잘 것 없으나 그 류를 모음은 크며, 그 뜻은 원대하고 그 말은 문채가 있다. 뿐만 아니라 그 말은 굽어 곡진하면서도 알맞으며 그 일은 베풀었으되 이치를 감추고 있으니 의심하는 것을 인하여서 역에서 살펴보면 백성의 행함을 구제하고 얻고 잃는 것을 구체적으로 밝혀 알 수가 있다.

夫易 彰往而察來 而微顯闡幽 開而當名 辨物 正言 斷辭則備
부역 창왕이찰래 이미현천유 개이당명 변물 정언 단사즉비

矣. 其稱名也小 其取類也大 其旨遠 其辭文 其言曲而中 其事
의 기칭명야소 기취류야대 기지원 기사문 기언곡이중 기사

肆而隱. 因貳以濟民行 以明失得之報. 〈周易 繫辭 下傳 6章〉
사이은 인이이제민행 이명실득지보   주역 계사 하전 장

역의 명칭을 흔히 주역이라고 일컫는데 그것은 주나라의 문왕과 관련되어 있기 때문이라는 설도 있다. 그와 같은 주장이 생겨나게 된 역사적인 배경은 초점이 어디에 맞추어져 있기 때문인가?

주나라의 조상은 후직(后稷)이었다. 후직은 요임금과 순임금 때에 농사 일을 관장하던 벼슬을 지낸 인물이었다. 은나라의 마지막 왕인 주왕(紂王)을 무너뜨리고 황제가 된 무왕(武王)은 바로 그 후직의 16세 손이다.

주역이뭣고? 163

그 가문은 고공단보(古公亶父) 대에 이르러 기산(岐山)이라는 산 밑을 연고지로 삶의 터전을 잡았다. 그의 큰 아들은 태백(太伯)이고, 둘째 아들은 우중(虞仲)이며, 막내가 계력(季歷)이었다. 계력이 아들 창(昌, 뒷날의 문왕)을 낳았는데 자라면서 덕망이 있었다.

태백과 우중은 아버지인 고공단보가 장차 계력을 후계자로 삼아 나라의 통치권을 창에게 전하고자 하는 뜻을 알아차리고 형나라 땅으로 옮겨가 왕위를 셋째인 계력에게 양보하였다. 고공단보가 세상을 떠나자 계력이 뒤를 이었으며 후직의 대통은 계력의 아들 창으로 이어져 내려갔다.

뒷날의 문왕인 계력의 아들 창은 당시 은나라의 임금이었던 제을(帝乙)의 누이와 결혼을 하였다. 여기서 말하는 제을(帝乙)은 은나라의 마지막 임금이었던 주왕(紂王)의 아버지다. 주왕(紂王)의 아버지 제을(帝乙)은 누이를 희창에게 시집 보내고 그를 서백(西伯)의 제후로 봉하였다. 서백(西伯) 창은 덕망이 높아 나라 안의 사람들에게 어진 정치를 베풀었으므로 나라 안의 백성과 제후들로부터 신망을 한 몸에 받게 된다.

주(紂)는 이를 당연히 경계하지 않을 수 없었다. 당시 그는 하나라의 걸왕(桀王) 못지 않은 폭군으로 알려져 있었다. 그는 미녀 달기(妲己)를 사랑하여 백성들에게 무겁게 세금을 매기고 그렇게 해서 거둬들인 재화와 보물을 녹대(鹿臺)라 불리는 누각에 가득 채웠으며 곡식도 산처럼 쌓아두고 연회를 즐겼다. 거기에 정원을 크게 확장하고 많은 술로 연못을 채웠다. 둘레에 고기를 숲처럼 걸어 놓고 남녀를 발가벗겨 뛰어다니게 하면서 밤낮을 가리지 않고 큰 잔치를 되풀이하였다. [주지육림(酒池肉林)의 고사가 여기에서 생겨났다.]

이에 백성들은 원한을 품었으며 제후들은 배반하는 자들이 늘어났다. 그러나 주왕(紂王)은 포락(泡烙)의 형벌이라 불리는 끔찍한 방법으로 나라를 다스리면서 오히려 문왕(文王)을 유리옥(羑里獄)에 가두었다. 참고로 포락의 형벌이란 구리로 기둥을 만들어 그 위에 기름을 바르고 활활 타는 숯불 위에다 올려놓고, 죄인을 그 위로 건너게 하여 결국 미끄러져 불에 타 죽게 하는 형태의 처벌 방법이었다.

포락의 형벌뿐이 아니었다. 기록에 의하면 주(紂)는 창(昌)의 세력을 의심하여 창의 친구인 악후(鄂侯)와 구후(九侯)의 살코기 젓을 서백의 희창에게 전했다. 희창은 그 패륜 행위에 할 말을 잊고 말할 수 없는 비애를 느꼈다. 이를 지켜본 숭후호(崇侯虎)는 주왕에게 그 사실을 고자질하여 주왕은 당장 희창을 유리옥에 감금시켜 버렸다.

문왕은 그곳에 갇혀 있으면서 주역의 64괘에 말을 붙였다. 그래서 계사전에서 말하는 역의 성립은 복희씨(伏羲氏)가 괘를 만들고 신농씨가 64괘로 열거하였으며, 문왕과 주공이 괘와 효에 말을 붙이고, 거기에 공자가 해설전 십편을 엮어 만들었다. - 역에 관한 이런 주장들에 대해서는 다소 이견(異見)이 존재한다. - 어쨌든 사서삼경의 하나가 주역(周易)이라면 그 범주를 다음의 세 갈래로 나누어 생각하는 게 쉽다.

첫째는 삼획괘(三劃卦)로 이루어진 역의 기본 팔괘(八卦)다. 그것은 복희씨가 그린 그림들이다. 예컨대 하늘을 상징하는 건괘[☰], 연못의 태괘[☱], 해를 뜻하는 이괘[☲], 우레인 진괘[☳], 바람을 나타내는 손괘[☴], 물에 해당하는 감괘[☵], 산을 대신한 간괘[☶], 땅 곤괘[☷]의 기본 8괘가 된다. 이를 두 개씩 포개어 만들면 6효가 모여 하나의 괘를 이루는 64개의 종류가 생겨난다. 이를 괘(卦)라고 부르는 까닭은 음양의 형식으로 조립된 그 부호 안에 천지자연의 모든 이치를 모조리 걸고 있다고 보기 때문이다.

둘째는 앞의 모든 괘상에 말을 붙인 문왕의 괘사와 주공의 효사다. 앞의 모든 괘상(卦象)에는 그 그림만의 고유한 뜻이 담겨져 있는데 문왕과 주공은 사람들이 알기 쉽도록 그것을 글로써 구체화시켜 표기해주고 있다. 이것은 이른바 주역의 괘사와 효사다. 그러나 사실은 그 괘사와 효사 역시 일반 사람들에게 접근이 쉽지 않다. 그래서 공자는 십익전을 짓는다.

셋째는, 공자의 십익전(十翼傳)이다. 십익전(十翼傳)의 뜻은 열 가지 범주로 나누어서 주역의 괘사와 효사를 좀더 알기 쉽도록 날개를 붙여 놓았다는 뜻이다. 다만 십익(十翼)에 대해서는 여러 가지 설이 많다. 그 가운데 우리가 참고가 될만한 내용을 요약하면 다음과 같다.

먼저 성호 이익(星湖 李瀷)의 견해다. 공자의 글이 처음에는 경(經) 안에 편입되지 못하고 스스로 하나의 글로 있었고, 또한 책의 편수가 무거워 10편으로 나누되 계사 같은 것은 반드시 3~4편이 되어야 하므로, 단·상(彖·象) 등과 합하여 10의 수가 되었을 것으로 추정해 본다. 다만 비직전(費直傳)에 의하면 문언(文言)이란 것은 단·상·계사(彖·象·繫辭)를 통합한 이름인 듯하다. 예문지(藝文志)로 본다면 또한 따로 그 글이 있는 듯하니, 자세하게 말하기는 어렵다. 물론 여기서 역의 십편이란 이곳에서 문제 삼는 십익(十翼)을 지칭하는 말이다.

그의 시각에서도 알 수 있듯이 예로부터 역전은 주역의 계사전 등 역에 관한 해설서 일체를 일컫는 말로써 7종 10편으로 나누어 생각할 수가 있다. 전체적인 요소로는 단전 상하(彖傳 上下), 상전 상하(象傳 上下), 문언전(文言傳), 계사전 상하(繫辭傳 上下), 설괘전(說卦傳), 서괘전(序卦傳), 잡괘전(雜卦傳)이 있다.

그것들에 대한 언급에 주목해 보면 작자가 누구인지 논란이 없지는 않다. 다만 누구나 그것은 공자의 저작이라는데 대체로 동의한다. 그런 만큼 주역의 십익은 이미 한나라 초에 주역의 원문과 동일한 경전의 지위를 획득했음을 알 수가 있다.

이는 육가(陸賈)의 신어(新語) 변혹편(辨惑篇)에 근거한 추론이다. 거기에 보면 "역에 이르길, 두 사람이 마음을 같이하면 그것은 쇠라도 자르듯…" 운운하여 이미 역전을 역이라고 일컫고 있다. 예기에도 '곤괘 육2의 움직임은 곧고도 방정하다'는 상전의 구절을 인용하면서 역전을 역이라고 일컫고 있다.

그밖에 동중서(董仲舒)의 춘추번로(春秋繁露), 회남자(淮南子)의 무칭훈(繆稱訓) 등에서도 문언전이나 서괘전 등의 문구를 인용하면서 그 명칭을 역이라 일컬어 역전의 명칭이 이미 역경을 의미하는 역과 동일시되는 경향을 보인다.

역에 관한 저술은 앞의 역전 이외에도 많은 사람들이 여러 편을 남겼다. 그래서 공자의 역전과 서로 구분하기 위하여 역위 건착도(易緯 乾鑿度)에서는 공자의 저술로 단정짓는 7종 10편의 저술을 십익이라고 일컫는 기록이 나온다.

"공자가 눈물을 흘리며, '천명인지 운명인지? 봉황도 오지 않고 하수(河水)에서는 도서(圖書)도 나오지 않으니, 슬프다! 하늘의 명이다.'하며, 한탄한 뒤에 뜻을 안정시키고 읽기를 계속했으며, 50세에 이르러서 십익을 연

구하여 지었다."(건착도)

그래서 뒷날의 경학자들은 이 설을 그대로 받아들여 계사전 등 역에 관한 저술을 십익이라고 일컫게 된 것이다. 그렇게 보면 익(翼)이란 돕는다는 뜻으로 달리 표현해서 날개를 뜻하는 개념의 전(傳)과 결코 다르지 않다. 반면 어떤 학자는 이들 십익을 역대전(易大傳)이라고 부른다. 이는 육가의 요지를 논한 사기의 기록 중에 나오는 사마담(司馬談)의 예를 본뜬 표현이다. 아마 그 까닭은 다음과 같은 두 가지 점에 맞추어져 있을 것이다.

첫째는 역의 십익이 역 전체적인 대의를 총체적으로 다루고 있다는 뜻일 것이고, 또 하나는 다른 많은 사람들의 역에 관한 저술이 이들 십익의 내용에는 미치지 못한다고 하는 점을 부각시키고자 하는 의도였을 것이다.

그밖에도 예문지(藝文誌)나 비직전(費直傳) 등에서도 공자의 십익과 관련된 다음 기록들도 참고할만하다.

"역(易)의 6효(爻)를 거듭하여 상·하편(上·下篇)을 썼고, 공자가 단·상·계사·문언·서괘(彖·象·繫辭·文言·序卦) 등 10편을 만들었다."(예문지)

"비직(費直)이 역(易)의 10편에 밝았는데, 장구가 없으므로 다만 단(彖)·상(象)·계사(繫辭) 등 10편과 문언을 가지고 상·하경의 뜻을 해설했다." (비직전)

물론 십익에 대한 논란은 그밖에도 많다. 그 가운데 십익을 어떻게 구분할 것인가의 문제도 있다. 거기에 대해서는 한나라 시대의 정현(鄭玄) 이래로 다음의 주장들을 참고해볼만하다.

단상(彖上)·단하(彖下)·상상(象上)·상하(象下)·계사상(繫辭上)·계사하(繫辭下)·문언(文言)·설괘(說卦)·서괘(序卦)·잡괘(雜卦)로 10편이라고 보는 시각이다.

　단(彖)·대상(大象)·소상(小象)·건문언(乾文言)·곤문언(坤文言)·계사상(繫辭上)·계사하(繫辭下)·설괘(說卦)·서괘(序卦)·잡괘(雜卦) 10편이라는 주장과 단상(彖上)·단하(彖下)·대상(大象)·소상(小象)·문언(文言)·계사상(繫辭上)·계사하(繫辭下)·설괘(說卦)·서괘(序卦)·잡괘(雜卦)로 10편을 삼는 이들도 있다.

　〈참고자료 : 『주역 철학사』(예문서원), 『상수역학』(신지서원). 성호 이익의 『성호사설』 등〉

㉗ 역(易)의 십익(十翼)에 반영된 공자의 기본 사상

공자 말씀하셨다. "기미를 아는 것은 신령스럽다 할 것이다. 군자가 윗사람과 사귀되 아첨하지 않고 아래와 사귐에 모독하지 않는다. 그렇다면 그는 기미를 아는 게 될 것이다. 기미라는 것은 움직임의 미미함이니 길한 것의 먼저 나타나는 것이다. 그러므로 군자는 기미를 보고서 일어나 하루가 다 가기를 기다리지 않는다. 역에 말하기를 '절개가 돌과 같다. 날을 마치지 않으니 바르고 길하다'고 하였다. 절개가 돌과 같다면 어찌 종일토록 기다리겠는가? 판단함에 있어 지혜로움의 정도를 알 만하지 않겠는가! 군자가 미미한 것도 알고 밝게 드러난 것도 알며, 부드러운 것도 알고 굳센 것도 알 수가 있으니 (이는) 일체 장부들의 바람이다.

子曰 "知幾其神乎! 君子上交不諂 下交不瀆 其知幾乎. 幾者
자왈 지기기신호 군자상교불첨 하교부독 기지기호 기자

動之微 吉之先見者也. 君子見幾而作 不俟終日 易曰 '介于石
동지미 길지선현자야 군자견기이작 불사종일 역왈 개우석

不終日 貞吉.' 介如石焉 寧用終日? 斷可識矣! 君子知微知彰
부종일 정길 개여석언 영용종일 단가식의 군자지미지창

知柔知剛 萬夫之望."　　　　　　　　　〈周易 繫辭 下傳 5章〉
지유지강 만부지망　　　　　　　　　　　주역 계사 하전 장

　공자는 후대에 이상적인 인간상을 대표하는 성인 가운데 한 분으로 추앙받는 인물이다. 만약 주역의 십익(十翼)을 그의 저술로 간주하게 될 때 십익의 핵심적인 의미는 어디에 있다고 주장할 수가 있는가?

십익(十翼)의 특징을 논하기 전에 먼저 살펴야 한다고 보는 것은 공자의 면모다. 공자는 이름이 구(丘), 자가 중니(仲尼)다. 선조는 송나라 사람이었으나 송나라가 망하자 공자의 선조들은 노(魯)나라로 피난하여 노나라 사람이 되었다. 공자는 아버지가 흘(紇), 어머니가 안(顔)씨였다. 그의 활동 무대는 제자백가(諸子百家)들이 무수하게 일어나던 춘추시대(春秋時代)였다.

그는 자라나면서 제사 지내는 절차에 관한 예식과 예절을 행할 때의 동작 및 형식에 대해 흉내를 자주 내는 등 관심이 무척 유별났다. 또 자라서는 노나라 귀족인 계손씨(季孫氏) 집안의 일을 맡아 다스리는 가신(家臣)이 된 적이 있었다. 그때 공자는 업무를 수행하는 능력이 뛰어나서 창고의 곡식을 관리할 때는 창고의 곡식이 항상 넘쳐났고, 목축 일을 맡아 행했을 때는 가축의 번식과 성장이 유별난 면이 있었다.

그로 인해 공자는 점차 세상으로부터 능력을 인정 받으면서 노(魯)나라 정공(定公)에 의해서 공자 나이 51세 때 중도(中都)라는 도시의 시장으로 발탁되었다. 그때도 공자의 업무 수행능력은 유감없이 발휘된다. 그는 정사를 잘 베풀어 불과 1년 만에 사방의 모든 지방에서 그의 정치를 본받으려는 사례까지 생겨났다. 그래서 그는 지금의 국가 일반 행정 장관직에 해당하는 사공(司空)으로 승진하게 되고, 다시 국가의 사법을 책임지는 대사구(大司寇)의 자리에 발탁되기도 하였다.

그 뒤 공자는 남방의 대국인 초나라로부터 초청을 받는 몸이 되었다. 그러나 초(楚)나라의 세력을 견제하던 진(陳)나라와 채(蔡)나라가 공자 일행을 진채의 평원에 가둬 움직일 수 없게 만들었다. 이처럼 온갖 곤경에 처하면서도 자기의 사상과 경륜을 천하에 펼쳐보려는 노력은 쉼 없이 계속되었다.

그의 정치 철학은 결국 세상으로부터 받아들여지기 어려운 한계가 있었다. 결국 공자는 나이가 들면서 현실정치에서 손을 놓았다. 제자를 가르치는 한편, 저술활동에 전념하게 된다. 이에 빛을 보게 된 것이 역사서인 춘추(春秋)와 시경(詩經), 서경(書經)의 정리였다. 물론 그에 대한 공자의 관심은 세상의 풍속과 인간의 도리를 진작시키는 일이었다.

그는 나이가 들어 주역을 특히 좋아했다고 알려져 있다. 사마천(司馬遷)의 사기(史記)에 의하면 그는 소가죽으로 만든 책의 표지가 세 번이나 닳아 손을 보아야 할 만큼 주역의 이치에 빠져 살았다고 한다. 물론 이와 같은 그의 역에 대한 관심은 초점이 세상의 본질을 문제 삼는 의리서의 측면에 있었다. 그동안 단순한 점술서에 머물러 있던 역의 사회적인 위치를 점이 아닌 새로운 시각으로 재구성해 보인 것이다.

그 결과 공자는 지금의 주역을 세상 사람들로 하여금 천지자연의 이치에 입각한 도덕 수양의 매개체로 받아들이게 만들었다. 그래서 논어 자로편(論語 子路篇)에는 다음과 같은 구절이 언급되어 있다.

"점을 두 말 할 것도 없을 만큼 (덕이 항상해야 한다는 게) 정말 틀림이 없다."

다시 공자의 말이다.

"남국 사람들 사이에 전해오는 말이 있다. 사람으로서 그 (덕스러운) 뜻을 일관되게 고수하지 않으면 무(巫)도 의(醫)도 될 수가 없다고 하였다. 이는 음미해 보면 참으로 옳은 말이다. 왜냐하면 사람이 자기의 덕을 한결

같게 유지하지 않으면 남에게 부끄러운 일을 당할 수밖에 없기 때문이다."

한편 괘사에 근거한 평으로 이런 기술도 참고할만하다. 춘추시대 선공(宣公) 12년이 되던 해의 사례다.(지수사괘 초육)

진(晉)의 군대가 정(鄭)을 구하러 나섰을 때 정나라가 이미 초(楚)와 화평을 맺었다는 연락을 받았다. 이에 군대를 인솔하던 환자(桓子 - 荀林父)가 바로 군사를 되돌리고자 하였다. 그러나 체자(彘子)는 환자의 말을 쫓지 않고 휘하의 군대를 이끌고 강을 건넜다. 그때 체자의 무모함을 지장자(知莊子)는 지수사(地水師)의 초육(初六)에 근거하여, "이 군사는 위태롭다. 주역에 있기를 군대가 전쟁에 나갈 때는 율령으로써 해야 하니, 그렇지 않으면 뜻이 좋더라도 흉하다"고 비난 하였다.

이는 체자가 율령을 어긴 출진이니 사람의 생명보다 자기의 업적을 소중하게 여기는 행위는 필연코 실패하여 화를 불러들일 것이라 하였다. 역에 이르길 "처음으로 돌아가 바른 도를 따라 가면 무슨 재앙이 있겠는가?"라고 하였다. [복자도 하기구 길(復自道 何其咎 吉)〈풍천소축 초구(風天小畜 初九)〉]

춘추는 진목공(秦穆公)을 어질다 하였는데, 그가 능히 과거의 잘못을 고쳐 바꿀 수 있었기에 그렇게 말한 것이다.[순자 대략편(荀子 大略篇)]

마치 유시람(有始覽)의 "올바른 길로 돌아간다면 무슨 재앙이 있겠는가? 길하다."라는 무본편(務本篇)을 떠오르게 하는 내용이다. 다시 말해 자기의 삶을 하늘의 덕스러운 작용에 맞추어 살아가게 되면 세상을 살아가는 데 오직 기쁨만 있게 될 것이라는 옛 사람들의 너무나 간절한 가르침이다.

㉘ 역(易)의 점서(占書)와 의리(義理)

선을 쌓지 않으면 이름을 이룰 수가 없고, 악이 쌓이지 않으면 족히 몸을 멸하지 않으니, 소인이 조금 착한 것으로써 이익이 없다고 여겨 하지 아니하며 조금 악한 것으로서 상함이 없다고 하여 버리지 않는다. 그러므로 악이 쌓이면 엄폐하지 못하며 죄가 커지면 풀지 못하니 역에 말하기를 "형틀을 매어 귀를 멸하니, 흉하다"고 하였다.

善不積不足以成名 惡不積不足以滅身. 小人以小善爲无益而
선 부 적 부 족 이 성 명   악 부 적 부 족 이 멸 신   소 인 이 소 선 위 무 익 무

弗爲也 以小惡爲无傷而弗去也 故惡積而不可掩 罪大而不可
불 위 야 이 소 악 위 무 상 이 불 거 야 고 악 적 이 불 가 엄 죄 대 이 불 가

解. 易曰 何校滅耳 凶.　　　　　　　　　〈周易 繫辭 下傳 5章〉
해   역 왈 하 교 멸 이 흉　　　　　　　　　　주 역 계 사 하 전   장

일반적으로 역은 점치는 책으로 알려져 있다. 그렇다면 공자에 의해서 강조된 의리적인 측면은 그가 역의 어떤 면에 주목하고 있기 때문인가?

우리는 이 질문에 대답하기 전에 역(易)이 전개되어 온 그동안의 시대 상황을 먼저 돌아보지 않을 수가 없다. 왜냐하면 그 문제에 대한 관심은 우리가 주역의 성격을 어떤 시각에서 받아들여야 할 것인가를 결정해준다고 볼 수 있기 때문이다.

문헌의 성격에 따라 입장의 차이가 있기는 하지만 크게 보아 상수역(象數易)과 의리역(義理易)의 흐름이다. 학자에 따라서 역학 발전의 내용을 어떻게 구분 짓든 대체로 이(理), 상(象), 수(數)의 관점에서 그 연구의 틀이

잡혀 있으며 그 밖의 과학역(科學易)과 문헌의 고증 등은 거기에 대한 보충자료의 성격을 벗어나지 않는다.

진시황(秦始皇)의 분서갱유(焚書坑儒)를 우선 떠올려보자. 진시황의 분서갱유는 상수학의 입장에서 역을 수용하고자 했을 뿐 공자에 의해서 틀이 잡힌 의리역의 관점을 일체 거부하는 역사적인 사건이었다.

진시황이 즉위하고 34년째 되던 기원전 213년의 일이었다. 천하통일 9년째를 기념하는 축하 잔치를 가지면서 그 자리의 박사 주청신(周靑臣)과 순우월(淳于越) 사이에는 진시황의 치적과 덕에 대해 서로 엇갈리는 논쟁이 벌어졌다. 여기에 대해 진시황은 승상 이사(李斯)에게 의견을 물었다. 이에 승상은 다음과 같은 글을 위로 올렸다.

"오제는 되풀이되지 않았고 삼대는 이어받지 않았으며 각자대로 다스렸습니다. 그것은 정치의 내용이 반대되기 때문이 아니라 시대가 변했기 때문입니다. (중략)

여러 유학자들이 오늘을 스승으로 삼지 않고 옛 것만을 이야기하면서 이 시대를 잘못되었다고 말함으로서 백성들의 판단을 어지럽히고 있습니다. (중략)

진나라의 역사에 관한 것 이외에는 모두 불사르도록 사관에게 명령을 내리십시요. 시(詩)나 서(書)에 대해 말하는 자는 사형에 처하고, 옛 것으로 오늘날을 비방하는 자는 삼족을 멸하고, 그러한 사실을 알면서도 적발하지 않는 관리도 같은 죄에 처하십시오. 명령을 내린 지 30일 이후에도 관련 서적을 불태우지 않는 사람은 얼굴에 먹물을 떠넣어 장성 쌓는 일을 시키십시오. 다만 없애서는 안 될 것은 의약(醫藥), 복서(卜筮), 종수(種樹)

에 관한 것입니다."

　승상 이사의 이와 같은 건의는 진시황에 의해서 그대로 받아들여졌다. 시서가 불타고 당시 중국의 선진 백가 사상은 심각한 타격을 입었다. 그러나 주역은 점치는 책, 즉 복서로 분류되어 살아남았다.

　이는 묘한 역설이었다. 역의 십익에 나타난 유가 사상과 백성의 사상을 통제하기 위한 진시황의 분서갱유가 정작 불사르고 통제해야 하는 공자 사상의 원천인 역의 경문과 전에 대해서는 터럭 하나 건드리지 않고 살아남게 한 것이다. 곧 역의 의리역은 거부하면서도 역의 상수적인 측면, 즉 복서의 기능은 말살시키지 말아야 한다는 분명한 취지 때문이었다. 이는 이(理)와 상(象) 수(數) 가운데서 상(象)과 수(數)를 취하고 의리를 버린 결과였다.

　공자는 역의 기본 취지에 충실하자고 하면 역을 매개로 세상일에 대해 점을 쳐볼 필요도 없다고 말한다. 공자에 의하면 점에 있어서는 그 점괘에 걸 맞는 덕이 뒤따라야 한다고 보는 것이다.

　"점을 할 것도 없을 만큼 (덕이 항상해야 한다는 말은) 정말 틀림이 없다."(논어 자로)

　이는 진시황의 분서갱유와 달리 역(易)의 의리(義理)를 취하고 상(象)과 수(數)를 소홀하게 여기는 역의 수용이 되는 셈이다. 그렇다면 공자가 주목한 역의 기능은 무엇이 되겠는가. 바로 의리다. 수천 년 전에도 그렇게 살아야했고 수천 년 뒤에도 그렇게 살아야만 하는 인간의 도리, 바로 그 것을 역에서 주목하고 강조하는 셈이다.

㉙ 문헌에 근거한 점서(占書)적 역사 고찰

역에 말하기를, 하늘로부터 돕는지라. 길해서 이롭지 않음이 없다고 하니 공자 말씀하시기를 우(祐)는 돕는다는 조(助)의 뜻이다. 하늘이 돕는 바는 유순함이요, 사람이 돕는 바는 믿음이니, 믿음을 이행하고 유순함을 생각하고 또 어진 이를 숭상함이라. 이로써 하늘로부터 도와서 길하여 이롭지 않음이 없다고 하였다.

易曰"自天祐之 吉无不利." 子曰"祐者 助也. 天之所助者 順
역왈 자천우지 길무불리 자왈 우자 조야 천지소조자 순

也 人之所助者 信也. 履信思乎順 又以尙賢也 是以 自天祐之
야 인지소조자 신야 리신사호순 우이상현야 시이 자천우지

吉无不利也." 〈周易 繫辭 上傳 12章〉
길무불리야 주역 계사 상전 장

점에 의지할 것도 없이 덕이 일정해야 한다는 공자의 시각을 점으로 활용한 사례를 옛 문헌에서도 직접 찾아볼 수가 있는가?

아마 남괴(南蒯)에 관한 기록이 대표적인 예가 될 것이다. 남괴는 중국의 노나라 남유의 아들로서 계씨(季氏, 季平子)의 비읍재(費邑宰)였다. 그는 비읍(費邑)에서 반란을 계획하다가 실패한 인물이다.

춘추 좌전 소공(春秋 佐傳 昭公) 12년의 기록이다. 남괴가 역모를 꾀하려고 점을 쳐 보았을 때의 일이다. 얻어진 점괘는 중지곤(重地坤) 육오(六五)가 변한 수지비(水地比)였다. 남괴는 중지곤(重地坤)의 효사 황상원길(黃裳元吉)에 근거하여 자기 자신이 틀림없이 누린 황제의 곤룡포를 입을 괘상(卦象)이라고 기뻐하며 당시 역에 정통하다는 자복혜백(子服惠伯)

을 찾아가 자문을 구했다. 이에 자복혜백이 이렇게 풀이하였다.

"마음이 충직한 사람의 일이라면 옳거니와 그렇지 않으면 반드시 꾀하는 바를 실패할 것이다. 이 괘가 밖이 강하고 안이 유순한 것은 충(忠)의 뜻이 되고, 화합하여 섞이면서도 곧은 쪽을 따르는 것은 신(信)인 까닭에 주역의 효(爻)가 황상원길이다. 그때 황(黃)이란 믿음을 뜻하는 중앙 토(土)에 해당하는 색이고, 치마 상(裳)이란 아래에서 꾸미는 의복이며, 원(元)이란 착한 것의 우두머리이다.

따라서 마음이 충성치 못하면 옳은 색을 얻을 수 없고, 아래에서 올바른 이치로 일을 도모하지 않으면 상(裳)을 만들어낼 수 없고, 꾀하는 바가 선하지 않으면 그 지극함에 이를 수 없다.

이 세 가지 중 한 가지라도 결점이 있으면 점괘는 좋다고 할지라도 일이 제대로 되지 않는 것이다."

남괴는 이와 같은 해석을 받아들이지 않았고 일은 결국 실패하였다. 이 한 절의 고사는 우리에게 역(易)을 어떻게 받아들여 활용해야 하는지를 엿보게 하는 하나의 좋은 선례다. 그 까닭에 장횡거(張橫渠)는 "주역은 군자를 위해 꾀할 수는 있어도 소인을 위해 꾀할 수는 없다"고 하였던 것이다.

자복혜백은 노나라의 대부로 이름은 초였다. 주역에 밝았으나 남괴에 의하여 피살되었다. 혜백은 그의 시호다. 하늘의 이치는 곧 선하고 형통하고 이롭고 곧게 하는데 통해 있다.

그래서 역의 64괘 384효의 근본 대의가 중천건(重天乾)과 중지곤(重地坤)의 원형이정(元亨利貞)을 한 자도 벗어나지 않는다. 그래서 논어의 술이편(述而篇)에도 보면 주역에 관해 언급하는 공자의 말이 다음과 같았을 것이다.

"나에게 두어 해를 빌려 주어 50에 역을 배우게 한다면 거의 큰 허물은 없을 것이다." [가아수년(加我數年) 오십이학역(五十以學易) 가이무대과(可以無大過)]

어떤 이유에서일까?

점치는 쪽으로 역이 활용되는 특징이 있음에도 역의 기능은 결국 거기에 마음을 붙이는 사람이면 누구나 원형이정(元亨利貞)에 눈을 뜨게 된다고 믿었기 때문일 터였다.

아무튼 공자의 그 한마디는 지금의 우리로 하여금 순자(荀子) 권학편(勸學篇)에서 취급되고 있는 은괄(檃栝)의 도(道)에 대해 잠시 생각해보도록 만든다. 그곳에서 말하는 은괄(檃栝)의 도란 세상을 살아가는 과정에서 생겨날 수도 있는 잘못을 바로 잡는 역할과 관련되어 있다.

"굽은 나무는 은괄(檃栝)을 이용하고 불길에 쐬어 바로 잡은 뒤에야 곧아진다."

그래서 한비자(韓非子)는 이를 인용한 자신의 현학편(顯學篇)에서 "저절로 곧은 화살과 둥근 수레바퀴는 백년에 하나도 없는데 세상에서 모두 새를 쏘아 잡고 수레를 탈 수 있게 되는 것은 은괄(檃栝)의 도를 사용하기 때문이다."고 하였다.

주역에서 생각해볼 수 있는 은괄(檃栝)의 도는 한마디로 역의 괘상이다. 공자는 산수몽(山水蒙)의 형벌에 대한 주석에서 "형벌을 씀이 이롭다는 것은 상(象)을 써서 법을 바르게 하게 되기 때문이다"고 해석하였다.

무엇이 자신에게 이로운가를 따지는 유(有) 불리(不利)의 문제가 아니다.

주역이뭣고? 179

원형이정(元亨利貞)에 자신의 삶을 일치하게 만드는 지향성의 문제다. 역을 점서(占書)로서 한정시켜 마음의 거부감이 있는 사람이면 누구나 참고해볼만한 요소 가운데 하나일 것이다.

㉚ 주역(周易)의 점서(占書) 기능과 본질

건(乾☰)과 곤(坤☷)은 역의 쌓임일진저! 건(乾☰) 곤(坤☷)이 열을 이룸에 역이 그 가운데 선다. 그러므로 건(乾☰) 곤(坤☷)이 허물어지면 거기에서 우리는 그 누구도 역을 보지 못하게 될 것이다. 역을 볼 수 없으면 건(乾☰) 곤(坤☷)이 혹 거의 숨지 않겠는가.

乾坤 其易之縕耶 乾坤成列 而易立乎其中矣 乾坤毀則无以見
건 곤　기 역 지 온 야　건 곤 성 열　이 역 입 호 기 중 의　건 곤 훼 즉 무 이 견

易 易不可見則乾坤或幾乎息矣.　　　〈周易 繫辭 上傳 12章〉
역　역 불 가 견 즉 건 곤 혹 기 호 식 의　　　주 역　계 사　상 전　　장

　역의 기능을 어떻게 설명하더라도 결국 부정할 수 없는 게 점서적 측면의 기능이다. 혹 누군가 역을 그 시각에서 접근하게 될 때 참고할 만한 주의사항으로는 어떤 것들을 꼽아볼 수 있는가?
　점서로서 활용함에 있어서 포인트는 먼저 중도에 맞는 변화라고 판단할 수 있는가의 여부다. 대단히 모호한 지론이 되겠지만 중천건 하늘괘의 괘사 원형이정(元亨利貞)의 이치에 바탕을 두고 생각하면 그다지 어려운 문제도 아니다.
　그때 중요한 것은 역(易)의 본괘(本卦)와 변해간 지괘(之卦), 지괘에 근거한 호괘(互卦)와 배합괘(配合卦) 등을 종합적으로 적용한 길흉 여부다. 예컨대 위 삼획괘(三劃卦)의 변화가 하늘의 이치에 중심을 두고 있음에도 아래의 삼획괘(三劃卦) 변화가 이에 거슬린다면 그 변화는 흉하다. 반면 아래 삼획괘(三劃卦)의 변화를 놓고 보더라도 마찬가지다. 지향점이 하늘의

이치에 맞추어져 있는데 위가 이로부터 어긋나거나 장애를 만들어내고 있다면 흉하다.

이는 역(易)의 본질에 해당하는 문제다. 역이 인간의 나아갈 바를 가리키는 데 있다는 공자님의 말씀도 핵심 의미는 바로 여기에 있다. 자신의 지향점이나 삶의 동기가 반드시 하늘의 이치 중심이어야 한다는 뜻이다. 따라서 역에 의거해 볼 때 우리의 삶은 어디까지나 판단의 기준이 하늘의 덕스러운 작용, 즉 중천건(重天乾)의 원형이정(元亨利貞)이다. 이것이 바로 삶의 중도가 된다.

그렇다면 그 순간에 떠올려야 하는 중도의 구체적인 개념은 무엇이 되겠는가?

당연히 비어서 실체가 없는 무(無)이면서도 비어 있기 때문에 덕스러운 역(易)의 원형이정(元亨利貞)이다. 그 이상도 그 이하도 아니며 역(易)은 오직 이것뿐이다. 그뿐이기 때문에 점사의 판단은 너무나 분명해진다. 개인적인 판단으로는 흉(凶)하게 여겨지는 일이 결국은 길(吉)하고, 개인적으로 길하다고 생각되는 문제도 궁극적인 관점에서는 흉할 수밖에 없는 이유도 사실은 여기에 있다.

그 까닭에 역으로 우리의 전체적인 삶을 돌아보게 되면 생겨나는 분명한 결론이 있다. 삶의 동기가 본질의 작용에 맞추어져 있으면 길(吉)하고, 그 밖의 개인적인 이해 관계만을 고집하고 있다면 길(吉)하더라도 결과는 대체로 길한 것이 아니다.

이는 우리가 세상의 이치를 객관적으로 생각하더라도 조금도 어색할 수가 없다. 왜냐하면 태어나서 늙고 병들어가는 인간의 유한한 삶에 앞서 그것의 본질은 당연히 태어나서 늙고 병들어 죽어가게 만드는 삶의 바탕, 거기에 맞추어질 수밖에 없기 때문이다.

우리가 역에 바탕을 두고 우리 자신을 돌아보고자 할 때는 다음의 몇 가지 사항들을 반드시 고려하고 있어야 한다.

첫째, 하늘의 덕스러운 이치 원형이정(元亨利貞)에 자기 삶의 지향점이 맞게 설정되어 있느냐의 여부다.

둘째, 일음일양(一陰一陽)으로 도(道)가 이루어지는 원리다. 그 점에서 보면 역의 지향성은 항상 주요 변수를 배합괘(配合卦)에서 찾아야만 한다. 가족 관계에서 보면 아내는 남편에게서 찾고, 남편은 아내에게서 구하는 원리가 대표적인 사례의 하나다. 하물며 사회적인 성향에 근거한 보수와 진보의 대립이겠는가.

셋째, 역은 항상 변하고 바뀐다는 상식의 문제이므로 본괘(本卦)에서 지괘(之卦), 그 지괘(之卦)는 다시 그 짝을 찾아서 움직이려는 배합괘(配合卦)의 의미를 고려하는 방식이다.

이와 같은 원리를 역의 변화에서 적용시키게 되면 원리는 다음과 같이 단순화된다.

첫째는 모든 괘상의 변화에서 그 초점을 본괘의 명칭에서 찾는 일이다.

둘째는 위와 아래의 삼획괘(三劃卦)들이 보여주는 호응 관계다. 예컨대 본괘(本卦)가 산풍고(山風蠱)일 때의 변화를 살펴보자.

그 가운데 지괘(之卦)가 수산건(水山蹇)과 화택규(火澤睽)일 때다. 산풍고(山風蠱)가 본괘(本卦)라면 이는 일을 다스리는 고(蠱)의 때다. 반면 지괘가 하나는 수산건(水山蹇)이고 하나는 화택규(火澤睽)다.

일을 다스리는 고(蠱)의 때에 수산건(水山蹇)은 작용이 아름답지만 화택규(火澤睽)는 그렇지 못하다. 그 이유는 위와 아래의 삼획괘(三劃卦)들이 보여주는 상호 관련성 때문이다.

셋째는 다음 〈도표 32〉을 통해 구체적으로 확인할 수 있듯이 변해서 생겨나는 지괘의 움직임이 본괘의 괘명에 어떤 식으로 관련을 맺고 있는가의 여부다.

넷째는 〈도표 32〉의 비고란에서 밝히고 있듯이 반드시 상하의 삼획괘(三劃卦)로서 판단하되 상하(上下) 삼획괘의 역할이 덕스러운 삶의 본질에 어떻게 관여하는 변화인가를 살펴야만 한다. 그 입장에서 자신이 교훈으로 삼아야 하는 근거를 확인할 수 있으면 된다.

다섯째는 역은 매 순간 바뀌고 변하는 움직임 위에서 그 이치를 살펴야 한다. 예컨대 본괘가 중천건(重天乾)이고 지괘(之卦)가 수뢰둔(水雷屯)이라면 이는 다시 화풍정으로 움직이려는 흐름을 가정하면서 그 의미를 받아들이는 일이다.

따라서 반드시 길하거나 반드시 흉한 결과로 일이 마무리될 수는 없는 법이다. 오직 자기의 뜻이 세상과 세상 사람들을 위한 하늘의 덕에 맞추어져 있다면 이는 어려운 상황이더라도 길하고 그 노력도 본괘의 때에 맞춰 행동할 줄 아는 지혜에 달려 있을 따름이다.

역에 대한 관심은 바로 그 점을 생활 속에서 스스로 살피고 바로잡는 일에 맞추어져야만 한다.

이상의 설명들을 다음 〈도표 32〉로서 다시 구체화시켜 보자.

본괘(本卦)	지괘(之卦)	삼획괘(三劃卦)		배합괘(配合卦)	전체의 변화
산풍고 (山風蠱☶☴)	수산건 (水山蹇)	위	간(艮☶)→ 감(坎☵)	감(坎☵)↔ 이(離☲)	간(艮☶)→ 감(坎☵)→ 이(離☲)
		아래	손(巽☴)→ 간(艮☶)	간(艮☶)↔ 태(兌☱)	손(巽☴)→ 간(艮☶)→ 태(兌☱)
비고	위의 변화에서 상하 삼획괘의 움직임이 일을 다스리는 고(蠱)의 때에 부합하는 결과를 보이면 이는 길하다. 반면 상하 움직임의 변화가 그와 반대라면 이는 바람직하지 못하다. 위에서는 일을 다스리는 때에 위의 신념이 긍정적인 시각에서 매우 확고해지고 있음을 엿볼 수가 있다. 이는 이치에 밝은 쪽으로의 변화가 자기의 신념으로 자리 잡으면서 아래로 하여금 그쳐 덕을 기르게 하는 결과를 불러오고 있다. 그러므로 이 괘상의 움직임은 일을 다스리는 고(蠱)와 관련시켜 볼 때 기뻐할만하다고 말할 수 있게 된다.					

본괘(本卦)	지괘(之卦)	삼획괘(三劃卦)		배합괘(配合卦)	전체의 변화
산풍고 (山風蠱☶☴)	화택규 (火澤睽)	위	간(艮☶)→ 이(離☲)	이(離☲)↔ 감(坎☵)	간(艮☶)→ 이(離☲)→ 감(坎☵)
		아래	손(巽☴)→ 태(兌☱)	태(兌☱)↔ 간(艮☶)	손(巽☴)→ 태(兌☱)→ 간(艮☶)
비고	일을 다스리는 고(蠱)의 때에 위의 움직임은 바람직하지 못하다. 왜냐하면 위가 아래를 억압하면서 자기의 이익만을 문제 삼기 때문이다. 이에 아래에서도 어긋나게 움직이면서 자기의 기쁨만을 추구한다. 일이 다스려질 수가 없다.[산풍고(山風蠱)가 변한 화택규(火澤睽)의 괘상 변화]					

〈도표 32〉 역의 원형이정에 바탕을 둔 괘상 변화의 실질적인 판단 사례

따라서 우리가 역의 변화에서 길흉에 바탕을 둔 어떤 변화만을 살피고자 한다면 오히려 역은 아무런 의미도 찾아볼 수가 없게 된다. 그보다는 삶의 본질을 돌아보게 하는 매개로 역에 접근하고 있는가를 되물어야 한다.

세상을 바라보는 나의 시각은 어떻게 정립할 것인가?

나는 지금 세상을 어떻게 바라보며 살아가고 있는가?

그 결과 자신의 현재 시각이 중천건(重天乾) 하늘의 이치에 바탕을 두고 일을 다스리고자 하면 길하고 그 반대라면 그렇지 못하다. 그 결과 역의 모든 변화는 다음의 원리에 의하여 판단이 가능해진다.

"핵심은 역의 기본 삼획괘로서 그 작용이 하늘의 원형이정에 부합하면 길하고, 그로부터 거슬리면 흉해진다."

이는 우리가 평소 따분하고 고리타분한 삶의 도덕률에 해당하는 권선징악의 문제가 아니다. 슬픔과 기쁨, 즐거움과 괴로움, 평온함과 침울함 따위의 결과를 불러오는 세계관의 문제이자 삶의 방식에 대한 성찰과 관련되어 있을 뿐이다.

㉛ 주역(周易)의 세 범주 이(理)·상(象)·수(數)

하늘과 땅이 자리를 정하고 산과 못이 기운을 통하며 우레와 바람이 서로 부딪치며 물과 불은 서로 해치지 않아 팔괘가 서로 섞이니 지나간 것을 헤아림은 순(順)함이요, 미래를 아는 것은 역(逆)이다. 그러므로 역은 거슬러서 헤아리는 것이다. 이런 까닭에 역은 거슬러서 헤아리는 역수가 된다.

天地定位 山澤通氣 雷風相薄 水火不相射 八卦相錯 數往者
천 지 정 위　산 택 통 기　뇌 풍 상 박　수 화 불 상 석　팔 괘 상 착　수 왕 자

順 知來者逆 是故 易逆數也.　　　　　〈周易 說卦傳 3章〉
순　지 래 자 역　시 고　역 역 수 야　　　　　주 역　설 괘 전　　장

천체의 움직임에 바탕을 둔 주역의 의미 체계와 달리 역의 핵심은 이(理)와 상(象), 수(數)의 개념으로 세분화시킬 수 있다고 말하기도 한다. 그것은 구체적으로 어떤 의미가 있으며 상호 연관성은 어디에서 찾아져야 하는가?

먼저 그 세 범주의 구체적인 개념부터 살펴보기로 하자.

이(理), 상(象), 수(數)의 개념 가운데 먼저 의리(義理)에 관한 해석이다. 역에서 말하는 의리(義理)란 사람이 그 이치를 자기 자신의 마땅한 도리로 삼아야 하는 일정한 법칙을 의미한다. 역에 말을 붙인 문왕의 표현을 빌리면 그것은 원형이정(元亨利貞)이다.

어떤 뜻일까? 공자의 해석을 참고해보자.

원(元)은 선(善)의 어른이다. 형(亨)은 아름다움의 모임이요, 이(利)는 마

땅한 것[義]의 조화[和]요. 정(貞)은 모든 일의 줄기가 된다. 군자가 자기의 몸에 인(仁)을 지니고 세상에 임하는 것이 남의 우두머리가 될 만하며, 모임을 아름답게 함이 족히 예에 합당한 게 된다. 또한 만물을 이롭게 함은 충분히 이치에 합당하다고 말할 수 있으며, 곧으면서도 견고(貞固)함은 모든 일의 근간이 될 수가 있다. 군자는 매사에 이 네가지 덕을 행한다. 건(乾)은 원형이정(元亨利貞)이라고 말한다. 하늘의 힘에 의지하여 만물이 펼쳐지게 되는 덕스러움에 주목한 결과다.

이는 문언전에 실려 있는 원형이정(元亨利貞)의 해석이다. 어떤 동기에서 출발하듯 역에 대한 의리적인 우리의 관심은 결국 이것을 벗어나기 어렵다. 이를테면 그 본질은 비어서 아무런 실체가 없으면서도 모든 것들을 낳아서 길러주고 지탱하는 하늘과 땅의 덕을 강조한 시각의 개념이다.

도덕경에서는 사람이 땅의 이치를 본받고, 땅은 하늘의 이치를 법으로 삼으며, 하늘은 어떤 형태의 조작도 없는 무위(無爲)의 덕스러움 그 자체에 해당한다고 그 의미를 압축해서 설명하고 있다. 도덕경 뿐만이 아니다. 역시 사람으로서의 도리를 생각하면 소학(小學)의 첫머리를 빼놓을 수가 없다.

"천도지상(天道之常)은 원형이정(元亨利貞)이요, 인륜지강(人倫之綱)은 인의예지(仁義禮智)다."

이는 주역 하늘괘의 괘사를 사람된 도리로 받아들이고자 했을 때 생겨나는 의미의 결론이다. 따라서 우리가 역의 이치를 통해 주목해볼 수 있는 의리(義理), 즉 사람된 자로서의 마땅한 도리는 인의예지(仁義禮智)의 배경이 되는 하늘과 땅의 덕스러움, 원형이정(元亨利貞)뿐임을 잊고 지나쳐서는 안 된다.

다음은 상(象)이다.

상(象)은 천지자연의 움직임을 음양(陰陽)의 부호로서 본떴다는 뜻이다. 본래 글자는 형상을 본떴다는 상(像)이 되지만 간략하고 상징적인 측면을 강조하다 보니 그림을 뜻하는 상(象)이 되었다.

예컨대 팔괘로서 다시 설명해 보기로 하자.

하늘의 움직임은 어느 순간에도 그침이 없이 돌아가고 있으므로 이것을 본뜨게 되면 하나의 양(陽—)을 세 개 겹친 건(乾☰)으로 본뜨게 된다. 두 번째 삼획괘인 태(兌☱)도 마찬가지다. 연못의 물이 딱딱한 땅바닥에 고여서 출렁이고 있으므로 이것이 사람의 기뻐하는 모습을 반영할 수 있다고 여겨 태(兌☱)가 본뜬 것은 연못이라고 하고, 뜻은 기뻐하는 열(說)이 된다고 하였다. 밝음이 걸려 있는 이(離☲) 내지는 땅인 곤(坤☷)에 이르기까지 그 밖의 모든 삼획괘들이 본뜬 방식은 모조리 이와 같다.

다음은 수(數)다.

역에서 수(數)는 앞에서 살폈던 것처럼 상(象)으로 반영된 세상의 이치가 십진법의 정밀한 체계로 환원이 가능함을 보여주는 수리적인 측면의 법칙성이다.

예컨대 현대 과학에서 의심할 수 없는 세상의 이치로 받아들여 주목하고 있는 피보나치수열을 주역의 이치에 견주어 보면 이해하기가 더욱 쉬워진다.

피보나치수열은 이탈리아의 수학자 피보나치에 의해서 확인되었다.

토끼의 번식을 주제로 살핀 문제에서 피보나치는 그 번식 과정에 다음과 같은 수열의 일정한 공식이 성립됨을 알았다. 즉 1쌍의 토끼는 1, 1, 2, 3, 5, 8, 13, 21, 34, 55… 의 수열로 퍼져 나간다는 사실이다. 그런데 이는 지구상의 모든 식물과 동물 등의 현상이 마찬가지다.

해바라기 씨가 박혀 있는 모양을 관찰하면 오른쪽과 왼쪽으로 돌아가면서 나선형을 이루는 공통점을 찾아볼 수 있는데 그 역시 어느 쪽의 나선형에서나 21 혹은 34, 아니면 34 혹은 55와 같은 연속된 피보나치수열을 형성하고 있다.

해바라기는 이런 나선형 배열을 택해 자리를 잡아야만 좁은 공간에 많은 씨를 보다 더 촘촘하게 배열해서 자연의 조건에 잘 견디면서 자기 자신의 형질을 보존할 수 있기 때문이라고 한다.

꽃잎의 수들도 마찬가지다. 백합과 붓꽃, 클로버는 대체로 3장, 채송화와 동백 장미 등은 5장, 모란과 코스모스는 8장, 금잔화는 13장, 치커리는 21장, 질경이와 데이지는 34장, 쑥부쟁이는 55장 아니면 89장의 꽃잎을 가지고 있다. 이들 수의 특징도 피보나치수열을 벗어나지 않는다는 점이다.

그 이유는 무엇일까?

꽃잎들이 이리저리 겹치면서 가장 효율적인 모양으로 암술과 수술을 감싸기 위한 조건이 되기 때문이다.

나뭇가지의 개수는 어떨까?

하나의 줄기로 자라던 가지는 일정한 시점에서 두 개의 가지로 갈라진다. 그러나 두개로 갈라진 뒤 두 가지 모두 영양분이나 성장 호르몬이 고르게 분배되는 것은 아니기 때문에 두 개의 가지 중 한 가지는 왕성하게 자라면서 다시 두 개의 가지로 갈라지고 한 가지는 그대로 자란다. 그 뒤 또 일정한 시점이 다시 지나면서 한 번 쉬었던 가지는 다음 단계에서 다시 두 개의 가지로 갈라지는 규칙성을 보이게 되는데 이것 역시 나뭇가지의 갈라져 나간 개수를 아래로부터 세어보면 1, 2, 3, 5, 8, 13, 21, 34, 55…의 피보나치수열을 벗어나지 않는 특징이 있다. 물론 그 까닭도 그렇게 성장해나가는 것이 나무의 성장 조건에 가장 적합하기 때문이다.

그렇듯이 나무의 피보나치수열은 나무의 성장 과정에서 잎이 바로 위의 잎에 가리지 않고 햇빛을 최대한 받을 수 있는 최적의 조건을 추구한 결과다. 이는 식물들 뿐만은 아니다. 소용돌이 모양의 소라나 앵무조개의 껍질에서 그 무늬의 비율을 분석해보면 여기에도 발견되는 법칙은 바로 이 피보나치수열이다.

한 변의 길이가 피보나치 수인 1, 1, 2, 3, 5, 8, 13인 정사각형을 그린 다음 각 정사각형에 원의 1/4인 사분원을 그린다. 이 사분원들을 차례로 연결한 등각나선 혹은 황금나선은 앵무조개 뿐만이 아닌 여러 바다 생물의 껍질 등에서 발견되는 공통적인 특징이다.

피보나치수열은 우리 주위의 일반적인 자연현상에서만 찾아볼 수 있는 특징은 아니다. 미국의 증시분석가 엘리어트는 75년 동안의 주가 변동을 연구한 엘리어트 파동에서 그 파동의 규칙성이 피보나치수열과 관련되어 있다는 주장을 펼치기도 했다.

엘리어트 파동은 상승 5파동과 하락 3파동의 규칙성을 지닌다. 그 가운데 오를 때의 5파동은 상승 3파동과 반락 2파동으로 나타나고, 주가가 내릴 때는 하락 2파동과 반등 1파동으로 이루어져 있다. 물론 이 현상이 주가 변동의 본질적인 현상이라고 말하기는 어렵지만 어쨌든 역의 삼천양지(三天兩地)와 피보나치수열과 관련시켜 생각해볼 수 있다는 점에서 주목할 필요가 있다. 또 이와 같은 최적의 성장방법을 추구하는 자연과 사회의 현상은 바로 그대로가 주역의 수리적인 법칙이기도 하다.

앞에서 이미 다루어졌지만 역의 괘상이 왜 64괘라야 하는가를 중심으로 다시 생각해 보자.

동양의 대표적인 의학서 가운데 하나인 황제내경(皇帝內徑)에 의하면 하늘에는 6기가 있고 땅에는 다섯 가지 형태의 기운이 철을 따라 운행되어진다고 말한다. 이른바 오운(五運) 육기(六氣)설이다.

이는 지구의 환경을 구성하는 본질이, 지구 자체가 우주를 향해 발산하는 지구 자신의 방출에너지[五運]와 우주로부터 받아들이는 우주에너지[六氣]의 교류 측면에 있음을 염두에 둔 주역 괘상의 도출 근거가 된다.

여기서 말하는 하늘의 육기란 당연히 역의 삼음삼양(三陰三陽)인 풍·한·서·습·조·화(風·寒·暑·濕·燥·火)다. 해가 발산하는 기운은 지구에서 보아 뜨겁기도 하고 덥기도 하고 만물을 바짝 말리기도 하며 습하기도 하다. 반면 지구의 기운은 봄에는 곧거나 두루 발산해 퍼져나가는 목(木)의 기운, 여름에는 뜨거운 화(火)의 기운, 가을에는 금(金)의 기운, 겨울에는 수(水)의 기운 그리고 이들 넷을 매개하면서 환절기에 나타나는 토(土)의 다섯 가지로 구분된다.

이들 하늘의 육기와 땅의 오행 기운은 서로 맞물려 돌면서 30을 단위로 처음의 출발점으로 다시 돌아오게 되는 공식이 생겨난다. 육기는 다섯 바퀴를 돌고 오행의 기운은 여섯 바퀴를 돌아 5×6=30이라는 60년 주기의 움직임에서 생겨나는 숫자의 일치점이다.

그래서 주역의 음과 양의 책수는 지구가 달을 거느리고 해의 둘레를 여섯 바퀴 돌았을 때의 운행도수와 일치한다. 이를 이해하기 위해 주역의 건곤(乾坤) 음양(陰陽)의 책수에 대해 이해가 필요하다. 건(乾)의 노양과 곤(坤)의 노음으로 하늘의 운행도수가 구성되어졌을 때, 건의 책수는 36×6=216이 된다.

36의 숫자는 어떻게 나오는가?

일년 사계절 운행이 십진법의 늙은 양 9로 이루어져 있다고 했을 때, 봄·여름·가을·겨울의 네 계절은 4에 해당하고 늙은 양은 그 해당하는 기운의 숫자가 9에 해당하기 때문에 4×9=36이 된다. 마찬가지 이치로 곤의 책수는 24×6=144가 된다.

따라서 216+144=지구의 운행 궤도에 해당하는 360이라는 일 년 운행의 전체 숫자가 생겨난다. 이는 해와 달의 운행 주기에서 보면 차이가 나는 숫자이므로 그것을 보완한 것이 책력의 윤달이었음은 이미 앞에서 밝힌 그대로다.

한편 주역의 괘상은 그 안에 포함된 효들이 모두 384효(64×6=384)다. 이는 양효(陽爻)와 음효(陰爻)가 서로 반씩 나누어져 전체 효상을 이루고 있으므로 늙은 양의 책수인 36과 늙은 음의 책수인 24를 각각 곱하면 192×36=6,912, 192×24=4,608이고 두 편의 책수(策數)를 합하면 6,912+4,608=11,520이라는 숫자가 나온다.

이 수는 360의 도수로 지구가 오운(五運) 육기(六氣)의 기간 동안 태양의 궤도를 운행한 움직임의 숫자와 그대로 일치한다. 즉 11,520÷32=360

이니 이는 지구를 중심으로 한 달의 일 년 운행 주기와 해를 중심으로 한 지구의 운행 주기를 반영한 결과로서 계사전에서 확인되는 11,520의 건곤 책수는 곧 음양(陰陽)을 하나의 짝으로 삼는 60년(5×6=30의 곱) 주기의 384효에 해당하는 것이다. 이들 오운 육기의 지구 환경을 단순하게 반영한 책력의 내용은 바로 십간(十干) 십이지(十二支) 간지(干支)의 배합표가 되었음도 이미 말한 그대로다.

이처럼 주역의 괘상은 해와 달 지구 등의 천문학적인 운행 원리를 하나의 원리로서 내세운 옛 사람의 지혜에 해당하는 결과물인 셈이다. 그래서 역경을 말할 때 자주 상수(象數), 혹은 의리(義理)를 말한다.

㉜ 문헌상 천체 운행과 주역(周易) 기본 개념

길하고 흉함은 바름이 이기는 것이니, 천지의 도는 바르게 보는 것이요, 일월의 도는 바르게 밝히는 것이요, 천하의 움직임은 오직 하나에 바른 것이다.

吉凶者 貞勝者也. 天地之道 貞觀者也. 日月之道 貞明者
길흉자 정승자야   천지지도 정관자야   일월지도 정명자

也. 天下之動, 貞夫一者也.　　　〈周易 繫辭 下傳 1章〉
야 천하지동 정부일자야　　　　　주역 계사 하전 장

천체의 운행이 역의 원리로 반영된다고 보았을 때 역에서 사용하는 용어는 그 사실을 어떻게 반영하고 있는가?

역학계문건(易學啓門鍵)의 본문 내용을 빌려와 설명하기로 하겠다. 그곳의 지론에 의하면 역(易)의 대연수(大衍數)는 태양의 움직임을 뜻하는 걸로 되어 있다.

다음은 그 부분을 발췌한 주요 내용들이다.

설문(說文)에 역(易)은 일월(日月)이니 음양(陰陽)을 본떴다고 하였다. [일월위역(日月爲易), 상음양야(象陰陽也)]

그 밖의 여러 선유(先儒)와 참동계(參同契)의 주장도 마찬가지다. 역의 모든 개념은 태양과 달 및 지구의 관계 속에서 이해하면 그 내용이 일목요연하다.

먼저 대연수(大衍數)로 다시 돌아가 보자.

앞에서 소개한 대로 계사 상전의 기록에 의하면 대연의 수는 오십(五十)이니 쓰는 수는 사십구(四十九)라고 하였다.

왕필(王弼)은 이를 두고 천지의 수를 펼쳐 보임이니 의뢰하는 바는 오십(五十)이고 쓰는 수는 사십구(四十九)이니 하나는 쓰지 않는다고 하였다. 곧 쓰지 않으나 모든 수에 작용하면서 통하며, 수가 아니나 수로써 이루어지니 이는 역(易)의 태극(太極)이며, 사십구(四十九)는 수의 지극함이다. 무릇 세상의 모든 만물은 그 말미암아 근거하는 바를 밝히지 않을 수 없으니 이것이 곧 무(無)이면서도 유(有)가 되는 하나의 태극, 바로 그것임을 분명히 했다.

여기서 말하는 하나의 태극을 혹자에 따라서 현상에서 찾으려고 할 때 그것은 바로 하늘의 태양이라고 하였다. 그러므로 크게 펼친다는 대연(大衍)은 태양과 지구를 가리킨다. 태양은 대연(大衍)의 대(大)이고, 지구는 대(大)에 바탕을 둔 연(衍)이니 수로는 49다.

그 근거를 설괘전에서 찾아보자.

거기에서는 팔괘(八卦)를 해석하면서 건(乾)을 대적(大赤)이 된다고 하되 이를 공영달(孔穎達)은 양(陽)의 색이 왕성함을 취한 결과라고 하였다. 또 계사 상전에서는 역의 광대함은 천지(天地)에 짝한다고 하였으니 광대(廣大)함의 대(大)란 바로 대적(大赤)의 약칭이다. 실제 계사전에서는 광대(廣大)의 광(廣)은 땅괘 곤(坤)을 뜻한다고 하고 대(大)는 건(乾)이 된다고 하였다.

만물의 근본을 삼는 하나는 단순하게 살피면 태양을 가리킨다. 계사전에서는 '천하의 공덕은 하나에서 바르다'고 했으며, 노자에서도 '하늘은 하나를 얻어 빛이 맑아 선명하며[淸], 땅은 하나를 얻어 편안하며, 신은 하나를 얻어 신령스럽고, 곡(谷)은 하나를 얻어 가득 차며, 만물은 하나를 얻어 살아가게 되며, 천하의 왕과 제후들은 하나를 얻어 천하의 곧음이 된다'고 하였다.

이른바 하나는 천하에서 그 무엇과도 짝이 되어짐이 없이 우뚝함이니 위로는 하늘과 아래로는 땅의 모든 근본에 통하는 개념이다. 이것이 역으로는 만물의 근본이 되는 주야(晝夜)의 도며 일음일양으로 무궁한 이치다. 그 까닭에 한강백(韓康伯)은 '하나를 말해 도가 된다'고 하였고, '도(道)는 텅 빈 허무'라고 하였다.

서경 대우모(大禹謨)에 '인심(人心)은 오직 위태롭고 도심(道心)은 미세하니, 오로지 정밀하고 반드시 하나가 되어야만 길이 그 중을 잡게 된다'고 하는 하나의 뜻도 바로 여기에 있다. 또한 함유일덕(咸有一德)에서도 덕은 오직 하나여야 하니 움직임에 길하지 않음이 없게 된다. 만약 덕이 둘이나 셋으로 간다면 움직임에 흉하지 않음이 없게 된다.

사기(史記) 예서(禮書)에서도 '근본을 귀하게 여김을 문(文)이라고 하고, 친히 이를 적용함을 예(禮)라고 하니 둘이 합해져야 문채(文彩)를 이루게 된다'고 하였다. 곧 만물의 근본이 되는 하나의 덕은 만물이 근거하는 태양을 뜻한다고 할 수 있으며, 그 태양에 힘입어 지구 위에 펼쳐지는 만물의 수 그것은 바로 사십구(四十九)로 작용하는 역의 십진법에 의한 대연수가 된다. 또 천지 대연의 수를 지구의 위도상을 오가는 태양의 움직임과 결부시키면 앞의 설명은 더욱 분명해진다.

택화혁(澤火革) 단전(彖傳)에 보면 천지가 바뀜에 사시가 이루어진다고 했으니 사시는 사십구 대연의 수와 더불어 지구가 태양의 주위를 공전하는 일주의 시간, 즉 일 년의 주기다.

이는 다시 말해 삼백 육십 도의 운행 도수로 나타나되 기준이 되는 적도에서 태양이 옮겨가는 경로는 북위 이십사도와 남위 이십사도를 벗어나지 않는다. 이것은 합이 사십팔도가 되고 설시의 수에서 땅의 하나를 약지와 검지 사이에 거는 시초 하나를 제외하면 정확히 해가 움직이는 남·북회귀선의 사십팔도의 개념과 대연수가 그대로 일치한다. 여기에 다시 남·북회귀선의 중심으로 작용하는 적도선 영을 더하면 그 합은 사십구다. 어찌 대연의 수 오십에서 사십구가 쓰여지는 이치가 우연이겠는가.

대연수(大衍數) 오십(五十)에서 대(大)는 높이 12장이니 이는 일 년의 12개월을 가리킨다.

24장은 일 년의 24절기를 가리킨다.

3만 6천 5백 괴(塊)는 일 년의 365일을 가리킨다.

모두 대연수 사십구와 일 년 사시 태양의 움직임에 근거한 변통 용어들이다.

〈참고자료 : 『역학계문건(易學啓門鍵)』〉

㉝ 차서가(次序歌)에 의존한 주역(周易)의 기본 세계관

주역의 효라고 함은 이것을 본받는다는 뜻이고, 상이라고 함은 이것, 즉 세상의 변화를 형상으로 나타낸 것이다. 한편 그때의 효와 상은 안에서 움직이고, 길흉은 밖으로 나타난다. 공로와 사업은 변하는 데서 나타나고, 성인의 뜻은 말에 나타나는 것이다.

爻也者 效此者也. 象也者 像此者也. 爻象動乎內, 吉凶見乎
효야자 효차자야   상야자 상차자야   효상동호내   길흉현호

外. 功業見乎變, 聖人之情見乎辭.　〈周易 繫辭 下傳 一章〉
외 공업현호변 성인지정현호사　　주역　계사　하전　　장

　괘의 차례에 주목할 때 괘상의 형식이 아닌 괘상(卦象) 자체에 담겨 있는 전체적인 의미 체계는 그 특징을 어디에서 찾아야 하는가?

　먼저 역의 차례에 반영된 의미 체계를 이해하기 위한 것 가운데 하나가 다음과 같은 형식의 차서가(次序歌)다.

　글자의 수를 일곱 자씩 맞추어 괘명을 분류하고 있는 일종의 시로서, 앞은 상경이고 뒤는 하경의 차서가(次序歌)다.

　[상경]
　　건곤둔몽수송사 乾坤屯蒙需訟師
　　비소축혜이태비 比小畜兮履泰否
　　동인대유겸예수 同人大有謙豫隨
　　고림관혜서합비 蠱臨觀兮噬嗑賁
　　박복무망대축이 剝復无妄大畜頤

대과감리삼십비 大過坎離三十備(괘상이 30이다.)

[하경]

함항돈혜급대장 咸恒遯兮及大壯

진여명이가인규 晉與明夷家人睽

건해손익쾌구취 蹇解損益夬姤萃

승곤정혁정진계 升困井革鼎震繼

간점귀매풍여손 艮漸歸妹豊旅巽

태환절혜중부지 兌渙節兮中孚至

소과기제겸미제 小過旣濟兼未濟

시위하경삼십사 是爲下經三十四(괘상이 34다.)

우선 괘상 자체의 의미를 이해하기 위해 차서가(次序歌)에 담긴 내용을 정리하면 다음과 같은 해석이 가능하다.

먼저 상경이다. 세상은 하늘과 땅의 기운이 서로 사귀면서 펼쳐지고 있으므로 상경의 첫머리는 당연히 첫 번째 하늘 괘와 두 번째 땅 괘가 된다. 하늘 건(乾)이 열리고 땅 곤(坤)이 호응하면 생겨나는 것이 만물이 되므로 건(乾) 곤(坤)의 다음에 받는 괘상이 처음 생겨난 만물을 뜻하는 수뢰둔(水雷屯)이다. 동시에 둔(屯)은 세상이 처음 생겨난 만물로 가득찼음을 뜻하기도 한다. 물건이 처음 나왔다면 반드시 어리다.

다음에 받는 역의 괘상은 산수몽(山水蒙)이다. 산수몽(山水蒙)에서 몽(蒙)은 어림이니 물건이 어린 것이다. 물건이 어리면 기르지 않을 수 없다.

다음에 받는 괘상이 수천수(水天需)가 되니 수(需)는 음식의 도다. 음식은 반드시 분쟁이 있게 된다.

다음에 받는 괘상은 분쟁이 있게 되는 천수송(天水訟)이다. 송사는 반드시 무리를 지어 일어남이 있으므로 다음의 괘상은 지수사(地水師)다. 그때의 사(師)는 무리를 뜻하는데 무리는 반드시 친하는 바가 있다.

다음의 괘상은 서로 어울려 힘을 합하는 수지비(水地比)다. 비(比)는 돕는다는 뜻이니 돕게 되면 반드시 쌓이는 바가 있다.

다음의 괘상은 풍천소축(風天小畜)이다. 소축(小畜)으로 사물이 쌓이고 나면 예절이 있게 된다.

다음에 받는 괘상은 예절을 뜻하는 천택리(天澤履)다. 예절을 뜻한 괘상 이(履)는 위가 하늘 아래가 기뻐하는 못으로써 어떤 일이라도 하늘의 이치를 기뻐하면서 밟아나가게 되면 세상의 이치는 절로 태평해진다.

다음에 받는 괘상은 지천태(地天泰)다. 지천태(地天泰)의 태(泰)는 통함이니 사물은 끝까지 통할 수만은 없다.

다음에 받는 괘상은 사람의 흐름이 막히기도 하는 천지비(天地否)다. 세상일은 막히게 되면 누구나 서로 힘을 합해 그 어려움을 극복할 것을 생각한다.

다음에 오는 괘상은 천화동인(天火同人)이다. 역에서 동인(同人)은 사람들과 함께 한다는 뜻이다. 세상의 이치가 사람이 모여서 함께 어울리는 곳이라면 모든 물건까지도 그곳으로 반드시 모여든다.

크게 풍요로운 화천대유(火天大有)가 천화동인(天火同人)의 다음 괘상이다. 괘명(卦名)으로 볼 때 대유(大有)는 큰 것을 소유한 자라는 뜻이다. 큰 것을 소유한 자는 자기가 크게 소유한 것으로 인해 남들 앞에 교만해서는 안 된다.

다음에 받는 괘상이 지산겸(地山謙)이다. 크게 소유한 대유(大有)이면서도 사람들 앞에서 겸손할 수 있다면 그 결과가 어떻겠는가? 반드시 즐거움이 생겨나기 마련이다. 그러므로 다음은 역의 괘명(卦名)이 크게 즐거운 뇌지예(雷地豫)다. 주역의 이치에서 괘명이 예(豫)로써 즐겁다면 그로 인해 사람들은 반드시 서로 따름이 있게 된다.

예(豫)의 다음은 택뢰수(澤雷隨)다. 택뢰수(澤雷隨)의 다음은 역의 차례에서 산풍고(山風蠱)가 된다. 산풍고(山風蠱)는 기쁨으로써 남을 따르는 자에게 생겨나는 일을 뜻하는 말이다. 고(蠱)는 일을 뜻하는 개념이기도 하니, 사람에게 일이 있고 나면 반드시 커진다.

이에 다음으로 오는 괘상은 아래로 위의 양(陽) 대(大)가 임하는 지택림(地澤臨)이다. 그때의 괘명 임(臨)은 크다는 뜻이니 사물이 커지고 나면 볼만해진다.

다음의 괘상은 풍지관(風地觀)이다. 관(觀)은 마땅한 이치로 위와 아래에서 서로 바라본다는 뜻이 있다. 사람의 일은 볼만해지게 되면 서로 합해질 생각을 하게 된다.

다음에 받는 괘상은 화뢰서합(火雷噬嗑)이다. 역의 괘명에서 서합(噬嗑)의 합(嗑)은 합(合)함이니 사물은 서로 어울리며 합해질 때에 결코 구차해서는 안 된다.

다음에 받는 괘상은 산화비(山火賁)다. 비(賁)는 꾸밈이다. 사람이 무엇인가를 꾸며서 드러내고자 할 때 어떻게 꾸미느냐에 따라서 일의 결과는 전혀 달라진다. 만약 본질에 바탕을 둔 꾸밈이면 형통하고 그렇지 못하면 겉만 꾸미는 셈이 된다. 어쨌든 세상살이에 임하면서 자기 자신의 존재를 꾸미기 위해 노력하다 보면 결과는 반드시 깎여 문드러지게 되어 있다.

산화비(山火賁)의 다음은 산지박(山地剝)이다. 여기서 박(剝)은 뜻으로 볼 때 깎여서 다함이니 만물은 끝까지 깎여 다할 수만은 없다. 깎임이 다 하면 아래로부터 다시 돌아온다.

이에 산지박(山地剝)의 다음은 아래로부터 하늘의 양기운(陽氣運)이 다시 회복해 돌아오는 지뢰복(地雷復)이 된다. 하늘의 이치로 만물이 회복되어 돌아오면 망령되지 않다.

다음의 괘상은 천뢰무망(天雷无妄)이다. 망령됨이 없다는 무망(无妄)은 하늘에 줄기하고 있는 만물의 움직임으로서 그것을 자각하고 세상을 살아가게 되면 그 덕이 자기 안에 크게 쌓이게 된다.

다음에 받는 역의 괘상은 산천대축(山天大畜)이다. 또 만물은 하늘의 이치를 크게 쌓았다면 그것을 더욱 북돋아 길러야만 하므로 산천대축(山天大畜)의 다음은 이를 길러야 한다는 산뢰이(山雷頤)다. 이(頤)는 기름이니 기르지 않으면 움직일 수가 없다.

다음에 오는 역의 괘상은 택풍대과(澤風大過)다. 괘명에서 대과(大過)는 크게 지나침이니 만물은 끝까지 지나칠 수만은 없다.

다음에 오는 괘상은 습감(習坎)이다. 역의 괘명에서 감(坎)은 빠짐이니 빠지면 반드시 걸리는 바가 있다.

다음의 괘상은 중화리(重火離)로 받는다. 중화리(重火離)의 리(離)는 하늘에 걸려 있는 두 개의 밝은 것을 뜻하는 말로서 단전의 표현을 빌리면 만물이 아름답게 걸려있는 리(麗)와 같다고 하였다. 이것이 상경의 차례이면서 옛 사람들이 생각하는 세상의 일반적인 법칙이다.

한편 하경은 인간사에 관련되어 있다는 점에서 젊은 남자와 젊은 여자의 사귐으로부터 시작된다. 그것이 소남과 소녀가 사귄다는 택산함(澤山咸)이다. 남녀 간의 사귐은 결혼으로 이어지게 되고 결혼은 하늘의 해와 달처럼 항구해야 하므로 다음은 나이 든 남자와 나이 든 여자가 어울리는 뇌풍항(雷風恒)이다.

그러나 사람의 일이란 생각처럼 항상 항구할 수는 없다. 항구하다면 물러나야 할 때도 있으므로 다음은 천산돈(天山遯)이다. 사람은 물러나 있는 동안 힘이 씩씩해지게 되므로 천산돈(天山遯)의 다음은 역의 괘상이 뇌천대장(雷天大壯)이다. 또 물러나 있으면서 힘이 씩씩해지면 누구나 앞으로 나아가게 된다.

이는 뇌천대장(雷天大壯)의 다음에 화지진(火地晉)이 오는 이유다. 화지진(火地晉)에서 괘명(卦名)의 뜻처럼 앞으로 나가다 보면 밝음이 상하기도 하는데 그 괘상은 진(晉)의 다음에 오는 지화명이(地火明夷)다. 역의 괘명에서 명이(明夷)는 밖으로 나가 지내면서 밝음이 상했다는 뜻이다.

사람은 누구나 밖에서 지내다 밝음이 상하게 되면 가정으로 돌아온다. 이는 명이(明夷) 다음의 괘상으로 풍화가인(風火家人)이 오는 이유다. 가정으로 돌아와 서로 부대끼다 보면 어긋날 때도 있다. 이는 괘상이 화택규(火澤睽)다. 만약 서로 어울리면서 어긋나면 발이 얼어붙은 것처럼 일이 어려워지게 된다.

그래서 규(睽)의 다음은 일이 어렵다는 수산건(水山蹇)이다. 건(蹇)의 다음은 뇌수해(雷水解)다. 세상을 살아가면서 부딪치게 되는 어려움은 반드시 풀리게 되어 있다는 뜻이니, 눈앞의 어려움이 풀리게 되면 누구나 마음이 느슨해진다. 이처럼 만물은 끝까지 어려울 수만은 없는 까닭에 어떤 어려움이라도 반드시 풀릴 때가 있다는 뜻의 뇌수해(雷水解)다. 그러나 일이 풀려 어려움에서 벗어나게 되면 누구나 마음이 느슨해지기 마련이다. 이처럼 뇌수해(雷水解)의 해(解)는 매사에 임하는 사람의 자세가 느슨해졌다는 뜻이다. 세상을 살아가면서 사람이 느슨해지면 반드시 잃는 바가 있다.

다음의 괘명은 받기를 손(損)으로 받았다. 한편 손(損)은 덜어내야 한다는 뜻이다. 사람이 덜기를 그치지 않으면 반드시 더해진다.

다음에 받는 괘상은 풍뢰익(風雷益)이다. 역의 괘명에서 익(益)은 보탠다는 뜻이니 보태면서 그치지 않으면 반드시 결단이 난다.

받기를 쾌(夬)로써 받았다. 역의 괘명에서 쾌(夬)는 결단이다. 결단 나게 되면 만남도 있다.

받기를 구(姤)로써 받았으니 구(姤)는 만남이다. 만물은 서로 만나고 난 뒤에 서로 모인다.

받기를 취(萃)로 받았으니 취(萃)는 모임이다. 모여서 오르는 것을 승(升)이라고 하니 취(萃)의 다음은 승(升)이다. 오르기를 그치지 않으면 사람은 반드시 곤궁해진다.

다음에 받는 괘명은 곤(困)이 된다. 세상을 살아가는 동안 위에서 곤궁해지면 반드시 아래로 돌아온다.

받기를 정(井)으로 받았다. 정은 아래에 고여 있는 우물을 퍼올려 쓰는 괘명을 취하고 있으니, 우물의 도는 불가불 고치지 않을 수 없다.

받기를 혁(革)으로써 받았다. 만물을 고쳐 성질을 변하게 하는 것으로는 솥 만한 것이 없다.

받기를 혁(革)의 다음은 정(鼎)으로써 받았다. 솥은 나라를 상징하는 기물의 뜻을 담고 있으니 솥을 도맡아 주관할 자는 장자(長子)만한 이가 없다.

가족 관계에서 장자에 해당하는 진(震)으로써 다음의 괘상을 받았다. 그때의 진(震)은 역의 괘명에서 움직임을 뜻하기도 한다. 그러나 만물은 끝까지 움직이지만은 않는다.

다음의 괘상은 움직이지 않고 마땅한 이치에 그쳐 있게 되는 간(艮)이 된다. 실제 간(艮)은 그침의 뜻이 있으니 만물은 끝까지 그쳐 있기가 어렵다. 다음에 받는 괘상은 앞으로 나아가는 점(漸)으로써 받는다. 점(漸)은 나아감이니 나가면 반드시 돌아오는 바가 있다.

점(漸)의 다음은 귀매(歸妹)다. 귀매(歸妹)는 돌아갈 곳을 얻었다는 뜻이니 돌아갈 곳을 얻은 자는 반드시 커지므로 귀매(歸妹)의 다음은 풍(豊)이 된다.

풍(豊)은 크게 함이니 크게 하기를 너무 지극하게 하면 반드시 거처를 잃으므로 다음에 오는 괘상은 여(旅)다.

여(旅)는 나그네가 되니 나그네가 되면 받아들여주는 곳이 없으므로 다음의 괘상이 손(巽)이다.

손(巽)은 공손해야만 들어갈 수 있게 된다는 뜻이고, 들어간 뒤에 나그네는 기뻐할 수 있게 되어 다음의 괘상은 태(兌)다.

태(兌)는 기뻐함이니 기뻐한 뒤에 흩어진다. 받는 괘상이 환(渙)이다.

환(渙)은 흩어짐이니 물건은 끝까지 흩어질 수만은 없으므로 다음에 받는 괘상이 절(節)이다.

절도가 있고 믿음직스럽게 되면 다음에 오는 괘상이 가운데가 미더운 중부(中孚)가 된다.

믿음이 있는 자는 반드시 실행함이 있으므로 다음에 받는 괘상이 소과(小過)다. 지남이 있게 되면 반드시 건너게 된다.

다음에 받는 괘상이 서로 잘 사귀는 기제(旣濟)다. 만물은 끝까지 사귀는 이치로만 움직이지 않는다. 그렇다면 결국 사귀지 못하는 괘상으로 흘러가게 되는데 이것이 주역 하경의 마지막에 오는 화수미제(火水未濟)다.

역의 맨 마지막 괘상이 미제(未濟)라면 그 뜻은 어디에서 찾아야 하겠는가. 결국 인생은 영원히 풀지 못하는 숙제를 가지고 마무리될 수밖에 없다는 뜻으로도 이해할 수가 있다.

○ **주역 상하경의 차례에 대한 보충 자료 1**

坤八 ☷	艮七 ☶	坎六 ☵	巽五 ☴	팔괘의 상	震四 ☳	離三 ☲	兌二 ☱	乾一 ☰
				震四가 巽五를 포함하니 이는 兌二 및 艮七과 하나의 괘상이다.				
				離三은 坎六을 포함하며 上下經의 꼬리 괘가 된다.				
				兌二가 艮七을 포함하며 下經의 머리 괘가 된다.				
				乾一이 坤八을 포함하며 상경의 머리괘가 된다.				

이제까지의 설명에 주목해 보면 팔괘는 공통적으로 건곤(乾坤)의 수에 있음을 알 수가 있을 것이다. 따라서 그 차례는 자연스럽게, 상경(上經) 머리가 중천건(重天乾)과 중지곤(重地坤)이 오게 되어 있고 상경(上經)의 꼬

리 습감(習坎)과 중화리(重火離)가 될 수밖에 없다.

반면 하경(下經)의 머리는 택산함(澤山咸)과 뇌풍항(雷風恒)이고 하경(下經)의 꼬리 수화기제(水火旣濟)와 화수미제(火水未濟)가 되는 게 조금도 이상하지 않다. 왜냐하면 후천에서 주역의 순건(純乾)이 첫머리가 되는 까닭은 그들 조합이 십진법의 작용에 근거해 보더라도 그 수가 곧 양(陽)의 만수를 대신하게 되기 때문이다.

실제 수의 조합을 살펴보면 선천에서 건(乾☰)은 일(一), 태(兌☱)는 이(二), 이(離☲)는 삼(三), 진(震☳)은 사(四), 손(巽☴)은 오(五), 감(坎☵)은 육(六), 간(艮☶)은 칠(七), 곤(坤☷)은 팔(八)의 순서다. 후천에서 선천을 펼쳐 지으니, 건(乾☰) 일(一)은 곤(坤☷) 팔(八)을 포함하는 까닭에 일(一)이 먼저가 되면서 상경의 머리가 되었다.[상경(上經)은 양(陽)이 머리로 음(陰)을 포함한다.]

태(兌☱) 이(二)는 간(艮☶) 칠(七)을 포함하는 까닭에 이는 다음의 하경(下經)에서 첫머리가 되었다. (하경은 음이 머리로 양을 포함한다.)

이(離☲) 삼(三)은 감(坎☵) 육(六)을 포함하는 까닭에 세 번째 상하경의 꼬리가 된다.(상경의 끝 역시 양이 음을 포함하는 소성괘의 배치다.)

문왕이 상하경을 지으심에 그 차례는 본래 복희씨의 차례에 근거하였다. 곧 이와 같은 차례가 그것을 증명한다.

주역은 반대로서 작용을 삼았다. 64괘를 간략하게 하면 도전괘(倒轉卦) 28, 부도전괘(不倒轉卦) 8로 모두 36괘였다. 또 상경이 108효, 하경도 108효로 합하면 216효였다. 216의 수는 순건(純乾)의 책수(策數)다. 이는 주역이 첫머리에 순건(純乾)을 오게 하는 이유이기도 하다. 반면 순곤(純

坤)을 머리로 삼은 귀장(歸藏)은 작용하는 괘가 48이고, 감추어 쓰지 않는 괘가 16이다.

참고로 세간에 통용되는 토정비결의 원리는 귀장역을 적용한 변화의 원리다. 아무튼 귀장역에서 작용하는 괘 48은 효가 288이다. 288의 수는 순음의 기본 수가 2이므로 288을 2로 나누면 떨어지는 144는 순곤(坤)의 책수 144다.

왜 음이 2인가? 양(陽)은 3이고, 음(陰)은 2가 되는 삼천양지(三天兩地)의 원리 때문이다. 그렇다면 귀장(歸藏)이나 주역(周易)이 아닌 연산(連山)역이라면 어떨까?

그 법칙은 하도(河圖)에 바탕을 둔다.

건(乾)의 책수는 9이고, 하나를 포함한다. 이는 건(乾)이 64괘의 머리가 됨이니, 그 법칙은 낙서(洛書)에 바탕을 둔다.

반면 연산(連山)역의 첫 머리에 오는 간(艮)은 만물의 끝이면서 시작되는 괘다. 이는 간(艮)이 64괘의 머리가 되는 근거다. 건(乾)의 책수 216으로써 간(艮)의 책수 168에 합하면 이는 384의 수가 나온다. 384의 수는 64괘의 전체 효(爻)의 수와 일치한다. 가공언(賈公彦)이 연산은 첫머리가 간(艮)이 된다고 말하고 연산(連山)은 첫머리에 건(乾)을 겸해서 말하지 않은 것은 특히 하시(夏時)를 들어 말했을 뿐이다. 놀랍지 않은가.

연산(連山)역은 384효의 작용을 간략하게 추리면 그 법칙은 하늘 건(乾)을 첫머리로 삼은 하도에 바탕을 두었음이니 실제 본문에서는 간(艮)이 첫머리가 되지 않을 수 있겠는가?

귀장(歸藏)역은 288효의 작용을 간략하게 추리면 첫머리가 순곤(純坤)

이 되지 않을 수 있겠는가?

　주역은 216의 작용을 간략하게 추리면 첫머리가 당연히 순건이 오지 않을 수 있겠는가? 이 세 가지 역의 묘함이 이와 같으며 조화의 신비한 자취가 너무나 지극함을 알 수 있다.

〈참고자료 : 주원승(朱元升)의 『삼역비유(三易備遺)』〉

○ 괘의 차례 고찰도 2

	☰☰	1. 乾	32. 恒	☴☳	31. 咸
	☷☷	2. 坤	34. 大壯	☳☰	33. 遯
4. 蒙	☵☳	3. 屯	36. 明夷	☲☷	35. 晉
6. 訟	☵☰	5. 需	38. 睽	☲☱	37. 家人
8. 比	☵☷	7. 師	40. 解	☳☵	39. 蹇
10. 履	☴☰	9. 小畜	42. 益	☴☳	41. 損
12. 否	☰☷	11. 泰	44. 姤	☰☴	43. 夬
14. 大有	☲☰	13. 同人	46. 升	☷☴	45. 萃
16. 豫	☳☷	15. 謙	48. 井	☵☴	47. 困
18. 蠱	☶☴	17. 隨	50. 鼎	☲☴	49. 革
20. 觀	☴☷	19. 臨	52. 艮	☶☶	51. 震
22. 賁	☶☲	21. 噬嗑	54. 歸妹	☳☱	53. 漸
24. 復	☷☳	23. 剝	56. 旅	☲☶	55. 豐
26. 大畜	☶☰	25. 无妄	58. 兌	☱☱	57. 巽
	☶☳ ☱☴	27. 頤 28. 大過	60. 節	☴☵ ☴☱	59. 渙 61. 中孚
	☵☵	29. 坎		☳☶	62. 小過
	☲☲	30. 離	64. 未濟	☲☵	63. 旣濟

○ **앞의 도표를 보는 방법**

괘상을 뒤집어도 동일한 상경의 1. 중천건(重天乾☰)과 2. 중지곤(重地坤☷) 27. 산뢰이(☳) 28. 택풍대과(澤風大過☱) 29. 습감(習坎☵) 30. 중화리(重火離☲)와 하경의 61. 풍택중부(風澤中孚☴) 62. 뇌산소과(雷山小過☳)는 도표 안에서 짝이 없다. 그 밖의 56개의 괘상은 도전괘(倒轉卦)로서 상하를 서로 뒤집어서 보아야 한다.

3번의 수뢰둔(水雷屯☵)과 4번의 산수몽(山水蒙☶) 30번의 택산함(澤山咸☱)과 31번의 뇌풍항(雷風恒☳)은 괘를 굴려서 뒤집어 보면 둘의 괘상이 하나가 된다. 이를 역에서는 도전괘(倒轉卦)라고 일컫는다. 반면 앞에서 열거한 1. 중천건(重天乾☰)과 2. 중지곤(重地坤☷) 등의 괘상 8은 굴려서 뒤집어 보아도 괘상이 변하지 않는다고 하여 부도전괘(不倒轉卦)가 된다. 이들 도전괘와 부도전괘는 주역 전체 괘상을 열거하고 있는 차례를 이해하는데 매우 요긴한 상식이다.

이와 같은 역의 64괘를 문왕께서 상·하경으로 나누셨다고 함은 역·위서(易·緯書)의 말이다.

소옹은 이에 대해 역의 앞은 건(乾☰)과 곤(坤☷)이고, 가운데가 감(坎☵)·리(離☲), 끝이 수화의 사귐과 사귀지 못함이니 모두 지극한 이치라고 하였다. 또 말하기를 건(乾☰)·곤(坤☷)·감(坎☵)·이(離☲)는 상편(上篇)의 용(用)이고, 태(兌☱)·간(艮☶)·진(震☳)·손(巽☴)은 하편(下篇)의 용(用)이며, 이(頤☳)·중부(中孚☴)·대과(大過☱)·소과(小過☳)는 이편(二篇)의 정(正)이 된다고 하였다. 또 말하기를, 하늘에는 이정(二正)이 있으니 건(乾☰)과 리(離☲)요, 땅의 이정(二正)은 곤(坤☷)과 감(坎☵)이다.

이들은 함께 작용하여 이변(二變)으로서 팔괘(八卦)를 이룬다.

이변(二變)의 뜻은 진(震☳)이 뒤집어져 간(艮☶)이 되는 이치를 말한다.

손(巽☴)은 뒤집혀져 태(兌☱)가 되니 그 둘이 합해진 사정(四正) 괘가 팔괘(八卦)가 된다.

그때 하늘의 사정(四正)은 건(乾☰)·리(離☲)와 이(頤䷚)·중부(中孚䷼)다.

괘상으로 보아 이(頤䷚)는 리(離☲)와 흡사하고 중부(中孚䷼)는 리(離☲)가 두터워져 다함과 같다.

땅에도 사정(四正)이 있으니 곤(坤☷)·감(坎☵)과 더불어 대과(大過䷛)·소과(小過䷽)다. 대과(大過䷛)는 감(坎☵)과 흡사하고 소과(小過䷽)는 감(坎☵)이 두터워져 다함과 같다.

이들은 함께 작용하여 28변으로써 64괘를 이룬다.

28괘는 뒤집혀 변하면 56이 되고, 위의 8괘와 함께 64괘가 된다.

이로써 소성괘(小成卦)는 바른 것이 4이고, 변(變)한 것은 둘로 모두 6괘(卦)다.

대성괘(大成卦)는 바른 것이 8이고, 변한 것은 28이다. 합계 36괘다.

여기서 보면 상경은 도전괘가 12, 부도전괘가 6이니 합 18이다.

하경은 도전괘가 16, 부도전괘가 2이니 합 18이다.

36은 상·하경(上·下經)의 각 18괘를 가리켜 말하니 36은 천지간에 진수다.

이들은 이미 앞에서도 거듭 확인한 바다.

하늘은 남(南)에서 극(極)이 되면 땅의 36도(度)로 들고, 북(北)에서 극

(極)이 되면 땅의 36도(度)로 나온다. 이것도 또한 수의 지극한 이치다.

환계이씨(桓溪李氏)에 의하면 경도(經度)는 상하(上下)로 나누니 《대전·대연장》 이편(二篇) 책수(策數)에 관한 기술에서 언급되어 있다. 겸하여 《서괘(序卦)》 감(坎☵)·리(離☲)에 이르면 별도로 글월의 뜻을 일으킨다.

그래서 상경(上經)의 머리 건(乾☰)·곤(坤☷)은 두 노양(老陽)과 노음(老陰)의 대립이다.

하경(下經)의 함(咸☶)·항(恒☳)은 두 소양(少陽)과 소음(少陰)의 본체에 합한다.

그러므로 《서괘(序卦)》는 상경(上經)이 건(乾☰)과 곤(坤☷)의 명칭에서 숨고, 하경(下經)은 오직 하나 함(咸☶)괘의 이름에서 숨는다.

이를 차례로써 미루어 보면 가히 볼 수 있는 바가 상경(上經)의 수(需☵)·송(訟☰)과 하경(下經)의 진(晉☲)·명이(明夷☷)의 짝이다.

그들은 상경(上經)의 수(需☵)·송(訟☰)이 변해 다하면 하경(下經)의 진(晉☲)·명이(明夷☷)다. 반대로 하경(下經)의 진(晉☲)·명이(明夷☷)가 변해 다하면 상경(上經)의 수(需☵)·송(訟☰)이다.

상경(上經)의 태(泰☷)·비(否☰)는 하경(下經)에서 짝이 손(損☶)·익(益☴)이다. 그 이유는 태(泰☷)·비(否☰)가 건(乾☰)·곤(坤☷)의 사귀고 사귀지 못한 괘상이고 손(損☶)·익(益☴)은 하경(下經) 함(咸☶)·항(恒☳)의 사귐과 사귀지 못하는 관계이기 때문이다.

상경(上經) 둔(屯☵)·몽(蒙☶)으로부터 임(臨☷)·관(觀☴)까지와 하경(下經) 돈(遯☰)·대장(大壯☳)으로부터 정(鼎☲)·혁(革☱)까지다. 이 역시 그 까닭은 상경(上經)의 둔(屯☵)·몽(蒙☶)이 변해 다하면 정(鼎☲)·혁(革☱)

이 되고 임(臨▤)·관(觀▤)이 변해 다하면 돈(遯▤)·대장(大壯▤)이 되기 때문이다.

상경에서 이(頤▤)와 대과(大過▤)는 짝으로 감(坎▤)·리(離▤)의 앞에 있고, 하경의 중부(中孚▤)와 소과(小過▤)는 짝으로 기제(既濟▤)와 미제(未濟)의 앞에 있다.

그 까닭은 상경의 끝은 감(坎)·리(離)고, 하경의 끝은 기제(既濟)와 미제(未濟▤)라는 데 관련이 있다. 즉 상경은 감(坎▤)·리(離▤)에서 끝나듯이 하경은 감(坎☵)·이(離☲)가 사귀고 사귀지 못하는 기제(既濟▤)와 미제(未濟▤)가 마지막 괘상이다.

괘상으로 보아 앞에 말했듯이 이(頤▤)는 이(離☲)와 흡사하고 대과(大過▤)는 감(坎☵)과 흡사하며 감리를 계승하는 까닭에 중부(中孚▤)는 두터워져 다해가는 이(離☲)가 되며, 소과(小過▤)는 두터워져 다해 가 감(坎☵)이 된다.

그래서 끝은 감(坎☵)·이(離☲)가 사귀고 사귀지 못하는 기제(既濟▤)와 미제(未濟▤)로 받고 있다. 이것은 감(坎☵)·이(離☲)가 또 건(乾☰)·곤(坤☷)·진(震☳)·손(巽☴)·간(艮☶)·태(兌☱)의 용(用)이 됨을 의미한다.

이(頤▤)를 이(離☲)와 흡사하게 보고, 대과(大過▤)를 감(坎☵)과 흡사하게 보는 관점은 수긍하기 어려운 바도 있지만 상경의 마지막이 감(坎▤)·리(離▤)고 하경의 마지막이 감(坎☵)·이(離☲)의 사귀고 사귀지 못하는 기제(既濟▤)와 미제(未濟▤)이면서 상경에서 부도전괘 이(頤▤)와 대과(大過▤)가 감(坎▤)·리(離▤)의 앞이며, 하경에서 부도전괘 중부(中孚▤)와 소과(小過▤)로서 기제(既濟▤)와 미제(未濟▤)를 이루는 이치가 보여주는 구성의 유사함은 매우 설득력이 있다. 또 선유들이 주장하듯이 이(頤☲☲)는 이(離☲)와 흡사하고 대과(大過☱☴)는 감(坎☵)과 흡사함에서 보더라도 중부(中孚☴☱)는 두터워져 다해가는 리(離☲)가 되며, 소과(小過☶☳)는 두터워져 다해 가서 감(坎☵)이 된다는 주장이 크게 무리한 견해도 아니다.

따라서 앞서 말한 것처럼 효의 숫자로 보면 상경(上經)은 양효(陽爻)가 52, 음효(陰爻)가 56이고, 하경(下經)은 양효(陽爻)가 56, 음효(陰爻)가 52다. 진실로 경(經)의 구성을 상하로 나누는 지극한 이치가 여기에도 나타나 있다.

〈참고자료 : 원나라 동진경(董眞卿)의 『주역회통(周易會通)』〉

○ 앞의 시각에 대한 구체적인 변화 과정은 어떻게 확인할 수가 있는가?

효(爻)가 변하면서 생겨나는 다음의 과정을 주목해 보면 된다.

먼저 1. 중천건(重天乾)에서 시작된 괘는 구이(九二)가 변했을 때 2. 천화동인(天火同人☰☲)이다. 다음 천화동인에서 또 하나 구삼(九三)이 변하면 3. 천뢰무망(天雷无妄☰☳)이다. 구사(九四)가 변하면 4. 풍뢰익(風雷益☴☳)이다. 다음에 구오(九五)가 변하면 5. 산뢰이(山雷頤☶☳)다. 그 변화가 화뢰서합(火雷噬嗑☲☳)을 거쳐 6. 중화리(重火離☲☲)에서 그친다.

1) 중지곤(重地坤☷☷)에서 시작된 변화는 육이(六二)가 변하면 2) 지수사(地水師☷☵)가 된다. 다음 지수사(地水師☷☵)에서 육삼(六三)이 변하면 3) 지풍승(地風升☷☴)이 된다. 다음 육사(六四)가 변하면 4) 뇌풍항(雷風恒☳☴)이다. 다음 육오(六五)가 변하면 5) 택풍대과(澤風大過☱☴)다. 그 변화는 결

국 수풍정(水風井☵)을 거쳐 습감(習坎☵)에서 그친다. 그러므로 상경(上經)은 1. 건(乾☰) 1) 곤(坤☷)에서 시작하여 6) 감(坎☵) 6. 리(離☲)에서 그친다.

하경(下經)은 ① 택산함(澤山咸)을 근본으로 삼으면서 택산함(澤山咸☶)의 육이(六二) 효(爻)가 변하면 ② 택풍대과(澤風大過☴)가 된다. 다음의 변화는 ③ 택수곤(澤水困☵)이다. 다음의 변화는 ④ 습감(習坎☵)이다. 또 다음의 변화는 ⑤ 지수사(地水師☷)다. 다음의 변화는 ⑥ 산수몽(山水蒙☶)이다. 그래서 ⑦ 화수미제(火水未濟☲)에서 마친다.

ⓐ 뇌풍항(雷風恒☳)을 근본으로 삼으면 초육(初六)의 변화에서 ⓑ 뇌천대장(雷天大壯☳)이 된다. 다음의 변화는 ⓒ 뇌화풍(雷火豊☳)이다. 다음의 변화는 ⓓ 중뢰진(重雷震☳)이다. 다음의 변화는 ⓔ 지뢰복(地雷復☷)이다. 다음의 변화는 ⓕ 수뢰둔(水雷屯☵)이다. 그래서 ⓖ 수화기제(水火旣濟☵)로 돌아간다.

그러므로 하경(下經)은 택산함(澤山咸☶)과 뇌풍항(雷風恒☳)에서 시작하여 수화기제(水火旣濟)와 화수미제(火水未濟)에서 끝을 이룬다.

앞의 내용을 도표로서 대신하면 다음과 같다.

震☳	1 乾☰	兌☱	離☲	巽☴	1) 坤☷	艮☶	坎☵
井☵	2 同人☲	5) 乾☰	4) 大過☴	恒☳	3) 升☴	6 離☲	噬嗑☲	2) 師☷	5 頤☶	坤☷	4 益☴	6) 坎☵	3 无妄
④ 坎☵	ⓕ 屯☵	⑤ 師☷	ⓔ 復☷	⑥ 蒙☶	ⓓ 震☳	⑦ 未濟☲	ⓒ 豊☳	ⓑ 大壯☳	ⓐ 恒☳	同人☲	姤☴	① 咸☶	② 大過☴	③ 困☵	⑨ 旣濟☵

〈참고자료 : 원나라 장리(張理)의 『대역상수구심도(大易象數鉤深圖)』〉

어쨌든 이들 역의 팔괘(八卦)는 본질이 규표의 수치이자 팔풍(八風)의 자리에 나타나는 운동(運動)의 상(象)이고, 사상(四象)은 24절기에서 동지와 하지·춘분과 추분점인 사정중(四正中)의 상(象)이며, 양의(兩儀)라고 하는 것은 태극도에서 크게 음과 양으로 나누어지는 구분 영역으로 그 양의의 전체적인 통일의 개념은 다름 아닌 태극이다.

그런데 앞의 태극도를 구궁도의 수로 바꾸어서 음양(陰陽)의 강도를 나타낸다고 가정해보자.

항상 마주보는 자리와 더해진 합은 10이 되어야만 하고, 가로 및 세로 혹은 대각선을 이루고 있는 세 수의 합은 반드시 15라야만 한다. 왜냐하면 역의 체계가 십진법에 근거하고 있다면 땅 위에 생겨나는 모든 형태의 변화는 반드시 십진법의 변화가 적용된 결과여야만 하기 때문이다.

과연 그럴까?

다시 앞의 원시태극도 문양으로 돌아가 생각해보자.

그림으로 그려져 있는 태극 무늬를 보면 잘 알 수 있겠지만 지구가 해의 주위를 돌면서 생겨나는 변화의 전체 마디는 24절기이고 원 안에 나타나는 구분선은 6폭이다. 그 말뜻은 태극도 안의 한 개 폭의 단위가 절후의 달이 찼다가 기우는 수 15일의 숫자와 일치함을 알게 했다.

또 이것은 십진법에서 만방진의 가로 세로 숫자의 합이 바로 15가 되는 이치와도 일치했다. 이는 일 년 전체의 움직임으로 보나 아니면 음양(陰陽)을 하나의 짝으로 보아서 그 결과를 태극도에 적용해 보더라도 항상 수의 기본 단위는 15가 된다는 뜻이었다.

그런데 여기서 15는 십진법의 체계에서 1부터 5까지의 수를 합한 결과물이다. 그리고 이것이 땅 위에 나타나는 그림자를 통해, 역의 음양으로 구체화시키면서 생겨나게 되는 앞의 구궁도가 되는 배치표이다.

이에 그곳 구궁도의 특징을 살펴보면 즉각 눈에 띄는 게 있다. 가로의 합, 세로의 합, 대각선의 합이 모두 15가 된다는 사실이다. 이는 음양(陰陽)으로 볼 때 땅 위에서 생겨나는 수리적인 작용의 일정한 법칙성이다.

실제 구궁도 안에서 짝을 이루고 있는 수들의 집합을 살펴보면 모든 수는 가운데 5를 매개로 나머지 둘이 10에 해당하는 숫자의 조합이 된다. 9와 1, 3과 7, 4와 6, 2와 8. 그 밖에 중앙의 5를 포함하지 않은 가로 및 세로의 숫자들 조합 역시 마찬가지다. 합은 모두 15로 땅의 기운 5를 제외하면 수가 역시 모두 10이다.

그러므로 땅 위에서 작용하는 하늘의 기본수를 살피면 항상 합이 10을 만수로 움직이는 특징이 있다. 실제 해와 달의 운행주기로 보더라도 처음 만났던 자리와 다시 되돌아와 만나는 해와 달의 주기는 십진법으로 표현이 가능하다는 것도 이미 살펴본 그대로다. 그래서 천체의 운행 주기도 음양을 짝으로 하는 단위를 역의 괘상에 반영하면 그 수는 결국 64가 된다.

그뿐이겠는가. 구궁도 안에 배열된 숫자의 집합을 만자(卍字)에 적용시켜 합해보면 4+9+5+1+6=25와 8+3+5+7+2=25의 두 개의 조합이 생겨나는데, 이 역시 합이 50으로 십진법을 역에 적용했을 때 생겨나는 역의 대연수 50과 일치하는 숫자이다. 얼마나 놀라운 역의 구조인가!

㉞ 18괘 원도(圓圖)로서 구체화시킨 역의 수리체계

군자가 거처하여 편안한 것은 역의 차례요, 즐겨 음미할 바는 효(爻)의 말이다. 그러므로 군자가 거처할 때는 괘의 상을 보고 그 말을 음미하며 움직일 때는 그 변함을 보고 그 점(占)을 즐겨 살핀다. 이로써 하늘로부터 도와 길해서 이롭지 않음이 없다.

君子所居而安者易之序也 所樂而玩者爻之辭也. 是故 君子居
군 자 소 거 이 안 자 역 지 서 야   소 락 이 완 자 효 지 사 야   시 고   군 자 거

則觀其象而玩其辭 動則觀其變而玩其占. 是以自天祐之 吉无
즉 관 기 상 이 완 기 사   동 즉 관 기 변 이 완 기 점   시 이 자 천 우 지   길 무

不利.　　　　　　　　　　　　　　　　　〈周易 繫辭 上傳 2章〉
불 리　　　　　　　　　　　　　　　　　　주 역 계 사 상 전   장

　지금까지 살핀 천체 운행의 수리적인 의미 체계를 역 괘상에 근거하여 하나의 특징을 갖춘 원도로서 구체화시켜 본다면 어떤 모양이 나오는가?
　음양(陰陽)의 부호가 서로 짝을 이루거나 뒤집어서 하나가 되는 형태로서 다음의 원도(圓圖)에 나타나는 것처럼 각 18개 도상(圖象)이 된다.

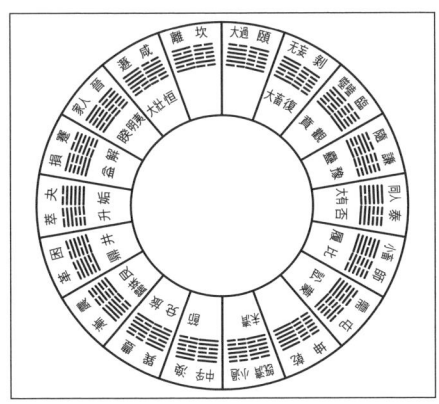

〈그림 7〉
주역 64괘를 배합괘와 도전괘로 짝을 지어 하나로 구분했을 때 생겨나는 18개의 전체 원도(圓圖)

앞 〈그림 7〉을 보는 방법은 다음과 같다.

원 안의 칸 수는 모두 18개다. 하나의 칸 안에는 서로 음양(陰陽)으로 짝이 되는 괘들끼리 모여 있다. 주역에서 일컫는 이들 괘상의 명칭은 배합괘(配合卦)다. 그런데 그들 배합괘의 집합을 보면 괘명을 표기하는 형식에 있어서 일정한 공통점이 발견되는 것을 알 수가 있다.

그것은 하나의 괘를 뒤집었을 때 생겨나는 결과에 따라 생겨나는 공통점이다. 만약 괘를 뒤집었을 때 생겨나는 괘상이 처음과 같다면 칸 안의 공간에 괘명이 생략되고, 그렇지 않고 괘의 모양이 처음과 같지 않으면 칸의 안쪽에 새로 생겨난 괘의 명칭을 어김없이 표기하고 있다.

역에서는 앞의 괘상을 부도전괘(不倒轉卦)라고 부르는데 이 그림 안에서 나타난 부도전괘는 보다시피 모두 8괘다. 그것을 우리는 이 그림에서도 안쪽 칸이 비어 있는 괘상을 모조리 헤아려보면 이내 확인할 수가 있다.

그래서 칸의 안쪽이 비어 있는 괘상을 꼽아보면 위가 중화리(重火離☲), 습감(習坎☵), 산뢰이(山雷頤☳), 택풍대과(澤風大過☴) 넷이다. 반면 아래쪽에 칸의 안이 비어 있는 괘상은 중천건(重天乾☰), 중지곤(重地坤☷), 풍택중부(風澤中孚☴), 뇌산소과(雷山小過☳)의 넷이다.

이들은 합이 모두 8괘로서 뒤집어도 괘상이 변하지 않는 부도전괘(不倒轉卦)이고, 나머지는 모두 뒤집으면 괘상이 변하는 도전괘(倒轉卦)들이다. 즉 이 그림이 시사하는 대로 하나가 6획으로 이루어진 주역의 전체 64괘를 부도전괘와 도전괘로 구분해 보면 이들 숫자가 모두 36이고, 이들을 다시 배합괘와 도전괘, 부도전괘로 짝을 지어 하나로 구분해 보면 그 종류는 위의 그림처럼 18개의 도상이 생겨난다는 뜻이다. 이들 18개의 도상에 담겨 있는 뜻을 문왕의 분류표에 근거하여 접근해 보면 생겨나는 게 바로 다음과 같은 내용의 의미 체계다.

먼저 본체와 작용에 관한 의미의 관련성이다. 앞의 차서가(次序歌)처럼 주역의 괘상을 상·하경으로 나눈다고 생각해보자.

그로 인한 숫자의 조합은 당연히 서로 다르게 나타나기 마련이다. 그것이 바로 문왕에 의한 주역 64괘의 분류로서 상경(上經)이 30괘, 하경(下經)이 34괘였다.

그럼 왜 문왕은 상·하경의 숫자를 배치하면서 서로 32괘씩 동일하게 배분하지 않았을까?

여기에는 괘의 모양을 놓고 볼 때 서로 뒤집어서 하나가 되는 괘상에 주목하는 묘한 이치를 발견했기 때문이다. 앞의 도상(圖上)에서도 확인할 수 있듯이 상경 30괘를 반대되는 도전괘의 관계에 있는 것끼리 하나로 간주리면 모두 18개의 괘가 된다.(不到轉卦 6괘 - 건乾▇·곤坤▇·감坎▇·리離▇·대과大過▇·이頤▇+到轉卦 12괘=18괘)

이는 하경도 마찬가지다. 하경에 속해 있는 34개의 괘상을 반대되는 것끼리 하나로 간추려 정리해보면 18이다. (不到轉卦 2괘-小過·中孚+도전괘 16괘=18괘)

그런데 이와 같이 상·하경의 괘들을 서로 달리 배분하여 18을 만드는 까닭은 무엇 때문일까?

다음의 해설은 전체의 본문 내용이 주원승(朱元升)의 시각이다.

소강절(邵康節)에 의하면 역의 원리를 십진법의 체계로 삼았을 때, 본체는 8변(變)이 되고 작용은 6변(變)에 있기 때문이다. 그 까닭에 획이 3개

뿐인 역의 기본 8괘의 상도 바뀌지 않는 부도전괘(不倒轉卦)의 관계가 4로 건(乾☰)·곤(坤☷)·감(坎☵)·이(離☲)이고, 반대로 바뀌는 도전괘(倒轉卦)가 2이니 손(巽☴)과 태(兌☱), 간(艮☶)과 진(震☳)이다.

이는 모두 6이니 근본에 있어서는 6의 수로 괘상을 이루지만 실제는 건(乾☰)·태(兌☱)·이(離☲)·진(震☳)·손(巽☴)·감(坎☵)·간(艮☶)·곤(坤☷)의 기본 8괘로 나타나기 때문이다.

그래서 그 뜻을 다시 정리하면 다음과 같다.

본체는 6의 수이지만 작용은 8이 된다. 대성괘(大成卦)도 마찬가지다. 전체적으로 변하지 않는 부도전괘(不倒轉卦)는 모두 8괘(卦)(건乾䷀·곤坤䷁·감坎䷜·리離䷝·대과大過䷛·이頤䷚·소과小過䷽·중부中孚䷼)이고 도전괘(倒轉卦)의 관계에 있는 반대의 괘상(卦象)은 상·하경을 합해 모두 28이다. 이는 36(6×6)의 수로서 본체가 되어 변하지만 나타나 주역 상·하경을 구성하는 괘상은 64괘(8×8)다. 그러므로 효는 6효에서 그치고 괘는 소성괘가 8괘에서 그친다.

이는 역 기본 8괘의 모든 수를 합하면 36이 되는데 이것이 역(易)에서 수로 그 의미를 표시할 때 36으로 하늘의 수를 삼는 이유 가운데 하나가 된다. 반면 6은 태극도의 그림자에서 생겨나는 6개의 폭을 반영한 결과의 수다. 그래서 역의 변화를 책수(策數)로 따지면 양(陽)의 변하는 수는 36에서 다하게 되고, 108로 거듭해서 펼쳐지는 것을 볼 수가 있다. 이런 원리에 초점을 맞춰 주역 상·하경의 구성을 눈여겨보면 결코 상·하경의 괘상(卦象)이 서로 다르게 배분되어 있지 않음을 알 수가 있다.

거기에 효의 구성에서도 이런 원리는 그대로 반영되어 나타난다. 왜냐하면 상경(上經)과 하경(下經)은 양효(陽爻)와 음효(陰爻)의 구성이 모두 108로서 일치하는 숫자가 되기 때문이다. 다시 말해 상경은 양효(陽爻)가 52효(爻), 음효(陰爻)가 56으로 합이 108효(爻)다. 이는 양효(陽爻)가 적고 음효(陰爻)가 많은 구성이니 산지박(山地剝)과 지뢰복(地雷復)처럼 양효(陽爻)보다 음효(陰爻)가 많은 괘들이 상경(上經)에 속해 있기 때문이다.

반대로 하경(下經)은 양효(陽爻)가 56효(爻), 음효(陰爻)가 52효(爻)로 합이 108효다. 이는 음효(陰爻)가 적고 양효(陽爻)가 많은 구성이니 택천쾌(澤天夬), 천풍구(天風姤)와 같은 괘상이 하경에 속해 있기 때문이다. 결국 상경(上經)의 효(爻)가 108, 하경(下經)의 효(爻)가 108로 다름이 없으니 어떻게 괘상(卦象)의 상하(上下) 배분이 서로 다르다고 말할 수 있겠는가.

선천(先天)의 괘상(卦象)이 8로 8×8=64가 되는 것은 복희씨가 본체(本體) 중심에서 보아 8 가운데 6을 포함한 역(易)의 자취를 보여줌이 되고, 문왕은 6의 수 36의 괘상(卦象)으로 64괘를 드러내 보임은 작용하는 수 6이 본체의 수 8을 떠나지 않은 구성의 묘한 일치다.

〈참고자료 : 주원승(朱元升)의 『삼역비유(三易備遺)』〉

이와 같은 주원승(朱元升)의 분석은 역(易)을 수(數)로서 이해하려고 하면 소홀하게 보아 넘길 수 없는 중요한 이치 가운데 하나다. 더구나 여기서 주원승이 언급하고 있는 수리적 차원의 의미 체계는 역을 십진법에 근거한 천체 움직임으로 살필 때 매우 요긴한 관점임을 항상 강조해두고 싶다.

㉟ 18괘로 배분된 주역 상하(上下)경의 수 36과 의미

하늘은 높고 땅은 낮으니 건과 곤이 정해지고 낮고 높음으로써 펼치니 귀하고 천함이 자리한다. 움직이고 고요함에 일정함이 있으니 강(剛)과 유(柔)가 판단되고, 방소로써 류를 모으고 사물로써 무리를 나누니 길과 흉이 생겨난다. 하늘에 있어서는 상(象)을 이루고 땅에 있어서는 형체를 이루니 변화가 나타난다. 이런 까닭에 강과 유가 서로 마찰하며, 팔괘가 서로 움직여서 뇌정(雷霆)으로서 고동하며 바람과 비로써 적셔주며 해와 달이 운행하며, 한번 춥고 한번 더워, 건(乾☰)의 도는 남자를 이루고, 곤(坤☷)의 도는 여자를 이룬다.

天尊地卑 乾坤定矣. 卑高以陳 貴賤位矣. 動靜有常 剛柔斷
천존지비 건곤정의 비고이진 귀천위의 동정유상 강유단

矣. 方以類聚 物以羣分 吉凶生矣. 在天成象 在地成形 變化
의 방이류취 물이군분 길흉생의 재천성상 재지성형 변화

見矣. 是故剛柔相摩 八卦相盪 鼓之以雷霆 潤之以風雨 日月
현의 시고강유상마 팔괘상탕 고지이뇌정 윤지이풍우 일월

運行 一寒一暑. 乾道成男 坤道成女. 〈周易 繫辭 上傳 1章〉
운행 일한일서 건도성남 곤도성녀   주역 계사 상전 장

앞의 계사전(繫辭傳)을 통해서도 알 수 있듯이 하늘은 높고 땅은 낮으니, 건과 곤이 정해지고, 낮고 높음으로써 펼치니 귀하고 천함이 자리한다고 하였다. 이와 같은 공자의 시각을 문왕의 서괘와 연결시켜 생각해보면 그 의미의 핵심은 어디에 초점이 맞추어졌다고 주장할 수가 있는가?

주역(周易)은 문왕(文王)이 찬역(纂易)하신 것이니 공자의 말을 매달았

다는 계사(繫辭)는 당연히 문왕의 주역에 대한 해설이다. 공자의 계사전도 그 내용은 반드시 문왕의 주역 상·하경 각 18괘의 의미를 바탕으로 이해되어야만 한다.

주역 상·하경 각 18괘의 의미는 앞서 설명한 대로다. 또 십진법의 체계로 생각할 때 선천의 괘는 소성괘가 8이다. 후천의 문왕 역(易) 역시 도전괘(倒轉卦)와 부도전괘(不倒轉卦)의 입장에서 간략하게 그 형상을 단순화시키면 괘상의 종류가 6으로 압축되었다. 이는 선천의 괘상이 64(8×8)괘가 되는 근거가 되고, 후천의 괘상이 양(陽)의 변하는 수 36(6×6)으로 압축되는 특징으로 통한다.

이는 곧 64는 8의 제곱으로 펼쳐 보인 이치(연역)고, 36은 1부터 8까지의 괘상의 수가 합해진 결과이면서도 6의 제곱에 해당하는 수의 움직임을 뜻하고 있다. 그래서 역에서는 양(陽)의 변하는 수 36은 하늘의 움직임을 대신하는 수가 된다고 말하고, 8의 제곱인 64는 땅이 된다고 받아들인다.

이는 다시 말해 땅의 이치를 대신한 64와 하늘의 이치 36을 바탕으로 역이 성립되어 있음을 알 수 있게 하는 구조이다. 하늘은 근본이 된다는 점에서 높고, 땅은 현상으로 드러나 직접 대면하고 있다는 점에서 낮다고 볼 수 있는 계사전(繫辭傳)의 의미 체계이기도 하다. 물론 하늘이 높고 땅은 낮다는 이유가 단순하게 여기에서 그치지만은 않는다. 계사전과 설괘전(說卦傳)과 서괘전(序卦傳) 등의 의미를 분석하더라도 이는 더욱 분명해진다.

먼저 서괘전에 반영되어 있는 역의 차례 문제다.

앞에서도 이미 살펴보았듯이 주역은 상경 첫머리에 하늘 괘를 두고, 땅

괘를 다음에 오게 하였다. 이것은 하늘은 높고 땅이 낮아서 건(乾)과 곤(坤)이 정해진다고 하는 계사전의 문구가 성립되는 근거의 하나다. 반면 하경은 못[兌☱]과 산[艮☶] 우레[震☳]와 바람[巽☴]이 첫머리에 오게 하여 상경과 대비되는 구성을 이룬다. 이는 계사전의 설명을 따르면 우레와 천둥소리로서 북돋우고 바람과 비로써 윤택하게 한다는 고지이뢰정(鼓之以雷霆), 윤지이풍우(潤之以風雨)다.

그럼 왜 계사전에서는 8괘의 작용을 설명하면서 뇌정(雷霆)과 풍우(風雨)로 못[兌☱]과 산[艮☶] 우레[震☳]와 바람[巽☴]의 개념을 대신하고 있는가? 그 역시 설명은 도전괘의 관계에서 8괘의 의미를 모조리 반영하고 있기 때문이다. 이 구절도 설괘전 등의 의미 구성과 결부시켜 생각하면 천존지비(天尊地卑)의 개념과 결코 무관하지 않다는 것을 이내 알 수가 있다.

먼저 해당 구절의 본문 내용을 계속해서 음미해보기로 하자.

앞에서 열거한 항목들 가운데 못[兌☱]의 도전괘는 바람[巽☴]이다. 이는 윤지이풍우(潤之以風雨)의 개념에 속한다. 산[艮☶]의 도전괘는 우레[震☳]다. 이는 고지이뢰정(鼓之以雷霆)이다. 그것이 정(霆)을 선유들이 우레의 남은 기운으로 보아 산[艮☶]과 일치시키는 이유이기도 하다.

그러므로 계사전에서 뇌정(雷霆)만을 말하고 산, 즉 간(艮☶)을 포함시키지 않고 있지만 사실은 그 안에 산[艮☶]에 대한 설명이 포함되어 있다. 이는 못[兌☱]도 마찬가지다. 풍우(風雨)를 말하고 태(兌☱)를 말하고 있지 않지만 도전괘(倒轉卦)로서 이미 풍우(風雨) 속에 못[兌☱]이 포함되어 있다.

설괘전은 계사전과 다르다. 산[艮☶]과 못[兌☱]으로써 짝을 삼고, 우레

[震☳]와 바람[巽☴]으로써 짝을 삼아 8괘의 의미를 설명한다. 이것은 배합괘[혹 방통괘(旁通卦)]를 바탕에 둔 설명이다. 산[艮☶]의 배합괘는 못[兌☱]이다. 그리고 우레[震☳]의 배합괘는 바람[巽☴]이다. 이것은 한마디로 역의 구성에서 64(8×8)의 반대가 되는 배합(配合)괘의 집합 36(6×6)으로 법칙을 삼은 결과다.

한편 상경과 하경에서 전체적인 작용은 물 감(坎☵)과 불 이(離☲)로서 소통된다. 이들 만물의 작용하는 이치가 본질적으로 해와 달의 운행에서 비롯된다는 뜻이다. 그것이 계사전에서 말하는 일월운행(日月運行), 일한일서(一寒一暑)의 개념이다. 상·하경의 작용을 나타내는 감(坎☵)과 이(離☲)는 괘상으로 볼 때 하늘인 건(乾☰)과 땅 곤(坤☷)이 서로 사귀어 두 기운의 중을 얻은 괘상이다. 이도 역시 결론은 하늘이 높고 땅은 낮은 계사전의 개념에 근본하고 있음을 알 수가 있다.

호괘(互卦)로 접근하더라도 그 점은 마찬가지다. 주역(周易) 64괘의 전체 호괘를 간추려 보면 하늘괘와 땅괘의 작용으로 결론이 내려지게 되는데 그 역시 하늘은 높고 땅이 낮은 이치의 반영일 수밖에 없다. 왜냐하면 주역의 차례를 중심으로 생각했을 때, 역이 시작되는 괘상은 하늘에 해당하는 중천건(重天乾䷀)과 땅인 중지곤(重地坤䷁)이 되고, 그것이 마무리되는 괘상은 하경의 수화기제(水火旣濟䷾)·화수미제(火水未濟䷿)가 되기 때문이다. 이는 전체적인 경전의 끝과 시작이다.

역(易)은 편의상 상경(上經)과 하경(下經)으로 나눈다. 상경은 중천건(重天乾䷀)과 중지곤(重地坤䷁)에서 시작하여 습감(習坎䷜)과 중화리(重火離䷝)에서 끝난다. 하경은 택산함(澤山咸䷞)과 뇌풍항(雷風恒䷟)에서 시작하여 수화기제(水火旣濟☲☵)·화수미제(火水未濟☵☲)에서 끝난다.

이처럼 하나를 나누어 둘로 했을 때 각 편에는 끝과 시작이 있다. 다시 말해 중천건(重天乾☰)과 중지곤(重地坤☷)에서 시작하여 지천태(地天泰☷☰)와 천지비(天地否☰☷)를 가운데 두고 습감(習坎☵)과 중화리(重火離☲)에서 끝을 맺음은 상경(上經)의 구조다. 또 택산함(澤山咸☱☶)과 뇌풍항(雷風恒☳☴)에서 시작하여 산택손(山澤損☶☱)과 풍뢰익(風雷益☴☳)을 가운데 두고 수화기제(水火旣濟☲☵)와 화수미제(火水未濟☵☲)에서 끝남은 하경의 구조다.

상경과 하경에는 모두 시작이 있고, 중심이 있으며 끝이 있으니 전체적인 시작과 끝도 마찬가지다. 앞에서 말했듯 전체적인 시작과 끝은 중천건(重天乾☰)과 중지곤(重地坤☷), 수화기제(水火旣濟☲☵)와 화수미제(火水未濟☵☲)다.

역이 중천건(重天乾☰)과 중지곤(重地坤☷)에서 시작하여 수화기제(水火旣濟☲☵)와 화수미제(火水未濟☵☲)에서 끝을 맺게 됨은 어째서인가?

상경에서는 건(乾☰)·곤(坤☷)·감(坎☵)·이(離☲)를 말했지만 실제로는 하늘 건(乾☰)이 주인이 되고 습감(習坎)은 사물로 작용하는 이치니 근본은 양(陽)에 맞추어져 있다. 하경에서는 진(震☳)·손(巽☴)·간(艮☶)·태(兌☱)를 말하나 사실은 중지곤(重地坤)이 주인이 되고 중화리(重火離)는 사물로 작용하는 이치니 근본은 음(陰)에 맞추어져 있다. 이때 건(乾☰)·곤(坤☷)·감(坎☵)·이(離☲)는 만상(萬象)의 지도리다.

중천건(重天乾☰)과 중지곤(重地坤☷)에서 시작하고 수화기제(水火旣濟)와 화수미제(火水未濟)에서 끝남은 곧 건(乾☰)·곤(坤☷)에서 시작하여 감

(坎☵)·이(離☲)로 끝나는 이치다.

그러나 실제는 전체적으로 감(坎☵)·이(離☲)에서 끝나지 않고 수화기제(水火旣濟䷾)와 화수미제(火水未濟䷿)에서 끝남은 어째서인가?

건(乾☰)·곤(坤☷)은 감(坎☵)·이(離☲)의 본체이고, 감(坎☵)·이(離☲)는 건(乾☰)·곤(坤☷)의 묘한 작용이기 때문이다. 건(乾☰)·곤(坤☷)의 사귀고 사귀지 못함을 인하여 감(坎☵)·이(離☲)의 작용이 일어나며, 감(坎☵)·이(離☲)의 사귀고 사귀지 못함을 인하여 건(乾☰)·곤(坤☷)의 본체가 드러나게 된다. 이는 감(坎☵)·이(離☲)가 또 다른 하나의 건(乾☰)·곤(坤☷)임을 보여주는 결과다.

그때 건(乾☰)·곤(坤☷)이 감(坎☵)·이(離☲)를 얻으면 매양 사귀지 못하는 데서 그 자리가 바르다. 감(坎☵)·이(離☲)가 건(乾☰)·곤(坤☷)을 계승하면 반드시 사귀는 데서 그 능력을 나타낸다. 그렇게 볼 때 건(乾☰)·곤(坤☷)의 사귀지 못함은 감(坎☵)·이(離☲)의 사귀지 못함이다.

위에서 중간의 지천태(地天泰)와 천지비(天地否)를 말하고 끝에서 수화기제(水火旣濟䷾)와 화수미제(火水未濟䷿)로 끝난다고 했으니 여기서의 지천태(地天泰䷊) 천지비(天地否䷋) 수화기제(水火旣濟䷾)와 화수미제(火水未濟䷿)는 건(乾☰)·곤(坤☷) 감(坎☵)·이(離☲)가 사귀는 괘상이다. 감(坎☵)·이(離☲)의 사귐은 곧 건(乾☰)·곤(坤☷)의 사귐이다.

주역이 비록 상 하경으로 나뉘어져 있으나 각기 끝과 시작이 있으니 사실은 건(乾)·곤(坤)에서 시작되고 감(坎)·이(離☲)가 중간이며 수화기제(水火旣濟䷾)와 화수미제(火水未濟䷿)가 끝이 된다.

감(坎☵)·이(離☲)가 사귀지 못하면 곧 건(乾)·곤(坤)이고 사귀면 수화기제(水火旣濟☳) 화수미제(火水未濟☳)다. 그 사이에 진(震) 손(巽) 간(艮) 태(兌)가 사이에 섞여 있으면서 건(乾)·곤(坤) 기제(旣濟)·미제(未濟)의 끝과 시작을 이룬다. 이는 그 의미가 건(乾☰)·곤(坤☷) 기제(旣濟☳)·미제(未濟☳)는 진실로 만상(萬象)의 중추(中樞)가 된다. 그 대강은 주역 전체 원도의 호괘(互卦)에서 분명하게 확인할 수가 있다.

주역 육십사괘(六十四卦)를 호괘(互卦)로 바꾸면 모두 삼십이괘(三十二卦)를 얻는다. 이는 좌우 여덟 괘로 나누어지는데 사실은 모두 십육괘(十六卦)다.

명칭을 열거하면 중천건(重天乾☰)·택천쾌(澤天夬☱)·화택규(火澤睽☳)·뇌택귀매(雷澤歸妹☳)·풍화가인(風火家人☴)·수화기제(水火旣濟☳)·산뢰이(山雷頤☳)·지뢰복(地雷復☳)·천풍구(天風姤☴)·택풍대과(澤風大過☳)·화수미제(火水未濟☳)·풍산점(風山漸☴)·수산건(水山蹇☳)·산지박(山地剝☳)·중지곤(重地坤☷)이다.

호괘(互卦)가 만들어지는 과정을 보면 주역 육십사괘(六十四卦)마다 두 괘에서 호괘(互卦)가 하나, 다시 두 번째로 만들어지는 호괘(互卦)는 주역 육십사괘(六十四卦)의 네 괘에서 호괘(互卦)가 하나, 다시 세 번째로는 여덟 괘에서 하나의 호괘(互卦)가 나온다. 결국 마지막으로 만들어지는 호괘는 중천건(重天乾☰)·중지곤(重地坤☷) 수화기제(水火旣濟☳)·화수미제(火水未濟☳)다.

대개 호괘에서 얻어지는 괘는 이들 네 괘 이외에 없다. 이들 네 괘로 인해 주역의 전체 육십사괘가 그려지게 된다는 뜻에서 이들 건(乾☰)·곤(坤☷) 기제(旣濟☳)·미제(未濟☳)야말로 만상(萬象)의 중추(中樞)가 된다고 말하고 있는 것이다.

  주역은 중천건(重天乾☰)·중지곤(重地坤☷)에서 시작하고 수화기제(水火旣濟☵)·화수미제(火水未濟☲)에서 끝나는 구조가 된다. 그때 이미 사귐은 수화기제(水火旣濟)다.

  사귀지 못함은 하나의 감(坎☵)과 이(離☲)다.

  한편 감(坎☵)과 이(離☲)는 다시 하나의 건(乾☰)·곤(坤☷)이다. 이것이 주역의 건(乾☰)·곤(坤☷)에서 시작하고 기제(旣濟☵)·미제(未濟☲)에서 끝나는 구조의 본질이니, 곧 역은 건(乾☰)·곤(坤☷)에서 시작하고 건(乾☰)·곤(坤☷)에서 끝나는 이치다. 다시 말해 이를 호괘(互卦)로 설명하면 곧 공자께서 계사전에서 말씀하시는 잡물선덕(雜物撰德)의 뜻으로, 본질은 하늘의 높은 작용과 땅의 낮은 덕에 있음을 의심하지 않아야 한다.

                          〈참고자료 : 진몽리(陳夢雷)의 『주역천술(周易淺述)』〉

㊱ 음양(陰陽)과 사상(四象)의 포괄적 의미

역에 사상이 있음은 보이는 바요, 말을 매는 것은 고하는 바요, 길흉으로써 정함은 그 의미를 판단하는 것이다.

易有四象 所以示也. 繫辭焉 所以告也. 定之以吉凶 所以斷
역 유 사 상 소 이 시 야 계 사 언 소 이 고 야 정 지 이 길 흉 소 이 단

也. 〈周易 繫辭 上傳 11章〉
야 주 역 계 사 상 전 장

역에서 음양(陰陽)과 사상(四象)의 본질적인 의미는 어디에 초점을 맞춰 이해하는 게 가장 합리적이라고 말할 수 있을까?

역을 다루는 사람마다 견해를 달리할 것이다. 그러나 역의 핵심은 하늘괘 구오(九五)의 작용에서 찾아야 한다는 것은 어떤 경우의 누구라도 결국 부인하지 못할 것이다. 그렇다면 이곳의 질문에 대한 결론은 너무나 분명해지지 않겠는가. 역의 음양(陰陽)이나 사상(四象)의 개념이 어떻게 해석되어져야만 중천건(重天乾) 구오(九五)의 작용이 합리적으로 반영되어질까를 생각해 보는 일이다.

공자의 시각을 빌려 생각해보면 만물을 이롭게 하는 삼리(三利)의 작용이다. 아름다운 이로움으로 세상을 이롭게 하되 세상을 위한 자신의 이로움을 내세우지 않는 덕, 중천건(重天乾) 구오(九五)의 핵심 역할이 되는 것이다.

그렇다면 역의 음양(陰陽)이나 사상(四象)은 어떨까?

먼저 음양(陰陽)에 대한 개념의 분석이다. 음(陰)은 글자의 뜻이 언덕 위

에 떠 있는 달을 의미한다. 반면 양(陽)은 언덕 위에 떠 있는 해를 뜻하는 말이다. 그러나 이는 상징적인 개념일 뿐 만물이 생겨나는 하늘의 굳센 기운과 유순한 땅의 기운을 대신하는 도(道)라고 계사전에서는 해석하고 있다.

따라서 역에서 강조하고 있는 음양(陰陽)의 개념은 만물을 낳는 근본 요소에 해당한다고 보아야 한다. 하물며 음양(陰陽)이 낳는 사상(四象)이겠는가. 이는 여러 가지 분분한 해석 가운데서도 역의 수리적인 시각으로 접근해보면 의심의 여지가 없어진다. 우리는 이 책의 다른 여러 곳에서 이미 언급하고 있듯이 역의 의미 체계를 이해하는 수리적인 작용의 핵심 원리는 만물을 낳는 하늘의 수 5에 있음을 분명하게 확인할 수 있었다.

그렇다면 그때 5가 지닌 수의 의미와 역의 사상은 어떤 관계에 있다고 보아야 할까?

이는 음양(陰陽)에 의존한 땅 위의 모든 만물이 결국 땅 위의 네 계절을 이루면서 역의 사상(四象)이 되는 점에 주목하면 된다. 왜냐하면 음양(陰陽)에 의존하여 만물을 낳는 사상(四象)의 변화가 사실은 넷이 아닌 하늘의 수 5가 작용한 결과가 되기 때문이다.

사실 수리적인 작용으로 보더라도 사상은 갈래가 넷이지만 거기에는 그것을 이끄는 수 1이 덧붙여지게 되므로 양의(兩儀)는 사상을 낳지만 사실은 오행(五行)으로 나타나는 것이다. 그 점에 초점을 맞추게 되면 봄·여름·가을·겨울로 나타나는 계절의 변화 이외에도 다음과 같은 포괄적인 해석들이 가능해지게 된다.

첫째, 하늘이 신령스러운 물건을 냄에 성인이 그 이치를 본받기 위한 개념이다.

둘째, 천지가 변화함에 성인이 그것을 그대로 역의 이치로 본뜬 바다.

셋째, 하늘이 상(象)을 드리워 길흉(吉凶)을 보인 바다.

넷째, 하수에서 그림이 나오고 낙수에서 서(書)가 나왔으니 이를 성인이 본받은 상징적인 개념이 된다.

㊲ 주역(周易)의 세계관, 천원지방(天圓地方)

형체의 위가 되는 것을 도라고 일컫고, 형체로 내려온 것을 기(器)라고 일컬으며, 화해서 마름한 것을 변이라 이르고, 미루어서 행하는 것을 통이라 하며, 들어서 천하의 백성에게 두는 것을 사업이라고 일컫는다.

形而上者謂之道, 形而下者謂之器. 化而裁之謂之變, 推而行
형 이 상 자 위 지 도   형 이 하 자 위 지 기   화 이 재 지 위 지 변   추 이 행

之謂之通. 擧而措之天下之民謂之事業.
지 위 지 통   거 이 조 지 천 하 지 민 위 지 사 업

〈周易 繫辭 上傳 12章〉
　　주 역　계 사　상 전　　장

주역의 체계 속에 반영되어 있는 세계관의 특징을 요약하면 어떻게 설명할 수 있는가?

한 마디로 천원지방(天圓地方)에 있다.

그럼 하늘은 둥글고 땅은 방정하다는 천원지방(天圓地方)의 구체적인 의미를 주역에서는 어떤 시각에서 이해하고 있을까?

우선 수리적인 내용에 바탕을 두고 그 질문에 접근해 보자.

천원(天圓)은 하늘의 특징이 홀수에 바탕을 둔 원의 움직임과 동일하다는 뜻이고, 지방(地方)은 땅의 유순함이 하늘의 이치를 따르면서 짝수의 특징으로 나타난다는 데 있다. 그 결과 천원지방(天圓地方)에서 방형(方形)과 원형(圓形)의 지름이 되는 7은 동서남북 사방의 별자리 수에 해당한다. 본질적으로 이들 숫자가 지닌 의미를 이해하는 것이, 곧 역에 반영된

옛 사람들의 우주관에 해당된다는 것을 우리는 어렵지 않게 짐작할 수가 있다.

그렇다면 그들 수에 반영된 원(圓)과 방(方)의 개념은 구체적으로 어떤 의미를 띠고 역에서 사용되고 있을까?

원이란 하늘의 성격을 대신하는 개념으로서 수에서 찾아보면 홀수들이 여기에 해당한다. 하늘의 수가 홀수라는 것은 쉴 새 없이 만물을 낳기 위해 움직이면서 그치지 않는 이루 말할 수 없는 덕스러움의 극치를 생각해 볼 수가 있다. 이를 역에서는 하늘의 특징으로 내세우면서 강건(剛健)함과 지성(至誠)스러움을 강조하는데 본질은 만물이 힘입어 생겨나게 하는 성(誠), 즉 보살도의 개념이다.

이는 둥글다는 뜻의 하늘에만 적용되는 개념이 결코 아니다. 땅도 마찬가지다. 수로 보았을 때 짝수의 무리에 속하는 땅의 덕은 우선 방정하다. 왜냐하면 땅의 움직임은 현실적으로 보더라도 그 움직임이 하늘의 이치를 짝으로 해서 자기의 역할을 꽃피울 수가 있게 되기 때문이다. 이를 역에서는 둥근 하늘은 쉴 새 없이 움직이면서 만물을 이롭게 하는 덕스러움이 있다는 뜻에서 천원(天圓)이 되고, 땅은 방정하여 하늘의 덕스러운 작용을 유순하게 받아들여 모범이 된다는 의미에서 지방(地方)이 된다.

이는 형이상학적인 시각의 접근이고, 형이하학적인 면에서는 이와 달리 옛 사람들의 하늘에 대해서 생각하던 구체적인 형태의 우주관을 떠올려 볼 수가 있다. 즉 옛 사람들이 생각하는 천원지방(天圓地方)은 우주를 구성하는 형이하학적인 특성이 그와 같다는 취지에서 여러 가지 설을 주장하게 되는데 그들 지론 가운데서도 우리가 주목할 만한 이론으로는 다음의 개천설(蓋天說)이 있다.

개천설(蓋天說)은 지구를 덮고 있는 하늘이 가운데는 높고 네 방위는 낮다는 내용이다. 개천설은 문헌의 근거가 옛날의 천문학과 관련시켜 수학을 다루던 주비산경(周髀算經)이다.

"하늘은 동이를 엎어 놓은 것과 같다. - 북두칠성을 중앙으로 놓고 보면 중앙은 높고 사방의 네 면은 낮으며 해와 달은 옆으로 다니며 하늘을 돌고 있다. 해가 가까워지면 보이는데 그것은 낮이요, 해가 멀어지면 보이지 않는데 그것은 밤이다."

그밖에 이아(爾雅) 석천(釋天)편을 보면 천체에 대하여 담론한 내용이 여섯 가지다.

첫째는 개천설(蓋天說), 둘째는 혼천설(渾天說), 셋째는 선야설(宣夜說), 넷째는 흔천(昕天), 다섯째는 영천설(寧天說), 여섯째는 안천설(安天說)이다. 이 여섯 가지 이론 중 첫째의 개천설(蓋天說)과 둘째의 혼천설(渾天說)을 동일시하여 말한 주장도 있다. 이를 혼개설(渾蓋說)이라고 한다. 구체적인 문헌으로는 양최(梁崔)의 영은전(靈恩傳)을 들 수 있다.

"혼천이나 개천설은 같은 것이다."

이아에 보면 혼천설과 개천설을 동일하게 여길만한 다음과 같은 의미의 내용도 있다.

"남쪽에는 해를 이고 있는 곳이 단혈이요, 북쪽에 두 극을 이고 있는 곳이 공동이다. 땅은 하늘 안에 있는 탄환 하나만한 것인 데도 해를 인 곳과 두극(斗極)을 인 곳이 있다."

아무튼 이 혼천설은 지금까지 남아 있는 천문의기들의 토대가 되는 바 그 이론의 핵심은 다음에 인용하는 왕충(王充)의 주장이다.

"하늘은 달걀과 같고 땅은 마치 달걀의 노른자위와 같아서 홀로 하늘 안에 놓여 있다. 하늘은 크고 땅은 작다. 하늘의 겉과 안에는 물이 있다. 하늘과 땅은 각각 기(氣)를 타고 세워졌고 물에 실려서 운행한다. 하늘 둘레는 365와 1/4이다. 또 그것을 가운데로 반으로 나누면 반은 땅 위에 엎어져 있고 반은 땅 아래를 두르고 있다. 따라서 (별자리) 28의 반은 보이고 반은 보이지 않는 것이다. 하늘이 도는 것은 마치 수레바퀴의 운행과 같다."

위의 내용 중에는 다소 황당하게 여겨져 이해하기 어려운 구석도 있지만 전체적으로는 지금 우리가 알고자 하는 주역의 기본 골격을 이미 여기에 함축하고 있다.

첫째는 하늘의 둘레가 365와 1/4에 해당한다는 내용이다.

둘째는 하늘이 달걀과 같이 땅을 덮은 채 감싸고 있어서 반은 땅 위에 엎어져 있고 반은 땅 아래에 두르고 있다는 항목이다.

셋째는 하늘은 마치 수레바퀴의 운행과 같아서 28 자리의 별들을 지나다니며 운행한다는 사실이다.

이와 같은 혼천설의 내용은 처음에 막대기를 땅의 표면에 세워 하늘의 움직임을 관찰하던 규표로부터 시작된 결론이다. 해와 하늘의 움직임을 지상 위에서 막대기로 관측하자면 우리가 생각해볼 수 있는 가장 핵심이 되는 조건은 땅 위에 세워진 막대기(규표)의 길이와 각도, 그 막대기에 의해서 나타난 해 그림자의 길이다. 여기에서 해와 하늘의 움직임을 관측하던 옛 선조들은 앞의 주비산경(周髀算經)이나 그밖의 문헌에 나타난 여러 가지 형태의 이론체계를 정립하게 되었고, 그것이 바로 주역의 기본 8괘와 태극(太極) 음양(陰陽) 사상(四象)의 핵심이다.

어쨌든 옛 사람들의 이와 같은 지론은 그 결론이 십진법의 수리적인 작용으로 설명이 가능하다. 거기서 말하는 주역의 수리적인 원리는 다음과 같은 윌슨 벤틀리(Wilson A. Bentley)의 눈꽃 사진에서도 어김없이 확인할 수 있게 된다는 점에서 정말 놀라운 사물의 이론체계가 아닐 수 없다.

〈그림 8〉
윌슨 벤틀리의 눈꽃 사진을 통해 확인되는 세상의 수리적인 원리

〈그림 8〉은 마치 십진법으로 구체화시킨 역의 원리가 곧 자연현상 그 자체임을 증명해주는 것이라고 말하더라도 결코 틀린 것이 아니라고 할 만큼 신비하다. 그래서 이런 눈의 결정에 접한 17세기의 프랑스 철학자 데카르트(René Descartes)가 터트리는 다음과 같은 감탄사가 있다.

"이 결정들은 거의 얼음판에 가깝고 매우 미끄러우며, 투명하고, 두께가 얇은 편이다. 그러나 거의 육각형 모양이 확실하고 여섯 면은 매우 곧으며 6개의 각은 그 크기가 동일하다. 사람이 과연 이렇게 만들 수 있을까?"

데카르트의 이런 감탄사가 아니라도 우리는 우리대로 주역의 대성괘와 관련된 6획괘 증빙 자료로서 이를 받아들이더라도 그것을 굳이 허물할 까닭이 있겠는가?

아무튼 천원지방(天圓地方)의 의미를 우리가 형이상학(形而上學)이 아닌 형이하학(形而下學)의 관점에서 구체화시킬 때면 이런 유형의 증빙 자료는 반드시 참고할만한 현상의 하나라고 말할 수 있다.

㊳ 십진법에 의존한 주역의 본질적 교훈

천지의 큰 덕을 말해 낳는 것이라 말하고 성인의 큰 보배를 말해 지위라고 일컫는다. 지위는 어떻게 지키는가 말하자면 어진 덕(仁)이어야 한다. 사람은 어떻게 모아야 하는가? 곧 재물이라야 한다. 재물을 다스리며 말을 바로 하며 백성의 잘못을 금하는 것을 가로되 의(義)라 하는 것이다.

天地之大德曰生, 聖人之大寶曰位. 何以守位 曰仁. 何以聚人
천 지 지 대 덕 왈 생   성 인 지 대 보 왈 위   하 이 수 위 왈 인   하 이 취 인

曰財. 理財正辭, 禁民爲非, 曰義.   〈周易 繫辭 下傳 1章〉
왈 재   이 재 정 사   금 민 위 비   왈 의   주 역 계 사 하 전   장

십진법의 체계에 의존한 주역(周易), 즉 음양(陰陽)의 이치에서 세상을 살아가면서 본받아야 하는 삶의 본질적인 교훈은 뭐가 되겠는가?

음양(陰陽)의 작용이 쉴 새 없는 수의 작용으로 되풀이된다는 것은 모든 수에 관여하고 있는 0 혹은 1의 덕스러움을 보는 일이다. 물론 0이나 1뿐 만이 아니다. 0과 1 이외의 나머지 모든 수들의 작용을 그것들의 고유한 모습으로 바라볼 줄 아는 마음의 안목도 중요하다.

젊은 양(陽) 7과 늙은 양(陽) 9는 우선 봄의 화사하면서도 여름의 싱그러운 녹음을 연상시키는 기운이다. 그 기운은 만물을 생기가 넘치게 하고 무성하게 뻗어나가게 하며 적극적이고 능동적인 하늘의 덕스러움을 보여 준다. 심리적으로 보면 이들 기운은 긍정적인 사고, 사물을 따뜻하고 밝게 보려는 경향으로 통한다.

젊은 음(陰) 8과 늙은 음(陰) 6은 가을에 내리는 서리와 같고, 겨울의 차가운 얼음을 연상시키는 기운이다. 사물을 시들게 하고 가라앉게 하며 점차 소멸시켜 나가는 부정적인 경향의 속성을 지니고 있다. 심리적으로 보아 단순하게 생각하면 이들 기운은 세상에 대한 불평과 불안감, 짜증스러움과 같은 부정적인 속성의 작용과도 통한다.

그런데 이와 같은 음양의 변화는 무엇을 근본으로 해서 생겨나는가?

바로 천지(天地)의 묘하고도 신비로운 기운 작용의 결과 때문이다. 그 까닭에 땅과 만물의 음양(陰陽)이 생겨난다는 점에서 계사전에서는 말하기를, "하늘은 높고 땅은 낮으니 건과 곤이 정해지고, 낮고 높음으로 (역을) 펼쳐 보이니 귀하고 천함이 자리를 잡는다[천존지비(天尊地卑), 건곤정의(乾坤定矣), 비고이진(卑高以陳), 귀천위의(貴賤位矣)]"고 하였다.

하늘이 높다는 것은 만물의 변화가 하늘에 의존해 있다는 뜻이다. 땅이 낮다는 것도 마찬가지 맥락이다. 만물을 수용하는 땅의 후덕함이 결국 그 본질은 하늘이 주장하는 세상의 변화에 힘입은 결과라는 뜻이다. 하늘이 높고 땅이 낮다는 것은 우리가 그것을 본받아서 하늘의 높은 덕으로 세상을 살아가고자 하고 이것을 본받는 땅의 덕을 기억하게 하려는 숨은 뜻이 있다.

그럼 일상생활 속에서 우리가 하늘의 높은 덕을 본받고 땅의 낮은 덕을 기억할 줄 아는 지혜는 어떤 모습일까?

높은 것을 높일 줄 알고 낮은 것을 낮출 줄 알되, 만물 자체를 본질로 자각할 줄 아는 봄·여름·가을·겨울의 이치다. 주역에서는 이를 원형이정의 이치라고 말한다. (乾, 元, 亨, 利, 貞)

실제 세상의 어느 한 곳 하늘의 덕화에 힘입지 않은 사물은 존재하지 않는다는 점에서 그것은 인간이 가장 지극한 이상으로 본받아야 하는 삶의 본질적인 가치다. (大哉乾元! 萬物資始, 乃統天. 雲行雨施, 品物流形. 大明終始, 六位時成, 時乘六龍以御天, 乾道變化, 各正性命, 保合太和, 乃利貞. 首出庶物, 萬國咸寧.)

생각해 보라. 세상의 모든 만물이 하늘에 힘입고 있다면 그것을 본받는 길 이외에 어떤 덕목이 우리의 본질적인 가치일 수 있겠는가?

하늘은 세상의 근본이면서 세상이 자라나게 하는 형통함의 근거이고, 세상의 만물이 결실을 맺어 이로움을 엮어가는 힘의 원천이며, 막히면 돌아가고 파이면 채우고 지나가며, 잠겨 있어야 할 때는 잠겨 있을 줄 알고 드러났을 때는 자기의 드러남을 남에게 과시하지도 않는다. 하늘은 세상을 이롭게 하고도 자기의 덕을 자랑하지도 않는다. 이것은 우리가 본받아야 할 세상의 가장 지극한 삶의 가치이다.

우리가 주역에 입각하여 세상을 살아간다는 것은 세상을 사랑하고 사람을 사랑하는 데 있다. 어둡고 부정적인 안목을 자기 안에서 싹트지 않게 하고, 따뜻하고 긍정적인 사고로 세상을 품어 안는 방법이다.

어둡고 부정적인 마음이란 곧 무엇인가? 그것은 이기적인 자의식이다.

따뜻하고 긍정적이며 밝은 마음이란 무엇인가? 이타적인 마음이다.

하늘은 조건 없이 만물을 키운다는 점에서 맹목적이다시피 이타적이다. 땅은 만물을 키운다고 할 때 하늘의 덕에 의존해야 한다. 역을 해석할 때는 이와 같은 안목에 바탕을 두고 모든 변화의 의미가 해석되어져야 한다.

㊴ 대연수(大衍數) 50에 반영된 역(易)의 근본 원리

팔괘가 열을 지어 늘어서니 형상이 그 가운데 있고, 그것을 바탕으로 거듭 겹쳐서 포개면 효가 그 가운데 있다. 강과 유가 서로 밀치니 변화가 그 가운데 있고, 말을 매달아 명하니 움직임이 그 가운데 있다.

八卦成列, 象在其中矣. 因而重之, 爻在其中矣. 剛柔相推, 變
팔괘성렬 상재기중의 인이중지 효재기중의 강유상추 변

在其中矣. 繫辭焉而命之, 動在其中矣. 〈周易 繫辭 下傳 1章〉
재기중의 계사언이명지 동재기중의   주역 계사 하전 장

앞의 주역 이외에도 연산역과 귀장역의 설명을 보더라도 거기에는 십진법의 대연수가 언급되고 있다. 십진법에 바탕을 둔 역 해석의 입장에서 그 개념의 핵심은 어디에서 찾아야 하는가?

계사전에 보면 "대연의 수는 50이고, 그 쓰임은 49다"고 했다. 또 "하늘의 수는 25, 땅의 수는 30이니, 천지의 수는 55가 된다"는 구절도 있다. 그렇다면 우리는 절로 이런 의문을 갖지 않을 수가 없다. 대연수와 천지의 수는 어떤 관계이고 대연수가 50인데 그 중 쓰는 수는 왜 49뿐인가 하는 점이다. 그리고 여기에 앞에서 제기한 궁금증의 본질이 숨어 있다.

우리는 그 질문에 답하기 전 대연수에 대한 선현들의 다양한 설명들을 먼저 살펴보기로 하자.

거기에 관심을 가질 때 무엇보다도 참고할만한 주장은 주역절중(周易折中)의 다음과 같은 내용이다.

"무릇 방(方)과 원(圓)은 비례하게 된다. 오직 직경이 7이면 원의 둘레는

21, 방의 사방은 28, 합하여 50(虛一을 제외한 수)이 되니, 이것이 대연(大衍)의 수이다.

또한 구(句-직삼각형에서 직각을 낀 아래쪽의 선분)가 3이면 그 적(積, 직삼각형 한 변의 제곱)이 9, 고(股-직삼각형에서 직각을 낀 높이쪽의 선분)가 4면 그 적(積)이 16, 현(弦)이 5면 그 적이 25로서 합치면 50의 수가 되고(간단하게 피타고라스의 정리를 생각하면 된다.), 따라서 그것으로 방(方-삼각형 두 개로 사각형으로 만든다는 뜻)을 만들면 하나의 수를 다하지 못하니 곧 시책의 허일(虛一)이라는 것이다. 또 방(方)의 구역 안에 여덟 개의 구(句)와 고(股)가 들어 있으니 거기에서도 하나의 수가 빠져 있다. 곧 역으로 점을 치면서 산대를 조작할 때 하나를 먼저 건다고 하는 것이 이런 이치의 반영이다.

전체 방 48의 안에 대방(大方) 육육(六六)은 36을 포함하고 있으니, 산대를 헤아리는 과정의 수가 되고, 작은 각의 일일(一一)은 일(一), 하나가 되는 것과 이륙(二六)을 서로 곱하여 12가 되는 것이 아울러 13을 이루니, 이는 괘륵의 수다.”

여기서 방과 원을 말하는 까닭은 앞에서 이미 설명한 그대로다. 따라서 그 점을 중복해서 따로 덧붙일 까닭은 없겠지만 간추려서 그 취지를 상기시킬 필요가 있다. 십진법으로 천체의 움직임을 대신하게 되면 그 안의 항목들이 모두 홀수와 짝수의 조합이 되는데 홀수는 하늘의 이치를 대신하는 원도에 해당하고 짝수는 땅의 이치를 반영하는 방도에 속하기 때문이다. 따라서 방(方)과 원(圓)에 대한 비례 관계를 따지는 것은 주역의 괘상을 확정하는 구체적인 근거가 된다.

육기로 작용하는 하늘의 기운은 천지인 3재의 소성괘와 소성괘를 겹친 6획괘로 구체화시켰다고 생각해 보자.

그 6획괘는 다시 땅의 기운과 서로 견주면 혹 모자라고 혹 남게 되는 이치를 보여주게 된다. 이것이 곧 세상의 달력에서 윤달이 되는데 그 윤달이 역의 대연수에서 보면 십진법을 방(方)과 원(圓)으로 구체화시키면서 생겨나는 모순의 문제다.

우리가 흔히 하늘은 둥글고 땅은 네모지다고 하는 주장을 예부터 듣게 되는데 이것은 그 의미가 여기에 있음은 앞에서 이미 설명한 대로다.

이 같은 주역절중(周易折中)의 주장은 성호 이익(星湖 李瀷)에 의해서도 다음과 같이 수용해서 받아들이게 된다.

"대개 지름을 1이라고 하면, 위, 즉 둘레는 3이니, 이는 대략적인 수치다. 실제는 7이 22가 되는 것이다. 즉 7×7=49의 수에서 지름을 7이라고 하면 22의 수가 된다.(둘레의 길이는 지름의 3.14배에 해당하기 때문이다.)

50으로 방을 만들면 칠칠(七七)은 49가 되고 하나가 비게 되므로 그 사용하는 것은 49가 되고, 또한 칠칠(七七)의 방(方)의 면적 속에서 가장 가운데 하나의 수를 제하면 사방 모퉁이가 각각 가로는 3, 세로는 4의 긴 평방이 되며, 또한 그 속에 나아가 사선을 쳐서 현을 만들면(삼각형으로 분할한다는 뜻) 이는 2×4=8이 되니, 이른바 여덟 구(句)와 여덟 고(股)가 된다.

이를 다시 49의 수와 결부시키면 그 수의 가운데 하나가 앞의 여덟 구(句)와 여덟 고(股) 속에 들어 있지 않으므로 이른 바 이것이 하나를 건다는 괘일(掛一)이다. 또한 전체의 방 49 속에서 6×6=36을 제하여 대방이

되게 하면, 양쪽이 12씩 나누어지고 그 모퉁이가 각 1이 되어 36과 더불어 합하는 괘륵(卦扐)의 수가 되는데, 36이란 곧 산대를 헤아리는 과설의 수다."

정현(鄭玄)의 주장은 관점이 조금 다르다. 천일(天一)은 수(水)를 북(北)에서 낳고, 지이(地二)는 화(火)를 남(南)에서 낳으며, 천삼(天三)은 목(木)을 동(東)에서 낳고, 지사(地四)는 금(金)을 서(西)에서 낳으며, 천오(天五)는 토(土)를 중앙(中央)에서 낳는다.

음양(陰陽)은 서로 짝이 없으면 사물을 생겨나게 할 수가 없다. 지육(地六)은 수(水)를 북(北)에서 이루어 천일(天一)과 병행한다.

천칠(天七)은 화(火)를 남(南)에서 이루어 지이(地二)와 병행한다. 지팔(地八)은 목(木)을 동(東)에서 이루어 천삼(天三)과 병행한다. 천구(天九)는 금(金)을 서(西)에서 이루어 지사(地四)와 병행한다. 지십(地十)은 토(土)를 중앙(中央)에서 이루어 천오(天五)와 병행한다. 대연의 수는 55(이상의 1에서 10까지를 더한 수의 합)인데 오행(五行)의 각 기(氣)가 병행하니, 기가 병행하면 5를 감하여 50만 있게 된다. 50의 수는 7, 8, 9, 6이 될 수 없으므로 복서점을 사용할 때는 다시 그 하나를 감한다. 그러므로 49다.

그 점에 있어서 왕필(王弼)은 어떨까?

결론부터 말하면 본질의 작용을 하나로 보아 주목하는 시각을 취한다.

그의 주장을 확인해보자.

천지의 수를 부연함에 힘입는 수는 50이다. 그런데 그 중에서도 사용하는 수는 49다. 50에서 사용하지 않는 수 하나는 사용되지 않으면서도 수의 사용을 가능하게 하고, 수가 아니면서 수의 이루어짐을 가능하게 한다. 이것이 역의 태극이다.

49는 수의 극이다. 무릇 무(無)는 무(無)로서 밝힐 수 없고 반드시 유(有)를 말미암아 밝혀지게 된다. 그러므로 존재하는 사물의 극에서 그 유래의 근본을 밝혀야 한다.

이처럼 그의 해설에 따르면 사용하지 않는 하나가 천지자연의 본체인 무(無), 즉 태극을 가리킨다는 입장이다. 그가 말하는 태극은 만물의 바깥에 따로 존재하지 않고 구체적인 형태를 지닌 사물도 아니면서 세상의 모든 만물의 형체와 그 작용이 드러나게 하는 근본이 된다는 것이다.

그래서 하나의 태극은 사용되지 않으면서 만물의 작용을 가능하게 하고 그 하나가 아니면 7, 8, 9, 6의 수를 얻어 낼 수가 없으므로 대연수 50에서 하나를 제외하고 있다고 해설한다. 즉 여기서 제외되는 하나는 형체도 없고 이름도 없는 본질로서 하나이면서도 하나라는 숫자가 아니다.

산대를 조작하는 설시법(揲蓍法)의 과정으로 그 의미를 풀이하면 4영 18변의 설시과정에서 그 하나는 바깥의 수로 드러나서 모습을 보여주고 있지는 않지만 그 하나가 없으면 4영 18변의 설시과정이 어떤 작용도 할 수가 없게 된다. 따라서 대연수 50에서 하나를 제외하고 있다고 본다.

기타 제유들의 대연수에 대한 해석은 필자의 『주역으로 가는 길』을 참고하면 될 것이기에 여기서는 생략한다.

④ 선후천(先後天) 팔괘(八卦)의 음양(陰陽) 분류

양괘는 음이 많고 음괘는 양이 많으니 그 까닭은 어째서인가? 양괘는 기수이고 음괘는 우수이니 그 덕행은 어떠한가? 양은 한 임금에 두 백성이니 군자의 도요, 음은 두 임금에 한 백성이니 소인의 도다.

陽卦多陰, 陰卦多陽. 其故何也. 陽卦奇, 陰卦耦, 其德行何
양괘다음   음괘다양   기고하야   양괘기   음괘우   기덕행하

也. 陽一君而二民, 君子之道也. 陰二君而一民, 小人之道也.
야 양일군이이민   군자지도야   음이군이일민   소인지도야

〈周易 繫辭 下傳 4章〉
주역 계사 하전 장

　십진법의 체계에 의존한 주역(周易), 즉 음양(陰陽)의 이치에서 세상을 살아가면서 본받아야 하는 삶의 본질적인 교훈은 뭐가 되겠는가?

　역에서 기본 삼획괘를 두고 음양(陰陽)으로 나누는 것을 보면 일관성을 찾아보기 어렵다.

　선천(先天)에서는 양괘(陽卦)로 건·태·이·진(乾·兌·離·震)을 손·감·간·곤(巽·坎·艮·坤)은 음괘(陰卦)로 분류한다. 반면 후천(後天)에서는 건(乾☰)·진(震☳)·감(坎☵)·간(艮☶)을 양괘(陽卦)로 곤(坤☷)·손(巽☴)·이(離☲)·태(兌☱)를 음괘(陰卦)로 분류하고 있다.

　그 까닭에 대해서 그 내용을 도표로 확인해가며 그 이유를 설명해 보자.

　이처럼 선천과 후천의 분류를 도표로 구분해보면 분명히 다르다. 그러나 그 이유는 복잡하지 않다.

후천(後天)		선천(先天)	
☷ 坤	☰ 乾	☴ 巽	☳ 震
☴ 巽	☳ 震	☵ 坎	☲ 離
☲ 離	☵ 坎	☶ 艮	☱ 兌
☱ 兌	☶ 艮	☷ 坤	☰ 乾
陰	陽	陰	陽

선천(先天)은 음양괘의 분류가 양의(陽儀)에 근거하지만 후천(後天)은 효(爻)의 중심을 강조했기 때문이다. 양의(陽儀)를 근거로 하면 양의(陽儀)를 말미암아 생겨나는 괘는 모두 양괘(陽卦)다. 반면 음의(陰儀)를 말미암아 생겨나는 괘는 모두 음괘(陰卦)다.

이는 태극도에서 볼 수 있는 것처럼 선천의 구분 포인트가 괘가 발생하는 음(陰)과 양(陽)의 구분점에 바탕을 두고 그 성격을 나누고 있기 때문이다.

앞에서 선천이 양의(兩儀)에 근거하여 음양(陰陽)의 괘가 생겨난다는 뜻은 다음의 도표로 설명하면 쉽다.

선천(先天)							
음괘(陰卦)				양괘(陽卦)			
☷	☶	☵	☴	☳	☲	☱	☰
⚏	--	⚏		⚏	―	⚌	
陰(땅의 도)				陽(하늘의 도)			

도표의 구분에 나타나 있듯이 괘가 음(陰)이라도 오른쪽의 경우처럼 양

의(陽儀)의 위에 그 괘가 있게 되면 이는 양괘(陽卦)다.

이처럼 출발점이 어느 쪽이냐에 따라 음양(陰陽)의 성격이 결정되는데 그 까닭에 계사전(繫辭傳)에서는 '하늘의 도를 일컬어 음(陰)과 양(陽)이라고 한다.'고 되어 있다. 또 음괘(陰卦)로 분류되는 괘상은 음의(陰儀)의 위에 그 괘(卦)가 있다. 이것은 말하는 바 계사전에서 '땅의 도를 세워 유(柔)와 강(剛)이라'고 하는 이치다.

물론 이들 괘상(卦象)을 그 법상(法象)의 지닌 바 특징에 근거하더라도 전혀 무리가 없다.

이(離☲)괘부터 살펴보자.

불의 타오르는 속성은 빛이 나며 밝으니 그것은 양(陽)이 되고, 밝음이 된다.

다음의 태(兌☱) 못은 물을 적셔 축축함으로 양기(陽氣)의 결단해 나가는 괘다. 그래서 만물을 불어나고 윤택하게 하니 이것은 분명 못 괘가 양괘(陽卦)임을 의미한다.

다음 감(坎☵) 물은 그윽하고 어둡되 차가우면서도 정적인 속성을 가지고 있으므로 음(陰)이 됨이 분명하다.

음괘(陰卦)에 속해 있는 간(艮☶) 산은 땅이 융기해 일어나서 땅과 더불어 일체가 되니 또한 음(陰)이다. 그러나 후천(後天)에서는 다르다. 음양(陰陽) 괘(卦)의 분류가 효(爻)의 획(劃)에 근거하여 결정한다. 양효(陽爻)가 주효(主爻)가 되는 괘는 모두 양괘(陽卦)다. 음효(陰爻)가 주효(主爻)가 되는 괘는 모두 음괘(陰卦)다.

후천에서는 이미 괘가 이루어지고 난 뒤의 획수가 많고 적음에 따라 음괘(陰卦)와 양괘(陽卦)가 구분된다. 따라서 후천(後天)에서는 서남방(西南方)이 음방(陰方)이 되고 동북방(東北方)은 양방(陽方)으로 분류한다.

후천(後天)괘의 음양(陰陽) 분류							
음괘(陰卦)				양괘(陽卦)			
9.☷	7.☶	2.☵	4.☴	6.☳	8.☲	3.☱	1.☰

이런 까닭에 후천의 괘에서는 음양(陰陽)의 상(象)이 바르다. 후천에서는 이(離☲) 불이 태(兌☱) 못과 손(巽☴) 바람과 더불어 모두 음(陰)이다. 반면 감(坎☵) 물은 간(艮☶) 산 및 진(震☳) 우레와 더불어 모두 양(陽)이다.

그 까닭을 어디에서 찾아야 할까?

대체로 음(陰)과 양(陽)의 기운은 서로 감응하여 움직이니 도표에서 확인할 수 있는 것처럼 거기에는 반드시 선후의 구별이 나타난다. 먼저 양(陽)이 중심이 되어 음(陰)을 만나게 되면 모두 양(陽)에 속한다. 또 음(陰)이 중심이 되어 양(陽)을 만나는 부류의 괘상(卦象)은 모두 음(陰)에 속한다.

양기(陽氣)가 아래에 있으면서 장차 커나가면서 음(陰)을 만나고 있으니 아래에서 눌려 미약해 보이지만 진(震☳) 우레로 양(陽)이다. 양기(陽氣)가 가운데서 음을 만나고 있으니 음에게 감싸였지만 빛남이 비가 되는 양(陽)이다. 양기(陽氣)가 곧장 올라가 위에 있으면서 아래로 음(陰)을 만나고 있으니 그것은 간(艮☶) 산으로 양(陽)이다. 이들은 양(陽)이 중심이 되어 음(陰)을 만나고 있으니 모두 양괘(陽卦)다.

음(陰)이 안에 있으면 손(巽☴) 바람이니 양기(陽氣)가 반드시 들어와 흩어지니 이는 음기(陰氣)가 큰 바람을 일으켜 황사가 잠잠해진 뒤에 바람이 쉬는 것에서 알 수 있다.

음(陰)이 가운데 있으면 이(離☲) 불이니, 양기(陽氣)가 반드시 붙어서 흩어지니 이는 땔감이 모두 없어진 뒤에 불이 꺼지는 것에서 알 수 있다. 음(陰)이 밖에 있으면 태(兌☱) 못이니, 양기(陽氣)가 반드시 펼쳐지고 나서 흩어지니 이는 윤습한 기운이 다하고 난 뒤에 못이 고갈되는 데서 알 수 있다.

이들은 모두 음(陰)이 중심이 되어 양(陽)을 만나는 현상에 속하므로 음양(陰陽)으로 보면 음괘(陰卦)다. 결론을 말하면 건(乾☰)은 순양(純陽)이고, 곤(坤☷)은 순음(純陰)이니 변하지 않는다.

진(震☳) 우레는 양(陽)이 움직이는 시작이고, 손(巽☴) 바람은 음(陰)이 생겨나는 시작으로 또한 변하지 않는다. 이(離☲) 불은 기운이 펼쳐지면서 따뜻하고 태(兌☱) 못은 흩어져 발산된다. 그러므로 작용하는 이치로 보면 양(陽)이다. 그러나 이(離☲) 불은 음(陰)의 건조함에 뿌리를 두고 있고, 태(兌☱) 못은 음(陰)의 습한데 뿌리를 두고 있으므로 근본에서 보면 음(陰)이다.

감(坎☵) 물은 차갑고 서늘하며 간(艮☶) 산은 기운이 엉켜 견고하다. 그러므로 작용하는 이치로 말하면 음(陰)이다. 그러나 감(坎☵) 물은 양(陽)의 허해서 흐르는 기운에 뿌리를 두고 있고 간(艮☶) 산은 양(陽)의 뾰족하게 융기하는 기운에 뿌리를 두고 있으므로 본체로서 말하면 양(陽)이다. 선천(先天)의 상은 그 작용을 나타내고 후천(後天)의 상에서는 그 뿌리에 바탕을 둔 결과다.

  이는 바로 인(仁)의 발생이 양(陽)이 되는 것과 같다. 반면 유화함은 또한 음(陰)이 되기도 하니 마땅한 의(義)의 수렴(收斂)은 음(陰)이 된다. 그래서 강(剛)이 결단함은 또한 양(陽)이 되고, 음양(陰陽)은 하나의 기운에 뿌리를 두고 있으므로 그 이치는 함께 행하되 거스르지 않는다.

〈참고자료 : 이광지(李光地) 『주역절중(周易折中)』〉

㊶ 무(無)의 덕스러움과 천체 운행의 본질

공자께서 말씀하셨다. "매사에 위태롭게 여길 줄 아는 자는 그 지위를 편안히 하는 것이요, 망할 것을 두려워함은 그로써 보전할 수 있게 만든다. 한편 어지러움을 걱정하는 자는 그 다스림을 둘 수가 있다. 이런 까닭에 군자는 편안하면서도 그 위태로움을 잊지 않으며, 보존하고 있으면서도 망함을 잊지 않으며, 다스려지는 순간에도 어지러워질 것을 잊지 않는다. 이로써 몸은 편안하고 국가를 보존할 수가 있다. 그 까닭에 역에서도 말했다. "망하지 망하지 하고 걱정할 줄 알아야 더부룩하여 튼튼한 뽕나무에 붙들어 맬 수가 있게 된다"고 하였다.

子曰 "危者 安其位者也 亡者 保其存者也 亂者 有其治者也.
자왈   위자 안기위자야   망자 보기존자야   란자 유기치자야

是故 君子安而不忘危 存而不忘亡 治而不忘亂. 是以身安而
시고 군자안이불망위 존이불망망 치이불망난. 시이신안이

國家可保也. 易曰 其亡其亡 繫于苞桑."
국가가보야. 역왈 기망기망 계우포상

〈周易 繫辭 下傳 4章〉
 주역 계사 하전   장

음양(陰陽)에 바탕을 둔 천지자연의 운행법칙은 아무런 실체가 없으면서도 결코 문란하게 움직이지 않는다고 하였다. 그 근거를 우리는 천체의 운행과 관련시킬 때 어떤 형태의 이론 체계로 설명하게 되는가?

역이 30일을 하나의 단위로 삼아 음양 6개의 폭으로 나누어지는 64괘 384효임은 이미 설명하였다. 그러므로 그들 역의 괘상은 효의 변화에 근

거할 때 어떤 일의 일상적인 상서로움에 대한 조짐을 대변하기 마련이다.

먼저 그믐과 초하루 아침의 예로서 괘상을 설명하면 진(震☳)이 와서 양(陽)이 처음 생겨나는 변화를 보인다. 이때를 당하여 천지는 그 정(情)을 맺고, 해와 달은 서로 교감한다. 양(陽)이면서 수컷에 해당하는 하늘은 그 덕을 베풀고, 암컷이면서 음(陰)인 땅은 만물을 거느려 육성하면서 감화되어 하늘의 덕에 호응한다.

그때 보여주는 해의 정기는 오행(五行)이고, 달이 받아들여 합하는 근본법도[紀]는 육율(六律)이다. 오행(五行)과 육률(六律)이 서로 맞물려 돌면서 일으키는 변화의 주기는 그래서 태극에 나타난 하나의 마디인 30일의 주기와 일치한다.

그렇다면 이런 원리가 건(乾☰)과 곤(坤☷)의 공허한 덕에 해당한다는 공자의 말씀으로 나타났다고 볼 수 있다. 우리는 그 주장을 통해 떠올리는 교훈을 어디에 맞추게 되겠는가?

당연히 우리가 이 책에서 일관되게 주장하는 삶의 본질, 즉 비어서 실체가 없는 무(無)의 덕스러움이다. 물론 듣기 거북하다면 꼭 무(無)의 덕스러움이 아니라고 해도 좋다. 그보다는 하늘과 땅, 역의 건(乾☰)과 곤(坤☷)의 원형이정(元亨利貞)으로 표기하는 것이 더욱 구체적일 수도 있다. 그래야만 시경과 서경, 예기와 춘추에서도 똑 같이 적용되는 삶의 원리를 이해하기가 쉬워진다.

먼저 시경(詩經)이다.

널리 알려져 있듯이 시경은 첫머리가 관저편(關雎篇)이다. 관저편(關雎篇)은 문왕과 문왕의 배우자가 보여주는 덕을 통해 인륜의 기초를 보여주고 있다. 구체적인 이야기는 다시 장을 만들어 다뤄보기로 한다.

반면 예기(禮記)는 사람이 성인으로 새 삶을 시작하는 관례와 부부의 법도인 혼례를 소중히 여기고 있다. 곧 관례(冠禮)와 혼례(婚禮)는 음(陰)과 양(陽)의 기운이 사귀어 합하는 생육(生育)의 시작으로 그 의미가 크게 다루어진 결과다.

춘추(春秋)는 어떨까?

정치를 말하는 춘추는 하늘과 땅의 덕에 근거한 임금의 바른 역할을 강조한다. 자기 자신이 권력을 쥐고 세상 위에 군림하면서 하늘과 땅의 덕에 바탕을 둘 때라야 왕의 정치가 번영하게 된다는 것을 의심하지 않는 것이다. 그래서 글의 시작도 원년(元年)이다.

거기서 말하는 원년의 뜻은 무엇이겠는가?

요임금과 순임금을 원황(元皇)으로 일컫는 서경의 기록에서 알 수 있는 것처럼 천지자연의 이치에 바탕을 둔 정치가 구현되어져야 한다는 뜻의 반영이다. 그 점에 있어서 정치를 바라보는 유가(儒家)의 근본 이데올로기는 왕도정치(王道政治)가 된다. 왕도는 곧 임금의 법도가 천지자연의 근본 이치에 바탕을 두어야 한다는 뜻이다.

잠시 이곳에서 다루고 있는 관심 주제로부터는 어긋난 감이 있지만 혹 삶의 본질을 이해하는 관점에서 참고가 될 수 있도록 왕도정치에 대한 맹자의 개념을 노파심 삼아 덧붙이기로 한다.

"힘에 의존하고 있으면서 인(仁)을 명분으로 내세우는 것은 패도(覇道)다. 패도(覇道)는 반드시 큰 나라를 기반으로 삼아야 하고, 덕(德)에 의존하여 어진 정치(仁政)를 베푸는 것은 왕도(王道)다. 왕도(王道) 정치는 반드시 큰 나라를 기대하지 않는다. 은(殷)나라의 탕(湯)임금이 칠십(七十)리(里)의 나라로써 왕도정치를 베푸셨고, 문왕(文王)은 백(百) 리(里)만으로도 그것이 충분하였다."(孟子曰 以力假仁者覇 覇必有大國 以德行仁者王 王不待大 湯以七十里 文王以百里)

패도(覇道) 정치를 말할 때 맹자가 말하는 힘이란 국토의 넓이와 군사력에 바탕을 둔 힘을 일컫는다. 패도(覇道) 정치의 상징으로는 제(齊)나라 환공(桓公)과 진(晉)나라 문공(文公)을 대표적인 예로 꼽는다. 공자께서 "진문공은 속이고 바르지 못했으나, 제환공은 바르고 속이지 않았다."고 하셨다. (子曰 晉文公 譎而不正 齊桓公 正而不譎)

힘으로써 다른 사람을 굴복하게 했을 때는 마음까지 복종을 하지는 않는다. 힘이 부족하기 때문에 복종했을 뿐이다. 덕(德)으로써 다른 사람을 복종하게 했을 때는 기꺼이 마음으로 복종한 결과이니 칠십 여 명의 제자가 공자에게 복종했던 것과 같은 이치다.

시경(詩經)에 이르기를 "서쪽과 동쪽, 남쪽과 북쪽으로부터 진실로 마음으로 복종하지 않음이 없다"고 했으니 바로 이것을 두고 하는 말이다. [以力服人者 非心服也 力不贍也 以德服人者 中心悅而誠復也 如七十子之服孔子也 詩云自西自東 自南自北 無思不服 此之謂也.〈맹자(孟子) 3장(章)〉]

㊷ 주역(周易) 기본 팔괘(八卦)의 개념과 상징물

역에 "빈번하게 오고 가면 벗만이 너의 생각을 쫓는다"고 했다. 공자 말씀하시되 "천하가 어찌 생각하고 무엇을 생각하겠는가? 천하가 돌아가는 곳은 같아도 길은 다르며, 이르는 곳은 하나지만 생각은 백 가지이니, 천하가 어찌 생각하고 무엇을 생각하겠느냐"고 하신 것이다.

 해가 가면 달이 오고 달이 가면 해가 와서, 해와 달이 서로 밀어서 밝음이 나오며, 찬 것이 가면 더운 것이 오고 더운 것이 가면 찬 것이 와서 차고 더운 것이 서로 밀추어 세월이 이루어지니 가는 것은 굽히는 것이요. 오는 것은 펴는 것이니 굽히고 펴는 것이 서로 느껴서 이로움이 생긴다.

자벌레가 굽히는 것은 펴고자 해서요, 용과 뱀이 칩거함은 몸을 보존하기 위함이며, 의리를 정미롭게 해서 신에 들어감은 씀을 이루는 것이다. 그로 인해 쓰는 것을 이롭게 하여 몸을 편안히 함은 덕을 숭상함이니, 이 밖에 다른 이치가 또 있는지는 혹 모르겠다. 그러므로 역을 통해 신령스러움을 다하여 조화를 아는 것은 덕의 성대함이 되는 것이다.

易曰 "憧憧往來 朋從爾思." 子曰 天下何思何慮? 天下同歸而
역 왈   동 동 왕 래 붕 종 이 사   자 왈 천 하 하 사 하 려   천 하 동 귀 이

殊塗 一致而百慮 天下何思何慮? 日往則月來 月往則日來 日
수 도 일 치 이 백 려 천 하 하 사 하 려   일 왕 즉 월 래 월 왕 즉 일 래 일

月相推而明生焉 寒往則暑來 暑往則寒來 寒暑相推而歲成焉.
월 상 추 이 명 생 언 한 왕 즉 서 래 서 왕 즉 한 래 한 서 상 추 이 세 성 언

往者屈也 來者信也 屈信相感而利生焉. 尺蠖之屈 以求信也
왕 자 굴 야 래 자 신 야 굴 신 상 감 이 이 생 언   척 확 지 굴 이 구 신 야

龍蛇之蟄 以存身也. 精義入神 以致用也 利用安身 以崇德也.
용 사 지 칩 이 존 신 야　정 의 입 신 이 치 용 야 이 용 안 신 이 숭 덕 야

過此以往 未之或知也 窮神知化 德之盛也."
과 차 이 왕　미 지 혹 지 야　궁 신 지 화　덕 지 성 야

〈周易 繫辭 下傳 5章〉
　주 역　계 사　하 전　　장

　주역의 괘상에서 8괘의 내용물이 주역의 기본 괘상으로 어떤 것을 취하고 있으며 그것을 역 팔괘(八卦)의 상징물로 취하게 되는 구체적인 이유는 어디에 있다고 말할 수가 있는가?

　우선 도표를 통해 팔괘가 취하고 있는 개념과 상징적인 내용물부터 직접 확인해보기로 하자.

괘명象	乾 ☰	兌 ☱	離 ☲	震 ☳	巽 ☴	坎 ☵	艮 ☶	坤 ☷
속성	굳세다(健)	기쁨(悅)	걸림(麗)	움직임(動)	공손함(入)	빠지다(陷)	그치다(止)	유순함(順)
인간상	아버지	少女	中女	長男	長女	中男	少男	어머니
遠取諸物(사물에서 취함)	말	양	꿩(雉)	龍	닭(鷄)	돼지(豕)	개(狗)	소(牛)
近取諸身(몸에서 취함)	머리(首-圓)	입(口)	눈(目)	다리(足)	넓적다리(股)	귀(耳)	손(手)코(鼻)등(背)	배(腹)
자연	하늘	못	해	우레	바람	물	산	땅
해당하는 방위	北西	西	南	東	南東	北	東北	西南
계절	秋冬間	가을(秋)	여름(夏)	봄(春)	春夏間	겨울(冬)	冬春間	夏秋間
五行五色	金	白金	火赤	木	靑木	水黑	土	黃土

　왜 역에서는 그토록 많은 사물 가운데 이들 항목들을 지목해서 역의 기

본 팔괘를 상징하는 내용물로 삼게 되었을까?

여러 가지 설이 많지만 여기서는 풍우란(馮友蘭)의 시각을 참고해 볼만하다. 그에 의하면 우주 안에 있는 것 가운데 가장 큰 것은 하늘[天]과 땅[地]이고, 하늘에서 가장 두드러지는 것은 해와 달 우레와 바람[日·月·雷·風]이며, 지상에서 가장 두드러지는 것은 산과 못[山·澤]이 되고, 인간에게 있어서 가장 절실한 것은 물과 불[水·火]이기 때문이라고 주장했다.

〈참고자료 : 곽신환의 『주역의 이해』〉

그렇다면 이들 역의 기본 삼획괘가 상징하고 있는 구체적인 의미는 어떤 각도에서 받아들여져야 하는가?

먼저 수로서 설명하면 건(乾)은 삼획(三劃)으로 하늘을 삼았으니 이는 하나[一]가 셋[三]을 함유하는 이치다. 곤(坤)은 여섯 획[雙劃이 셋]으로 땅을 삼았으니 이는 둘[二]을 짝으로 하여 여섯[六]이 되는 이치다. 하늘은 일(一), 땅은 이(二)가 본래의 수이니 하늘은 기수(奇數), 땅은 우수(偶數)가 근본이다. 그 가운데 이치의 묘함은 하나가 셋[三]을 포함하고 둘[二]이 여섯[六]을 포함함에 있다.

이처럼 건(乾) 하나[一]가 셋[三]을 내포하는 까닭에 그것을 바탕으로 구해서[索] 생겨나는 세 아들들[三男]은 모두 기수(奇數)가 된다. 곤(坤)은 둘[二]이 여섯[六]을 포함하는 까닭에 그것을 모체로 구해서[索] 생겨나는 세 딸들[三女]은 모두가 우수(偶數)다.

이것은 천지가 생겨나 형성되는 이치다. 어찌 묘하지 않은가!

다음에 형체로서 살펴본 주역 팔괘의 기본 특징이다.

진(震)은 우레가 되니, 우레는 땅 아래에서 생겨난다. 그러므로 하나의 양[一陽]은 아래에 있다. 감(坎)은 물이 되니 물은 땅 가운데서 모여 있다. 그러므로 감(坎)은 하나의 양[一陽]이 가운데 있다.

간(艮)은 산이 되니, 산은 땅 위에 솟아 있다. 그러므로 하나의 양[一陽]은 맨 위에 있다.

그렇다면 성질을 중심으로 이해한다면 어떻게 될까?

양(陽)은 움직임의 특징이 있고, 음(陰)의 성격은 고요하다. 그 가운데 움직임으로 특징을 삼는 것은 우레다. 고요함으로 특징을 이루는 것은 그쳐 있는 산이다. 움직이는 것이 가운데 있다면 바깥도 아니고 안도 아니다. 그러므로 혹 흐르기도 하고, 혹 그치기도 한다. 이것은 혹 움직이고, 혹 고요한 음(陰)과 양(陽)의 성격을 동시에 반영하는 특징이 있으므로 감(坎)을 물에 비유하는 까닭이 된다.

음(陰)에 대해서 말하면 손(巽)은 목(木)이 된다. 목(木)은 땅 아래에서 발생한다. 그러므로 하나의 음[一陰]이 또한 효(爻)의 아래 자리에 있다. 이(離)는 불이다. 불은 나무의 가운데서 생겨나므로 일음(一陰)이 가운데 있다. 태(兌)는 못이 된다. 못은 지상에 모이므로 일음(一陰)이 맨 위에 있다. 음(陰)은 부드럽지만 양(陽)은 강하다. 목은 처음은 약하지만 끝에서는 강하다. 그 까닭에 손(巽)은 양(陽)이 세 획의 위인 끝[末]에 위치하고 있다.

양(陽)은 밝고 음(陰)은 어둡다. 불은 밖이 밝고 안은 어두우며 양은 밖에 있다. 양은 건조하고 음은 축축하다. 밖은 축축하고 안은 건조한 못은 양(陽)이 안에 있다. 이 말을 들으면 혹 의아해 하는 사람이 있다.

못이 어떻게 안이 건조한가?

거기에 대해 답한다면 안은 건조해야 능히 금을 낳는다. 밖이 축축해야 물이 고여 담겨 있다. 금은 그 까닭에 물을 낳고, 땅은 능히 금을 낳을 수 있는 것이다. 이것으로 보면 못에 대한 앞의 설명이 결코 억지일 수가 없을 것이니 성인이 어찌 구차하겠는가!

㊸ 진(辰)과 진(震☳), 옛 사람들의 우주관

만물이 진(震☳)에서 나오니 진(震☳)은 동방이다. 손(巽☴)에서 가지런 하니, 손(巽☴)은 동남방(東南方)이고, 가지런하다고 해석한 제(齊)는 만물이 조촐하고 가지런해짐을 말한다.

萬物出乎震 震東方也 齊乎巽 巽東南也 齊也者 言萬物之潔
만물출호진 진동방야 제호손 손동남야 제야자 언만물지결

齊也.   〈周易 說卦傳 5章〉
제야   주 역 설 괘 전   장

주역에 반영된 천체의 움직임과 달리 해와 달이 만나는 때와 자리를 진(辰)으로 나타내는 이유는 무엇인가?

앞의 설괘전(說卦傳) 구절을 참고하면 도움이 된다. 그곳의 진(震☳)은 이 단락에서 궁금하게 여기는 진(辰)의 개념과 일치한다. 곧 만물이 나오는 방위로 여기는 까닭에 설괘전(說卦傳)에서도 동방의 진 괘상을 들어 그 뜻을 풀이하고 있는 것이다. 또 시경 빈풍 7월장에 보면 "해는 1년에 하늘을 한 번 돌고 달은 29일 여에 하늘을 한 번 돌아 해와 달이 1년에 12번 만나는데 그날은 음력 초하루가 된다"고 하였다.

좌전에 보면 그 의미에 대한 설명에서 해와 달이 만나는 것을 진(辰)이라고 했다. 반면 그때 북두칠성의 손잡이는 - 손잡이가 지구를 가리키는 곳을 건(建)이라고 한다. - 진(辰)과 서로 합치하게 되는데 그 움직임이 마치 안팎으로 일정하다고 말하고 있다.

여기에 해와 달의 움직임을 십이지지의 진(辰)으로 이름 붙이게 되는 이

유가 있다. 심괄(沈括)의 몽계필담(夢溪筆談)에는 다음과 같이 말하고 있다. 심괄의 설명이다.

"십이지는 십이진이라고 불리며, 일시(一時)를 일진(一辰)이라고 부르며, 일일(一日)도 일진(一辰)이라고 부른다. 또 해와 달과 별을 총칭하여 삼진이라 일컫고 북극성을 북진(北辰)이라고 하며 대화를 대진이라고 부른다. 오대행성 중에는 진성(辰星)이 있고 오행에 부합되는 계절을 오진(五辰)이라고 부른다.

이상의 것들은 모두 진(辰)이 들어간다. 나의 조사에 의하면, 자(子) 축(丑)에서 술(戌) 해(亥)를 십이진(十二辰)이라고 부르며, 좌전에서는 해와 달이 서로 만나는 것을 진(辰)이라고 한다 했으니, 일 년 중에 태양이 달과 열두 번 만나게 되니 바로 십이진(十二辰)인 것이다."

태양과 달의 운행은 동방에서 창룡(蒼龍) 칠숙(七宿)의 각(角)숙과 항(亢)숙은 진(辰)에서 시작된다. 그러므로 처음 시작되는 방위로써 그 이름을 삼는다. 논어나 맹자의 편명을 정할 때 처음 글자를 취하는 이치와 동일하다. 자(子) 축(丑) 술(戌) 해(亥)의 달이 진(辰)이라고 불리면, 십이지(十二支)와 십이시(十二時)는 모두 자(子) 축(丑) 술(戌) 해(亥)이고, 그것들을 진(辰)이라고 부르는 것은 당연하다. 반면 일일(一日)을 일진(一辰)이라고 부르는 것은 십이지(十二支)에 근거하여 말하는 것이다.

그뿐이겠는가? 갑을병정(甲乙丙丁) 등의 십간(十干)에 근거하여 말하는 것을 금일(金日)이라고 부르고, 자축인묘(子丑寅卯) 등의 십이지(十二支)에 근거하여 말하는 것을 금진(金辰)이라고 부른다. 그러므로 간지(干支)를 사용하여 기록한 일자를 일진(日辰)이라고 부르게 된다. 해와 달과 별, 이

셋을 삼진(三辰)이라고 하는 까닭도 그 삼자가 진시(辰時)에 동시에 출현하기 때문이니 그 명칭도 당연히 삼진(三辰)이라고 일컫게 되는 것이다.

별에도 세 종류가 있다. 하나는 경성(經星)으로 북극성이 그것들의 우두머리이다. 두 번째는 숙성(宿星)으로 대화가 그것들의 우두머리이다. 세 번째는 행성(行星)인데 진성(辰星)이 그것들의 우두머리이다. 그 명칭도 모두 진(辰)이라고 부른다.

북진(北辰)은 자신의 위치에 항상 머물고 많은 별들이 그를 중심으로 에워싸고 있다. 경성의 우두머리가 된다. 대화(大火)는 천체의 좌차(左次)이므로 숙성의 우두머리가 된다. 진성(辰星)은 태양의 이웃으로 태양에서 떨어진 거리가 일진(一辰)을 초과하지 않는다. 그러므로 오대(五大) 행성의 우두머리가 된다.

오행(五行)과 배합되는 계절을 오진(五辰)이라고 부른다. 봄 여름 가을 겨울이 각각 한 계절을 주관하므로 네 계절을 각각 오행(五行)에 귀속시켜 말한다. 그러면 춘하추동(春夏秋冬)이 비록 목화금수(木火金水)에 속하지만 3, 6, 9, 12월은 각각 18일씩 토(土)에 속하게 된다.

그러므로 계절에 의거해서만 오행(五行)을 말할 수가 없고 반드시 달로써 말해야 한다. 즉 열두 달은 12진(辰)이라 불리고, 오행과 배합되는 계절은 오진(五辰)이 되는 것이다."

참고로 오행에 근거한 옛 사람들의 세계관은 일상적인 우리들의 풍속에서 자연스럽게 찾아볼 수가 있다. 이는 붉은 색을 상서롭게 여기던 다음의 기록에서 자연스럽게 확인해 볼 수 있는 증거들이다. 즉 동양인의 풍속 가운데 9월 9일 중양절(重陽節)에 높은 산에 올라가 산수유 열매를 머리에

꽂는다는 내용이 대표적인 경우다. 진나라 때 지방의 풍속을 기록한 풍토기에 나오는 기록이다. 지금도 중국에서는 중양절이 중시되고 산수유 열매의 색깔인 붉은 색은 상서롭게 취급한다.

우리나라도 이는 마찬가지다. 동국세시기(東國歲時記)에 보면 붉은 팥죽을 뿌려서 액운을 제거한다고 하였다. 중국의 형초세시기(荊楚歲時記)에는 "공공씨의 아들이 동짓날에 죽어서 역질 귀신이 되었다. 그 아들은 생전에 팥을 두려워하였다. 그래서 동짓날에 팥죽을 쑤어서 물리쳤다"고 하였다. 우리나라의 민속은 아마 그 유래가 중국의 형초세시기에 바탕을 두고 있을 것이다.

한편 한국인의 색채의식에서 다루고 있는 민가와 궁중의 풍속을 살펴보면 묵은 해의 잡귀를 몰아내는 나례의식(儺禮儀式) 때에는 48명의 동자가 붉은 옷을 입고, 20명의 공인이 붉은 두건과 붉은 옷을 입고 귀신을 쫓아내는 의식을 행했다.

이처럼 붉은 계통의 팥 혹은 숫자의 9를 중시하는 중국이나 우리 민족의 풍속은 모두가 역(易)의 음양(陰陽) 관념을 반영한 결과다. 역에서 보면 양(陽)의 극성한 기운은 남방의 붉은 색에 해당하고 숫자로 바꾸어 생각하면 노음(老陰)이 6이고 노양(老陽)이 9다.

역에서 보면 음(陰)에 반해 양(陽)은 귀하게 생각한다. 이는 음(陰)이 만물을 위축시키고 서리를 내려 사라져가게 하는 반면, 양(陽)은 활발한 팽창력과 따뜻한 기운으로 만물을 싹트게 하고 자라나게 하며 열매를 맺어 만물을 이롭게 하는 덕을 숭상하기 때문이다. 즉 음양의 차원에서 바라보면 사물의 생명을 빼앗는 음(陰)은 마귀나 인간을 해롭게 하는 귀신으로 간주되고, 양(陽)은 왕성한 생명력의 상징처럼 되어 만물을 이롭게 하는 점에서 일상적인 길조로 받아 들일만 했다.

　마찬가지로 출산에 따른 우리 조상들의 풍속도 크게 이 범주를 벗어나지 않았다. 아들을 낳으면 금줄에 고추를 여러 개 꽂아 대문 앞에 걸어두었다. 또 갓난아기의 정수리에 주사(朱砂)를 바르고, 아이의 첫 나들이 때에 얼굴에 곤지를 찍으며, 등에 고추를 매달아 잡귀의 접근을 막고 신성스러운 기운이 자신을 보호할 수 있기를 원했다.

　이처럼 우리의 옛 풍속은 그 유래가 모두 역(易)에 기원을 두고 있다. 오행에 근거해 색깔을 분류하면 노양(老陽)은 빨강색이고, 방위상으로는 남방이며 별자리의 모양으로 살피면 주작(朱雀)에 해당한다. 그래서 붉은 봉황을 형상화하여 무덤과 관의 남쪽을 지키게 하기도 했다.

　방위로 보아 남쪽은 뜨거운 해의 기운이 작렬하는 곳이기도 하므로 빨강은 불, 즉 해를 상징하는 색깔이며, 오성으로 보면 화성(火星)이고 불은 타오르는 성질[炎上]이 있으므로 동물 중에서도 날짐승에 해당한다. 또 남방의 왕성한 양기운(陽氣運)은 만물을 융성하게 하는 특징이 있으므로 불을 관리하는 신은 나라와 집안의 융성함을 빈다는 축융(祝融), 즉 숭늉이다.

㊹ 진(辰)의 개념과 천체 운행의 이치

무릇 건은 천하의 지극히 굳센 것이니 덕행이 항상 쉬움으로써 험함을 알고, 무릇 곤은 천하의 지극히 유순함이니 덕행이 항상 간략함으로써 막힌 것을 안다. 그로써 능히 마음으로 기뻐하고 생각에서 궁리하여 천하의 길흉을 결정하며 천하의 힘쓰고 힘써야 함을 이루는 것이다. 이런 까닭에 주역에 의지하게 되면 변화를 보아서 말하고 행동하게 되니 매사가 길하여 상서로움이 있다.

夫乾, 天下之至健也, 德行恒易以知險. 夫坤, 天下之至順也,
부건 천하지지건야 덕행항이이지험 부곤 천하지지순야

德行恒簡以知阻. 能說諸心, 能研諸候之慮. 定天下之吉凶,
덕행항간이지조 능열저심 능연제후지려 정천하지길흉

成天下之亹亹者. 是故變化云爲, 吉事有祥.
성천하지미미자 시고변화운위 길사유상

〈周易 繫辭 下傳 12章〉
주역 계사 하전   장

진(辰)의 개념에 바탕을 둔 천체 운행의 이치는 우리가 우리의 생활 속에서 구체적으로 어떤 맥락에서 받아들여야 하는가?

다시 여기서 강조하는 내용이 되겠지만 천체의 운행을 이해하는데 있어서 무엇보다도 중요한 것은 진(辰)의 개념이다. 그런데 우리는 그것을 이해하는데 중요한 실마리 가운데 하나로서 황제내경(黃帝內經) 소문편(素問篇)을 상기해 볼 필요가 있다.

그 중에서도 진(辰)에 관한 내용으로는 오운육기(五運六氣)에 관한 그곳

본문 중 다음과 같은 언급이다.

"갑(甲)과 기(己)는 토운(土運)이 되고, 을(乙)과 경(庚)은 금운(金運), 병(丙)과 신(辛)은 수운(水運), 정(丁)과 임(壬)은 목운(木運), 무(戊)와 계(癸)는 화운(火運)이 된다."

이 구절의 본문 내용 역시 근거는 하늘의 움직임을 말할 때 일컫는 진(辰)의 명칭과 관련되어 있다. 이에 대해 설명할 때 오운육기(五運六氣)에 대한 해설에서 세 가지의 이론이 있음을 이미 다루었다. 여기서는 소문의 관점에서 접근하여 그 의미를 잠시 살피기로 한다.

소문(素問) 오운행대론(五運行大論)에서 황제가 기백(岐佰)에게 오운(五運)의 발단에 대해 말한 게 실려 있다. 천간(天干)의 무기지분(戊己之分)에 운기가 시작된다는 구절을 인용한 기백의 말이다.

"이른바 무기분(戊己分)은 규벽숙(奎璧宿)과 각진숙(角軫宿)을 가리키며, 그것은 바로 천지의 문호라고 한다."

왕례의 주에서는 둔갑경을 인용하여 말하기를, "육무(六戊)는 천문(天門)이고, 육기(六己)는 지호(地戶)"라고 하였다. 지지(地支)로 보면 이들 자리는 천문이 술해(戌亥)의 사이가 되며, 28수로는 규벽숙(奎璧宿)의 위치에 해당한다. 지호(地戶)는 진사(辰巳)의 사이에 있으며, 각진숙(角軫宿)의 사이에 해당한다.

이는 모든 음양(陰陽)의 시작점이 진(辰)임을 뜻하는 말이었다. 또 그 이유는 심괄의 저술을 통해 이미 다룬 그대로다. 그런데 이와 관련시켜 기억할 일은 오행도 별자리는 역시 각진숙(角軫宿)의 진(동방 7숙의 마지막 십이지지가 辰이기 때문임)으로 출발점을 삼는다는 점이다.

그 결과 갑년(甲年)과 기년(己年) 무기검천지기(戊己黔天之氣)는 각진숙(角軫宿)을 지나므로 토운(土運)이다. 여기서 각숙(角宿)은 진(辰)에 속하고 진숙(辰宿)은 사(巳)에 속한다. 또 갑년(甲年)과 기년(己年)은 무진(戊辰)과 기사(己巳)를 얻고, 그들의 천간은 모두 토(土)에 속한다. 그러므로 운기가 토운(土運)이다. 그 밖의 경우도 모두 이와 같다. (아래 도표 참고)

지호(地戶) 구궁도 손(巽)의 자리	軫 戊己庚 남방칠숙 (翼張星柳鬼井) 巳 午 未(己巳 庚午 辛未)	
角 丙丁 동방칠숙 (箕尾心房氐亢) 寅 卯 辰(丙寅 丁卯 戊辰)		奎 辛壬 서방칠숙 (參觜畢昴胃婁) 申 酉 戌(壬申 癸酉 甲戌)
	壁 癸甲乙 북방칠숙 (室危虛女牛斗) 亥 子 丑(乙亥 甲子 乙丑)	

을(乙)년과 경(庚)년에는 경신소천지기(庚辛素天之氣)가 각진숙(角軫宿)을 지나므로 금(金)운이 되며, 즉 경진(庚辰)과 신사(辛巳)다. 또 병(丙)년과 신(辛)년에는 임계현천지기(壬癸玄天之氣)가 각진숙(角軫宿)을 지나므로 수(水)운이 되며, 즉 임진(壬辰)과 계사(癸巳)다. 정(丁)년과 임(壬)년에는 갑을창천지기(甲乙蒼天之氣)가 각진숙(角軫宿)을 지나므로 목(木)운이 되며, 즉 갑진(甲辰)과 을사(乙巳)다. 또 무(戊)년과 계(癸)년에는 병정단천지기(丙丁丹天之氣)가 각진숙(角軫宿)을 지나므로 화(火)운이 되며, 즉 병진(丙辰)과 정사(丁巳)다.

소문에서 말하는 내용은 규벽숙(奎璧宿)과 각진숙(角軫宿)이 바로 천지의 문호라는 구절에서 발단하였다. 무릇 모든 운(運)이 각진숙(角軫宿)에 오면 기가 규벽숙(奎璧宿)에서 호응하며, 기(氣)와 운(運)은 늘 천지(天地)의 문호에 함께 머무른다. 그러므로 토(土)자리 아래에는 풍기(風氣)가 그것을 잇는다.

이는 바로 갑년(甲年)과 기년(己年)에 무기(戊己)토(土)가 각진숙(角軫宿)에 오면 갑을(甲乙)목(木)은 규벽숙(奎璧宿)에 있게 된다. 규숙(奎宿)은 술(戌)에 속하고 벽숙(壁宿)은 해(亥)에 속하며 갑년(甲年)과 기년(己年)은 갑술(甲戌)과 을해(乙亥)를 얻는다. 아래도 모두 이와 같다.

금(金) 자리 아래에는 화기(火氣)가 잇는다는 을(乙)년과 경(庚)년, 경신(庚辛) 금(金)이 각진숙(角軫宿)에 도달하면 병정(丙丁) 화(火)는 규벽숙(奎璧宿)에 있게 된다.

수(水) 자리 아래에는 토기(土氣)가 이를 잇는다는 병(丙)년과 신(辛)년 그리고 임계(壬癸)수가 각진숙(角軫宿)에 도달하면 무기(戊己) 토(土)는 규벽숙(奎璧宿)에 있게 된다. 또 풍(風) 자리 아래에는 금(金)기가 이를 잇는다는 정년(丁年)과 임(壬)년, 갑을(甲乙) 목(木)이 각진숙(角辰宿)에 도달하면 경신(庚辛) 금(金)이 규벽숙(奎璧宿)에 있게 된다. 또 상화(相火)의 아래에는 수(水) 기(氣)가 이를 잇는다는 무(戊)년과 계(癸)년 그리고 병정(丙丁) 화(火)가 각진숙(角辰宿)에 도달하면 임계(壬癸) 수(水)가 규벽숙(奎璧宿)에 있게 된다.

이상은 십간 오행 배합이 갑기토(甲己土) 을경금(乙庚金) 병신수(丙辛水) 정임목(丁壬木) 무계화(戊癸火)로 성립하는지 그 근거에 대한 설명이다.

㊺ 역(易)의 원리에 근거한 동양의 율려(律呂) 사상

천하의 지극히 떠들썩한 것을 극진하게 함은 괘(卦)에 있고, 천하의 움직임을 북돋아 고무시키는 것은 말에 있고, 화해서 마름질하는 것은 변(變)에 있고, 미루어서 행하는 것은 통함에 있고, 신령스러워 밝게 함은 사람에게 있다. 그때 묵묵하면서도 이루게 하며 말하지 않아도 미더운 것은 그 사람의 덕행일 따름이다.

極天下之賾者 存乎卦. 鼓天下之動者 存乎辭. 化而裁之存乎
극 천 하 지 색 자 존 호 괘   고 천 하 지 동 자 존 호 사   화 이 재 지 존 호

變, 推而行之存乎通. 神而明之 存乎其人. 默而成之, 不言而
변   추 이 행 지 존 호 통   신 이 명 지 존 호 기 인   묵 이 성 지   불 언 이

信, 存乎德行.　　　　　　　　　　〈周易 繫辭 上傳 12章〉
신   존 호 덕 행　　　　　　　　　　　주 역 계 사 상 전　　장

　동양의 음악 이론인 율려(律呂) 역시 본질은 이와 같은 천체 운행의 원리에 바탕을 두고 있는 것으로 알려져 있다. 그렇다면 그것도 결국 십진법의 형태로 구체화시킬 수 있다는 결론이 생겨나지 않겠는가? 또 십진법의 수리체계로 그것이 구체화될 수 있다면 그 특징은 어떤 점에서 주역의 의미체계를 그 안에 반영할 수 있게 되는가?

　진몽뢰(陳夢雷)의 고금도서집성(古今圖書集成)에 의하면 오동나무를 깎아서 만든 거문고의 길이는 7척 2촌이며, 줄의 수는 27이고, 그 줄은 실을 여러 겹 꼬아서 만든 것이라고 하였다.

　왜 줄의 수가 하필 27일까?

　하도에서 봄의 기운 목(木)은 낳는 수가 3이고 이루어진 수가 8이다. 따

라서 낳는 수 3에 현상으로 작용하여 나타나는 수 9(본체는 10 이를 총칭하여 십체구용이라고 한다)를 적용하면 그 몫이 27이기 때문이다.

한편 진몽뢰는 거문고의 줄로 25현이 사용되기도 했었음을 앞의 저술에서 소개한다. 그 역시 근거는 천지자연의 이치다. 만물의 변화를 수로 나타낼 때 기본 단위는 1에서 10이 되는데 그 가운데 양에 해당하는 홀수의 합이 바로 25이기 때문이다.

이처럼 동양의 전통은 악에 있어서도 그 기준은 하늘과 자연의 법칙이었다. 하물며 십간 십이지지이겠는가?

천지대연의 수를 이루는 기본 단위를 음과 양의 집합으로 나누어 생각하면 하늘 수의 중심은 5가 되고, 땅의 수 중심은 6이 된다. 만물이 음과 양으로 전개된다는 점에서 볼 때 하늘의 수에 2배를 가하면 10수인 10간이 되고, 땅의 수에 2배를 가하면 12 수인 12지지가 나온다.

그러므로 율려를 이해하고자 할 때 그 바탕은 반드시 역(易)에서 취급하는 천지자연의 이치에 두어져야 한다. 율에서 오성은 하늘의 기본 성질인 오행(五行)이다.

이것이 악(樂)에서는 궁상각치우(宮商角徵羽)로 구분되는 다섯 가지 성질의 소리로 표현된다. 또 8음은 역의 기본 팔괘에 해당하는 악(樂)의 형식이다. 이것을 재료로 대신하면 쇠·돌·실·대나무·박·흙·가죽·나무 등이 된다.

「악학궤범(樂學軌範)」에 의하면 대개 해와 달이 하늘의 12차에서 1년에 12번 만나는데, 그것이 오른편으로 도는 것을 본받아서 성인이 6려(呂)를 만들고, 북두칠성의 자루가 12신(辰)으로 운행하는데, 왼쪽으로 선회하는 것을 본받아서 성인이 6률(律)을 만들었다고 하였다.

　이것을 악(樂)에서는 율려(律呂)라고 일컫는데 앞의 오성(五聲)과 이곳의 12률(律)은 악(樂)의 근본이다. 성현이 말하듯이 어떤 물이 생겨나면 감정이 있게 되고, 감정이 드러나면서 음이 된다.

　이를 관의 길고 짧음에 따라 청성(淸聲)과 탁성(濁聲)을 나누는데 율의 12가지는 일년의 12월에 분배가 되고 5음과 12율은 서로 맞물리면서 60조를 이룬다. 천간지지의 구성에서 간지의 모든 조합이 60갑자가 되고 역의 64괘로 천체의 하늘과 땅의 움직임을 대신하는 이치 그대로다.

　이런 원리를 채원정(蔡元定)의 율려신서(律呂新書)에서는 악과 결부시켜 다음과 같이 기록하고 있다.

　"12률이 돌려가며 궁이 되고, 12률에 각각 7성이 있어서 모두 84성이 된다. 궁성 12, 상성 12, 각성 12, 치성 12, 우성 12로 합계가 60성인데 이것이 60조가 된다. 앞의 84와 서로 일치하지 않는 까닭은 다음과 같다.

　변궁 12는 우성의 뒤와 궁성의 앞에 있고, 변치 12는 각성의 뒤와 치성의 앞에 있어, 변궁은 궁이되 궁을 이루지 못하고, 변치는 치이되 치를 이루지 못하여, 이 24성은 조가 될 수 없다."

　돌이켜보면 율에는 12음이 있지만 음악에서는 실제 7음만 쓰인다. 또 아악에서는 7음을 쓰지만 속악에서는 2변(二變-變徵와 變宮)을 제외한 5음만 사용한다.

　그런데 왜 여기서도 수의 전체 구성이 60일까?

　내경의 설명에 의하면 하늘에는 오행인 목·화·토·금·수의 법칙이 지배하여 다섯 방위인 동·서·남·북·중앙과 연결된다.

여기서 추위와 무더위, 메마름과 눅눅함, 바람에 해당하는 한·서·조·습·풍을 발생시킨다. 바로 악에서 보면 이것이 악의 근본인 오음(五音)이고, 이 오음(五音)은 1년 12달의 운행에 해당하는 황종(黃鐘) 대려(大呂) 태주(太簇) 협종(夾鐘) 고선(姑洗) 중려(仲呂) 유빈(蕤賓) 임종(林鐘) 이칙(夷則) 남려(南呂) 무역(无射) 응종(應鐘)의 12률(律)을 제각각 발생시킨다.

이는 해와 달의 움직임을 북두칠성의 손잡이가 가리키는 땅 위의 지점과 결부시켜 접근하는 주례(周禮)·춘관(春官)·대사악(大司樂)의 다음과 같은 구절도 참고가 된다.

"육률 육동은 음양의 소리를 합한 것으로 양성(陽聲)은 황종(黃鐘)·태주(太簇)·고선(姑洗)·유빈(蕤賓)·이칙(夷則)·무역[无射]이고, 음성(陰聲)은 대려(大呂)·응종(應鐘)·남려(南呂)·임종(林鐘)·중려(仲呂)·협종(夾鐘)이다."

이에 근거하여 악기의 제작도 이루어졌음을 말하면서 "육률 육동의 조화를 관장하여 천지사방, 음양의 소리를 분별함으로써 악기를 만든다"고 하였다. 악기를 주조할 때 율려의 제도에 따라서 취하게 되는 균형은 국어 영주구에 언급된다.

"기가 되는 것은 3이고, 평이 되는 것은 6이며, 이루어지는 것은 12이다."

여기서 말하는 3과 6, 12의 개념은 해석이 다양할 수밖에 없다.

일반적으로 추정하면 이들 역시 본질은 천지의 운행 원리를 삼천양지(三天兩地)로 구체화시킨 역의 원리다.

○ 월령에 의한 오성(五聲)과 율(律)의 구분

	오음	율	수	
봄	첫달 - 角(1월)	태주(太簇)	8	甲乙
	가운데달 - 角(2월)	협종(夾鐘)		
	끝달 - 角(3월)	고선(姑洗)		
여름	첫달 - 徵(4월)	중려(仲呂)	7	丙丁
	가운데달 - 徵(5월)	유빈(蕤賓)		
	끝달 - 徵(6월)	임종(林鐘)		
가을	첫달 - 商(7월)	이칙(夷則)	9	庚辛
	가운데달 - 商(8월)	남려(南呂)		
	끝달 - 商(9월)	무역(无射)		
겨울	첫달 - 羽(10월)	응종(應鐘)	6	壬癸
	가운데달 - 羽(11월)	황종(黃鐘)		
	끝달 - 羽(12월)	대려(大呂)		

따라서 도표 안의 수를 보더라도 사상의 수는 결국 7·8·9·6이다. 우리는 이런 결론을 뒷받침하기 위해 다시 관자 지원의 해당 구절도 살펴볼 필요가 있다.

"장차 오음이 일어나는데, 선왕께서 1을 으뜸으로 하고 3을 4제곱하면 그 합이 9·9라 하였다. 이로써 황종의 수(9×9=81)를 가늠하게 되는데 이것이 첫머리가 되어 궁(宮)을 이루고 셋으로 나눈 것의 하나를 더하여 된 108을 치(徵)로 삼는다. 이것을 셋으로 나누어(108÷3=36) 그 하나를 제거하여(108-36=72) 헤아린 그 수가 충분히 적합하니 이로써 상(商)을 낳는다. 이것을 셋으로 나누어(72÷3=24) 그 하나를 다시 더하여 우(羽) (72+24=96)를 이룬다."

여기서 각(角)은 우의 96을 삼분손일(96÷3=32)하여 각의 64(96-32=64)를 다시 얻는다.

이상에서 나타난 각 음(音)의 순환 과정을 도표로 표시하면 다음과 같다.

	치 108	
각 64	궁 81	상 72
	우 96	

이처럼 율려(律呂)의 기본도 천체의 움직임을 삼천양지(三天兩地)의 수로 반영했다는 점에서 결국 주역의 이치다. 그래서 성현의 악학궤범은 음악 이론에 관한 내용을 설명하면서도 책의 앞머리는 결국 역에 관한 언급이다. 참고로 이들 율려의 이론이 삼천양지(三天兩地)의 수 1부터 5를 바탕에 두고 있음을 알게 하는 문헌으로는 『회남자(淮南子)』의 천문훈(天文訓)이 있다.

㊻ 역(易)의 원리에 근거한 옛 시대 도량형(度量衡)

주역의 이치로는 어떤 일을 본떠서 기물을 알 수가 있고 닥쳐 올 일을 점쳐서 오는 것을 알 수 있게 한다. 이처럼 주역은 천지가 상(象)으로 자리를 베풀어 줌에 성인이 능함을 이루게 된다. 그 결과 사람과 귀신이 일을 꾀할 때면 세상의 모든 사람들은 주역의 이치로 인해 매사를 능숙하게 처리할 수가 있다.

이처럼 상으로써 알려주는 팔괘와 뜻으로서 알게 하는 주역의 효(爻)와 판단하는 말은 강과 유가 섞이어 자리 잡은 결과가 되니 세상의 길흉은 거기에서 드러나게 된다. 그러므로 누군가 변하고 움직임에 주역에 자신을 맡기면 세상의 모든 일이 결국 이로움으로서 말하고 길흉을 보고 자신의 뜻을 분명히 정할 수가 있게 된다.

象事知器, 占事知來. 天地設位, 聖人成能. 人謀鬼謀, 百姓與
상 사 지 기   점 사 지 래   천 지 설 위   성 인 성 능   인 모 귀 모   백 성 여

能. 八卦以象告, 爻彖以情言, 剛柔雜居, 而吉凶可見矣. 變動
능   팔 괘 이 상 고   효 단 이 정 언   강 유 잡 거   이 길 흉 가 견 의   변 동

以利言, 吉凶以情遷.   〈周易 繫辭 下傳 12章〉
이 리 언   길 흉 이 정 천   주 역 계 사 하 전   장

　예로부터 일상생활에 필요한 율(律)과 도량형(度量衡)의 제정 역시 천체 운행의 변화에 바탕을 두고 있다고 알려져 있다. 이는 어느 문헌의 기록이며 어떤 방식으로 이루어진 결과물인가?

　해당 문헌에 대해서 먼저 살펴보면 서경(書經) 순전(舜典)과 관자(管子)가 대표적인 사례라고 할 수 있다. 그 가운데 서경의 순전을 보면 순(舜)임

금이 요(堯)임금에게 임금의 자리를 물려받으시고 행하신 최초의 일이 바로 그와 관련된 천자로서의 역할이었다. 곧 순임금은 천자의 자리에 오르자 먼저 종묘와 하늘 천지(天地) 사시(四時), 산천(山川) 등 여러 신들에게 두루 제사를 지냈으며, 구슬로 된 혼천의(渾天儀)를 살펴 천체의 운행을 바로잡았음을 기록한다.

직접 그곳의 본문 내용을 살펴보자.

첫째 달 첫 날에 그만 두신 임금 자리를 종묘에서 받드셨다. 구슬로 된 혼천의를 살피시어 천체의 운행을 바로잡으시고 하나님께 제사 지내고 천지(天地) 사시(四時)의 신에게 제사 지내고 산천(山川)의 신에게 제사 지내고 여러 신들에게 두루 제사 지내셨다.

다음에 다섯 홀(笏)을 모으고 좋고 길한 날을 가리어 사방의 제후와 여러 관료들을 만나보신 뒤 홀을 다시 사방의 제후들에게 돌려주셨다. 이해 이월에 동쪽을 순행하시어 태산에 이르러 제사를 모시고 철과 달을 맞추고 날짜를 바로잡았으며 악률(樂律)과 도량형(度量衡)을 통일하시고 오례와 다섯 가지 홀, 세 가지 비단, 두 가지 산 짐승, 한 가지 죽은 짐승과 예물을 정리하셨다.

여기서 말하는 내용 가운데 악률(樂律)은 황종(黃鐘)·대려(大呂)·태주(太簇)·협종(夾鐘)·고선(姑洗)·중려(仲呂)·유빈(蕤賓)·임종(林鐘)·이칙(夷則)·남려(南呂)·무역(無射)·응종(應鐘)이고, 도량형(度量衡)은 무게와 길이를 재는 단위를 나타내는 구체적인 개념이니 형식은 다음과 같다.

첫째, 길이의 단위는 분(分)·촌(寸, 손가락 한 마디의 길이를 치로 읽음)·척(尺)·장(丈, 보통 사람의 키에 해당하는 길이)·인(引) 등이다.

둘째, 양의 단위이니 작(勺, 한 홉의 1/10)·홉(合)·승(升)·두(斗, 10되)·곡(斛, 10말) 등이다.

셋째, 무게의 단위이니 수(銖, 1냥의 1/24)·양(兩)·근(斤)·균(鈞, 30근)·석(石) 등이다.

이처럼 악률의 제정은 역의 수리와 떼어 놓고 생각할 수 없는 천체 운행의 변화에 맞는 옛 사람들의 지혜로서 구체적인 언급을 다시 찾으려고 하면 주목해 볼 수 있는 구절이 다음의 관자다.

"장차 5음이 일어나는데 선왕께서 일(一)을 으뜸으로 하고 3을 4제곱하면 그 합이 9·9(역의 6획괘)다. 이로써 황종의 수를 가늠하게 되는데 이것이 첫머리가 되어 궁(宮)을 이루고 셋으로 나눈 것의 하나를 더하여 된 108을 치(徵)로 삼는다. 이것을 셋으로 나누어 그 하나를 제거하여 헤아린 수 그 수가 충분히 적합하니 이로써 상(商)을 낳는다. 이것을 셋으로 나누어 그 하나를 다시 더하여 우(羽)를 이룬다. 이것으로 셋으로 나누어 그 하나를 제거하여 헤아린 그 수가 충분히 적합하니 이로써 각(角)을 이룬다." (지원 관자)

이처럼 악률의 성립은 그 본질을 천체 운행의 이치에서 직접 빌려오고 있다. 물론 악률 뿐이겠는가? 예(禮)도 마찬가지다. 다음의 인용문은 예기(禮記)의 예운(禮運)편이다.

"사람은 좋아하고 미워하는 마음을 간직하고 있으나 다른 사람은 이것을 추측할 수 없는 것이다. 아름다운 것과 악한 것이 그 마음속에 있으나 그 표정 위에 나타나지 않는다. 일일이 이것을 살펴서 알려고 할 때 예를 버리고 무엇을 가지고 하겠는가. 왜냐하면 하고자 하고 싫어하는 것이 절도에 맞는다면 동작이 저절로 예에 맞게 되는 것이기 때문이다.

　사람이란 것은 천지(天地)의 덕이며 음양(陰陽)의 변함이며 귀신(鬼神)의 모임이며 오행(五行)의 빼어난 기운이다. 하늘은 양(陽)을 잡아 해와 별빛을 드리우고 땅은 음을 잡아 산과 내에 구멍이 있어서 기를 통한다. 오행을 사시에 뿌려서 그 뿌려진 것이 화순하게 된 뒤에라야 달이 생긴다.

　그런 까닭에 달은 삼오(三五)에 차고 삼오(三五)에 사라진다. 오행(五行)의 운행은 서로 교체하여 끝이 된다. 오행이 사시 사이에 운행되는 것은 서로 끝이 되고 처음이 영원히 되어 고리처럼 순환한다.

　오성 육률의 12률관은 돌아서 궁이 된다. 오미 육화의 12월간 먹는 것은 돌아서 서로 바탕이 된다. 사람에게 천지의 마음은 서로 바탕이 된다. 그런 까닭에 사람이란 천지의 마음이며 오행의 단서이며 오미를 먹고 오성을 나누며, 즉 오음과 같으니 소리의 다섯 가지 궁·상·각·치·우이다. 궁은 토성, 상은 금성, 각은 목성, 치는 화성, 우는 수성이다."

　지구 위의 오행을 하늘과 결부시킬 때 그것은 곧 하늘의 오성으로 대신되어 진다는 것을 이곳에서는 아마 밝히고 싶었을 것이다. 악기를 만드는 원리도 결국 출발점이 여기에서 벗어나지 않는 게 너무나 당연한 노릇이었다. 예를 들어 거문고의 25현은 하늘의 수 1·3·5·7·9를 합한 수의 조합이다. 27현 거문고는 하늘의 기운이 처음 땅에 나타나는 목의 기운을 대신하는 의미에 초점이 맞추어져 있다. 왜냐하면 목의 수는 하도에서 3과 8이 되는데 그 중 하늘의 수 3을 양의 만수인 9와 곱한 수가 27이 되기 때문이다.

　다음으로 36현 거문고는 사상의 수에 9를 곱한 숫자다. 당연히 36은 역의 기본 팔괘의 합 혹은 사상의 수에 9를 곱한 수다. 7척 2촌(72)은 주역 8괘에 9를 곱한 수의 몫이다.

이처럼 9는 어떤 사물의 성격을 나타낼 때 매우 중요한 역할을 하게 된다. 이는 하도에서 볼 때 십체구용(十體九用), 즉 양을 대표하는 양의 만수인 극수(極數)로서 너무나 당연한 결과다. 황제는 12률을 제정하면서 6음 6양인 12달 해 그림자의 변화를 반영한 결과임을 확인할 수가 있다.

한편 육갑(六甲)에서 간지(干支)의 표준이 되는 수는 5와 6이다. 즉 그 말뜻은 천간의 여러 수 가운데 땅에 작용하는 중앙의 천수는 5가 된다는 의미이다. 지지에 해당하는 수 6은 하늘이 땅에 작용하는 지수의 가운데 오는 수의 개념이다. 이는 계사전을 보더라도 분명하다. 그곳에서 공자는 십진법 안의 모든 숫자들을 1·3·5·7·9를 하늘의 수, 2·4·6·8·10을 땅의 수라고 분류하고 있기 때문이다.

이때 그 수들의 중심을 취하면 5와 6이 되고, 그것들을 중심으로 서로 대칭을 이루는 수들의 조합을 만들게 되면 그것이 바로 육갑(六甲)에서 적용하는 10간(干) 12지지(地支)의 개념이다.

이처럼 세상의 만물은 천수의 중앙 5와 지수의 가운데 수 6을 두 배한 수로, 이들의 가운데 수에 두 배를 하는 이유는 세상의 만물이 태극으로부터 양의로 분화되어지는 이치 때문이다.

㊼ 서경의 홍범구주(洪範九疇)와 역(易)의 기본 원리

하늘의 법도에 근본하여 가르침을 베풀면 천하 사람들은 누구나 복종하기 마련이다.

以神道說敎 而天下服矣.　　　　　　〈周易 風地觀 彖傳〉
이 신 도 설 교 　이 천 하 복 의　　　　　　　주 역 　풍 지 관 　단 전

이런 천체 자연의 규칙적인 움직임을 옛 사람들은 정치적인 측면에서는 어떤 형태의 지혜로서 활용해 오고 있었는가?

　서경의 홍범구주(洪範九疇)가 대표적인 사례 가운데 하나다.

　홍범구주는 세상의 모든 일을 아홉 가지 범주로 나누었을 때 법칙으로 삼아야 한다고 여겨지는 내용으로 되어 내용이다. 근거는 천체가 운행하는 이치로서, 일 년의 변화를 여덟 등분으로 구체화시킨 역의 구궁도(九宮圖)와 동일하다. 그 까닭에 주역도 전체적인 괘상의 내용을 해석할 때 이곳 홍범구주(洪範九疇) 본문을 직접 적용하게 되는데 참고해볼 만한 구절이 다음 오행에 대한 해석이다. 그 점은 여기서 다루는 주제와 어긋나지만 먼저 소개하고 넘어간다.

　"오행(五行)은 첫째가 수(水), 둘째가 화(火), 셋째가 목(木), 넷째가 금(金), 다섯째가 토(土)다. 수(水) 물은 흘러 내려가는 윤하(潤下)요, 화(火) 불은 타 올라가는 것이고, 목(木) 나무는 굽고 곧은 것이며, 금(金) 쇠는 따르고 바뀌는 것이고, 흙은 심고 거두는 것이다. 적시고 내려가는 것은 짠 것을 만들고, 타고 오르는 것은 쓴 것을 만들고, 굽고 곧은 것은 신 것을 만들고, 따르고 변화하는 것은 매운 것을 만들며 심고 거두는 것은 단

것을 만든다."

주서(周書) 홍범(洪範)의 일부 본문 내용이다.

그럼 옛 사람들은 이런 원리를 어떤 맥락에서 주역과 결부시켜 정치로 활용하고 있을까?

다시 참고해 볼 수 있는 본문 내용이다.

주나라가 들어서고 무왕(武王) 13년 되던 해에 기자(箕子)와 나눴다는 대화 내용이다

"그대 기자여! 하늘은 아래의 백성을 보호하고 서로 돕고 화합하여 살도록 가르쳤는데, 나는 그 가르침의 법도가 어떻게 베풀어지는가를 정확하게 알 수가 없소. 이에 대해 가르쳐 줄 수가 있겠소."

기자가 바로 대답하였다.

"제가 듣기엔 옛날 곤(鯀)이 홍수를 막으려다 오히려 교만함 때문에 오행(五行)만 어지럽혔으므로 하늘로부터 아홉 가지의 큰 법도(홍범구주)를 제시받지 못했다고 합니다. 그래서 그 법도가 사라지게 되었습니다. 이에 곤(鯀)은 유배살이를 하던 끝에 죽음을 당하였고 그 뒤를 이은 사람은 우(禹)였습니다. 하늘은 우(禹)에게 홍범구주를 가르쳐 줌으로써 법도가 베풀어지게 하였습니다."

음미하면서 내용을 살피면 알겠지만 그것은 사실 주역(周易)의 구궁도(九宮圖)다.

그 가운데 첫째는 오행(五行)이다. (1. 감坎☵)

둘째는 오사(五事)를 공경히 받들어 행하는 일이다. (2. 곤坤☷)

셋째는 팔정(八政)을 힘써 행하는 일이다. (3. 진震☳)

넷째는 오기(五紀)를 조화시키는 것이다. (4. 손巽☴)

다섯째는 법도 세우는 일을 황극(皇極)으로써 하는 일이다. (5. 中宮)

여섯째는 삼덕(三德)을 다스려 쓰는 일이다. (6. 건乾☰)

일곱째는 점을 쳐서 의문을 풀어 밝히는 계의(稽疑)다. (7. 태兌☱)

여덟째는 여러 징후를 헤아려서 쓰는 서징(庶徵)이다. (8. 간艮☶)

아홉째는 오복(五福)을 기르고 여섯 가지 어려움[六極]을 누르며 쓰는 것이다. (9. 이離☲)"

그럼 우리는 이들 본문의 내용을 주역의 구궁도와 관련시켜 어떤 면에서 상호 일치점을 가지고 있는지 먼저 확인해 보자.

참고로 역(易)의 의미 체계는 천체의 움직임을 45일 단위의 변화로 파악했을 때 생겨나는 8괘의 상임을 기억하면 된다.

4. 오기(五紀) 손(巽☴) 바람 입하(立夏) 동남방(東南方)	9. 오복(五福) 이(離☲) 해 하지(夏至) 남방(南方)	2. 오사(五事) 곤(坤☷) 땅 입추(立秋) 서남방(西南方)
3. 팔정(八政) 진(震☳)우레 춘분(春分) 동방(東方)	5. 건용황극(建用皇極) 中宮	7. 계의(稽疑) 태(兌☱) 못 추분(秋分) 서방(西方)
8. 서징(庶徵) 간(艮☶) 산 입춘(立春) 동북방(東北方)	1. 오행(五行) 수(水) 감(坎☵) 동지(冬至) 북방(北方)	6. 삼덕(三德) 건(乾☰) 하늘 입동(立冬) 서북방(西北方)

〈도표 33〉 서경의 홍범구주와 주역 팔괘(八卦)의 관련 도표

〈도표 33〉에서도 나타나 있지만 서경(書經)에서 첫째로 꼽는 게 맨 아

래 가운데 칸의 오행(五行)이다. 이는 당연히 주역 구궁도(九宮圖)에서는 정북방인 감(坎)의 자리에 해당한다.

왜일까?

이는 옛 사람들의 세계관과 깊은 관련이 있다. 절기상으로 보면 감(坎)은 땅 위의 해 그림자가 가장 길게 나타나는 동지가 된다. 이는 그 자리가 음(陰)이 가장 왕성한 때로 세상의 모든 만물이 근본 자기의 자리로 돌아가 있다고 보면 되기 때문이다. 방위로는 당연히 정북(正北)방의 자리다.

그렇다면 왜 홍범구주를 이야기하면서 이곳의 정북방(正北方) 감(坎)의 자리에 오행(五行)을 오게 했느냐가 될 것이다. 오행(五行)이 홍범의 첫째 자리를 차지하게 되는 것은 세상을 경영하는 삶의 중심이 천체의 움직임에서 출발해야만 한다고 여겼기 때문이다. 지구의 변화를 지구의 상황으로 좁혀 생각하지 않고 우주가 보여주는 규칙성에서 찾고자 했음을 알게 하는 내용이다.

그렇듯이 오행이란 지구에 영향을 미치는 대표적인 하늘의 다섯 개 행성들 수성(水星)·화성(火星)·목성(木星)·금성(金星)·토성(土星)을 떠올리면 된다. 우리는 오행(五行)이라고 하면 편견이 많다. 그러나 사실은 조금도 애매하거나 맹목적인 개념이 아니다.

어느 해에 어떤 별자리의 영향력이 어떤 식으로 지구상에 나타나게 되는지, 옛 사람들은 오행의 움직임에서 그 특징을 찾았던 셈이다. 반드시 오행의 영향이 아니라고 하더라도 상관없는 일이다. 오행의 규칙적인 움직임으로 지구의 전체적인 기상 변화를 구분해서 생각할 수도 있는 일이었다. 그 결과 새로 맞이할 한 해의 효율적인 운영을 꾀하고 예측 가능한 삶을 추구할 수가 있게 되는 것이다.

　따라서 첫째가 오행이라고 하면 새로 시작되는 한 해가 도대체 어떤 행성의 영향에 놓였다고 볼 수 있는가를 확인해 보고 그에 대한 한 해의 시작을 준비해야 한다는 뜻이다. 참고로 그들 행성의 주기적인 출현에 따라 생겨나는 지구상의 갖가지 변화에 대해서는 자세한 내용들이 황제내경 소문(素門)편에 구체적으로 언급되어 있다.

　둘째 내용은 오행(五行)의 이치를 유순하게 따라야 하는 오사(五事)가 된다. 구궁도의 괘상으로는 하늘의 이치를 유순하게 따르는 땅 곤(坤☷)의 자리다. 절기상 입추(立秋)이고, 방위는 만물의 역사를 성실하게 이루는 서남방(西南方)의 자리다. 이는 오행의 움직임에 근거하여 본받아야 할 인간의 일을 뜻하고 있다. 그래서 오사(五事)에서 언급하는 내용 역시 그 영역을 벗어나지 않고 있다.

　본문을 다시 참고해 보자.

　서경에서 오사(五事)는 그 내용이 다시 다섯 가지다.

　첫째가 오행의 첫 번째 성질 수성(水星)에 주목한 모양[一曰貌]이다.

　왜 오대 행성 가운데 수성(水星)이 첫 번째로 자리를 잡게 되고 그것을 또 모양과 관련된 개념으로 받아들이는가?

　오행의 수성(水星)은 현실적으로 물의 작용과 밀접한 연관이 있다. 물은 성질이 아래로 흘러내리는 특징이 있다. 거기에 수성의 특징을 옛 사람들이 모양과 결부시키는 까닭이 있다. 물이 없으면 세상의 어떤 사물도 자신의 생명을 보전할 수 없다는 점에서 생겨나는 결론이다. 또 물은 적시면서 흘러내리는 성질이 있으므로 자신의 모양은 남들 앞에서 항상 공손함을 근본으로 삼아야 한다.

오사(五事)의 두 번째는 말[二日言]이다.

홍범구주 첫 번째 범주인 오행(五行)에서 이는 화성(火星)의 특징과 연결된다고 보기 때문이다. 오행에서 화성의 작용이 불과 연결되어 있다면 가장 큰 특징은 위로 타오르면서 쓴 맛이 생겨나게 하는데 있다. 동시에 위로 타오르면서 쓴 맛이 생겨나게 하는 현상은 우리의 신체 작용에서 찾아볼 때 말을 통한 에너지의 발산과 일치한다. 그런데 누구나 말을 할 때는 이치에 맞아야 하고 앞뒤에 조리가 있어야 하며 세상을 따뜻하고 밝게 보는 눈에 기초해야만 한다.

오사(五事)의 세 번째는 보는 것[三日視]이다.

이는 홍범구주의 오행(五行)에서 목성(木星)의 작용을 본받은 결과가 된다. 목성은 계절로 놓고 볼 때 봄에 출현한다. 목성이 작용하는 봄철에는 일 년의 계획을 세워야 하고 그 핵심은 사물을 올바르면서도 세심하게 살필 줄 아는 마음의 눈에 달려 있음을 강조하는 내용이다.

오사(五事)의 네 번째와 다섯 번째는 듣는 일[四日聽]과 생각[五日思]이 여기에 해당된다.

이는 앞의 오행(五行)에서 네 번째인 금성(金星)과 다섯 번째 토성(土星)의 특징을 구체적으로 적용한 결과다. 앞서도 말했듯이 이곳의 곤(坤)방에서 보여주는 인간의 지혜로운 삶은 천체의 변화에 대한 유순함이었고, 그것은 네 번째와 다섯 번째의 귀와 사고 체계의 문제로 압축된다는 뜻이다. 실제 우리가 무엇인가를 듣고 경청한다는 청(聽)은 오사(五事)의 핵심이다. 그런데 이를 한의학에서는 오행(五行) 상 금(金)의 특징과 분명하게 결부되어 나타나는 것으로 이해하고 받아들인다.

그뿐만이 아니다. 오행(五行)상 금(金)은 왕성한 양(陽)의 기운이 열매를 맺는 종혁(從革)에 있다고 본다. 만약 우리가 어떤 일의 결실을 위해 누군가의 말을 듣고 따라야 한다면 그때 중요한 것은 그 말의 내용이 본질적인 이치에 맞는 일인가를 분명하게 살펴 아는 일이다.

따라서 오행(五行)의 금(金)을 주역 팔괘의 곤(坤)괘에 담겨 있는 유순한 행동으로 본받아야 한다고 보았고, 그러자면 무엇보다도 중요해지는 게 남의 말을 분명하게 파악할 수 있는 일이 되며 이것이 바로 오사(五事)에서 네 번째로 청(聽)을 열거하는 이유가 된다.

오사(五事)의 다섯 번째는 생각이다.

인간에게 있어서 생각은 우리가 평소 보고 듣고 행동하는 모든 것의 뿌리가 된다. 오행(五行)에서 농사를 짓듯 만물을 지탱하는 토(土)의 기능, 즉 가색(稼穡)과 오사(五事)의 사(思)를 결부시키게 된다.

한편 큰 범주에서 홍범구주의 세 번째는 오행(五行)과 오사(五事)의 뒤를 잇는 농용팔정(農用八政)이다. 농(農)은 두텁다는 뜻이고 팔정(八政)은 여덟 가지 분야에서 세상살이에 따른 자신의 역할을 구체화시켜 본다는 뜻이다. 구궁도의 절기상으로는 그때가 춘분(春分)이며 역의 괘상으로는 명서풍(明庶風)이 부는 진(震☳)의 때다.

이를 음양(陰陽)의 움직임으로 바꿔서 말하면 땅 위에 양기(陽氣)가 활발해지는 때다. 만약 양기(陽氣)가 왕성해지면서 누구나 자신의 역할을 구체화시켜야 한다면 무엇부터 떠올리겠는가?

당연히 첫 번째는 식량을 확보하는 일이다. 그래서 팔정(八政)의 첫째가

식(食)이 되며, 둘째는 재화가 되며, 셋째로는 제사 지내는 일에 대해서 거론한다. 그리고 넷째가 생활공간을 어떻게 꾸밀 것인가에 대한 사공(司空)의 문제다. 다섯째는 교육에 관한 사도(司徒), 여섯째는 도둑을 다스리는 사구(司寇), 일곱째는 손님 접대에 관한 빈(賓)이며, 여덟째는 나라를 안전하게 보존하기 위한 군사의 문제다.

세상에 임하면서 무엇이 보다 더 요긴한 자신의 움직임[震☳]이 되어야 하는가를 우리는 이들 요소에서 살펴보면 된다. 오행(五行)으로부터 오사(五事)와 팔정(八政)을 거치게 되면 다음으로 중요해지는 게 오기(五紀)의 문제가 된다.

오기(五紀)란 음양의 작용에 바탕을 둔 사시(四時)의 변화와 하늘의 별자리가 보여주는 천체의 기틀을 삼가 헤아려보는 일로서 앞 〈도표 33〉에서 위치하고 있는 자리가 주역의 괘상 손(巽☴)에 해당하는 동남방(東南方)이다. 이는 오행(五行)과 오사(五事)를 팔정으로 구체화시키고자 하면서 하늘의 해와 달, 별의 움직임, 날짜와 역수(曆數) 등의 다섯 가지를 실제 헤아려본다는 뜻이 있다. 한 해의 움직임과 구궁도(九宮圖)의 절기상으로 보면 이는 청명풍(淸明風)이 부는 입하(立夏)의 때다.

그럼 왜 절기상 입하에 들어선 때에 홍범에서는 오기(五紀)를 배치하고 있는가?

그 까닭은 오기(五紀)에 대한 옛 문헌의 언급에 귀를 기울이면 쉽게 이해할 수가 있다. 해당 자료는 성력고원(星曆考原)의 본문 내용이다.

"홍범에 말하는 세(歲)는 하늘에서 움직이는 해의 운동주기다. 해는 하루에 1도를 가고 365일과 남는 도수가 생기면서 하늘을 한 바퀴 돌아 처음 자리로 돌아온다. 그래서 그 주기 안에 봄·여름·가을·겨울의 네 계절이 생겨난다.

월(月)은 하늘에서 달이 더불어 만나는 주기다. 달이 하루에 13도를 가고 나머지가 생기는데 전체적으로 한 번 도는데 27일과 여분의 날짜가 소요된다. 이는 지구에서 보았을 때 한 달이 생겨나는 이유다.

셋째는 그로 인한 날짜의 구성이다. 해가 한 번 돌면 더운 여름과 추운 겨울을 포함하는 한 해가 된다. 달은 한 번 차고 이지러지면서 한 달이 된다. 반면 지구가 스스로 돌면서 한 번 밝고 한 번 어두워지는데 이것은 지구의 하루다. 이와 같은 움직임의 과정을 별 자리로 대신해 반영하면서 씨줄과 날줄로 삼는 게 별자리의 위치를 참고하게 되는 성신(星辰)이다. 다음 역수(曆數)는 해와 달, 별들의 전체 관계를 하나의 체계로 엮어서 지구상의 일정한 변화를 반영하는 24절기가 된다."

물론 이는 역(易)도 마찬가지다. 그러나 오기(五紀)와 관련된 역(易)의 개념은 여기가 아닌 다른 곳에서 따로 단락을 바꾸어 구체적으로 다시 살피기로 하겠다.

다섯째는 세상의 모든 일을 하늘과 땅의 덕스러움에 바탕을 두고 지극한 도리를 세워나가는 건용황극(建用皇極)이다. 이는 일 년 12달 세상의 전체적인 변화를 조화롭게 수용하는 천자의 역할을 떠올리게 하는 자리다. 오행(五行)상으로는 봄·여름·가을·겨울 사시(四時)의 토대가 되는 중앙 토(土)의 역할인 가색(稼穡)이다. 이곳 다섯째와 다음 여섯째의 내용은 일 년의 과정을 넘기면서 삶의 본질을 돌아보게 하는 의미가 크다.

여섯째는 강해야 할 때 강하고, 부드러워야 할 때 부드러우며, 하늘의 덕스러운 작용인 삼덕(三德)이다. 절기상으로는 입동(立冬)의 때이고 역(易)의 구궁도로는 부주풍(不周風)이 불어오는 건(乾≡) 하늘이다.

다음 일곱째는 한 해를 영위하고 있으면서 자신의 지향점이 본질에 바탕을 두고 있는지 다시 확인해 보는 의미가 있다.

일곱째는 의심스러운 일을 해결하는 계의(稽疑)다. 옛사람들은 의심을 해결하는 방법으로 두 가지를 활용했다. 하나는 거북으로 치는 복(卜)이고, 또 하나는 50가닥의 시초 풀을 이용하는 역(易)의 서점(筮占)이었다. 그 가운데 거북점은 모두가 날씨에 대한 궁금증과 관련되어 있다. 비가 올 것인지[雨], 구름이 걷힐 것인지[霽], 구름에 덮혀 있을 것인지[蒙], 비가 오락가락 할 것인지[驛], 소나기가 혹 내리게 되는 것은 아닐 것인지[克]를 묻는 다섯 가지다.

서점(筮占)은 어떤 일을 추진함에 있어서 생겨나는 정(貞)과 회(悔)의 문제다. 만약 의심스러운 일이 도리에 맞다면 그것은 정(貞)이 된다. 반면 뉘우침이 생겨날 수밖에 없다면 이는 회(悔)다. 역(易)으로 보면 하늘의 이치 위에서 노니는 기쁨, 즉 태(兌≡) 연못이다. 절기상으로는 창합풍(閶闔風)이 부는 추분(秋分)의 때다.

그런데 왜 구궁도의 태(兌≡)가 홍범의 계의(稽疑) 자리에 오게 되는가?

근거는 다음의 질문과 관련되어 있다.

우리가 자신의 기쁨을 위해 어떤 일을 추구한다고 했을 때, 그 기쁨의 토대를 어디로 삼아야 하는가?

당연히 하늘의 이치 중심이라야 한다. 실제 우리는 세상을 살아가면서 자신의 이성을 믿지 못할 때가 종종 생겨난다. 왜냐하면 개인의 사사로운 이해관계에 바탕을 두고 있으면서도 그것을 종종 하늘의 이치로 착각을 하게 될 때가 많기 때문이다. 특히 사람의 생명을 담보로 전쟁을 해야 하는 경우가 그렇다.

정말 하늘의 이치 위에 토대를 둔 기쁨 때문일까?

옛 사람들은 그 점에서 일말의 의심이 있다면 점을 쳐보았다. 그때 사람을 세워 의심스러운 일을 복서(卜筮)로서 묻되, 세 사람이 점을 쳐서 두 사람의 말을 따랐다. 그래도 의심스러운 구석이 있으면 일을 판단하는 자기 자신과 자신의 신하, 서민들에게 가부를 물었다.

그때 결과가 자기도 옳게 생각되고, 거북점과 서점도 옳다고 따라주며, 신하도 따르고 서민도 따르면 이를 대동(大同)이라고 하여 좋은 결말을 의심하지 않았다. 개인의 일이지만 하늘의 이치에 바탕을 두고 있으므로 몸도 평안하고 강건할 뿐 아니라 자손들도 길하다는 확신을 비로소 가질 수 있었다.

반면 자신이 옳다고 여기며, 거북점이 따르고 서점이 따르나, 신하가 거스르고 서민이 거스려도 의심이 되는 일의 결과는 길하다고 보았다. 신하가 따르며, 거북도 따르며 서점(筮占)도 따르나 자신이 거스르고 서민이 거스려도 길했다. 또 백성이 따르며 거북도 따르며 서점(筮占)도 따르나 자신이 거스르고 신하가 거스려도 길했다.

한편 자신이 따르고 거북이 따라주어도, 서점(筮占)이 거스르고 신하가 거스르고, 백성들이 거스르면 안의 일은 길하고 밖의 일은 흉하다고 보았다. 거북과 서점(筮占)이 모두 사람의 뜻에 어기면 움직이지 않는 고요함에 관련된 일은 길하고 움직임을 따르는 일은 흉하게 여겼다. 비록 다수결의 원리처럼 보이지만 하늘의 이치를 바탕으로 어떤 일의 해결 방법을 추구하려는 옛 사람들의 확실한 의지를 여기서도 엿볼 수가 있다.

여덟 번째는 일 년이 시작되기 전에 한 해의 여러 가지 기상조건을 헤아려보는 서징(庶徵)이다. 비가 많을 것인지, 맑은 날이 많을 것인지, 혹은 더위가 어느 정도 일 것인지, 추위를 걱정해야 하는 것은 아닌지, 바람의 정도 등과 때에 맞을 것인지의 여부를 가늠해 보는 일이었다.

이들 다섯 가지가 와서 갖추되 각각 계절에 맞으면 지상의 만물은 풀까지도 번성할 것으로 믿었다. 이는 절기상으로는 입춘(立春)이고, 융풍이 불어오는 간(艮☶)의 때다.

아홉째는 하늘의 왕성한 기운에 힘입은 인간의 오복이다. 매 순간 모든 자리에서 자신의 삶이 본질을 외면하지 않았고 본질에 맞는 삶을 영위하고 있었다면 당연히 생겨날 수밖에 없는 이치를 여기에서는 보여준다. 이는 오복의 내용을 보더라도 분명해진다.

오래 살고 싶은 수명(壽命), 물질적인 풍요로움의 부(富), 셋째는 평안하면서 강녕한 삶의 강녕(康寧), 넷째는 매사에 덕을 좋아하는 호호덕(好好德)이며, 다섯째는 하늘의 이치를 즐거워하는 까닭에 죽음조차도 평온해지게 되는 고종명(考終命)이다. 이는 절기상으로 보아 양의 왕성한 기운에 힘입게 되어 있는 하지(夏至)가 되고, 역으로는 실바람(景風)이 불어오는 이(離☲)의 때다.

앞의 설명은 그 내용을 다음의 두 가지 도표로 단순화시켜 정리해 볼 수가 있다. 첫째 〈도표 34〉는 홍범구주의 아홉 가지 내용을 구체화시킨 것이고, 두 번째 〈도표 35〉는 그들 내용에 대한 전체적인 의미의 설명이다.

홍범구주의 차례	각 항의 세부적인 내용
1. 오행(五行)	1. 왈(日) 수(水) - 수성(水星)의 영향 / 흘러내림(潤下) 2. 왈(日) 화(火) - 화성(火星)의 영향 / 위로 타오름(炎上) 3. 왈(日) 목(木) - 목성(木星)의 영향 / 자라남(曲直) 4. 왈(日) 금(金) - 금성(金星)의 영향 / 바뀌어 열매를 맺음(從革) 5. 왈(日) 토(土) - 토성(土星)의 영향 / 심고 거두는 역할(稼穡)
2. 오사(五事)	1. 모양(一日貌) - 수(水) 2. 말(二日言) - 화(火) 3. 보는 것(三日視) - 목(木) 4. 듣는 것(四日聽) - 금(金) 5. 생각(五日思) - 토(土)
3. 팔정(八政)	1. 먹는 것을 다스림 2. 재물을 다스림 3. 제사를 다스림 4. 땅을 다스림 5. 백성을 다스림 6. 죄를 다스림 7. 손님을 접대함 8. 군대를 다스림
4. 오기(五紀)	1. 해 2. 달 3. 날 4. 별 5. 역법(曆法) 계산
5. 황극(皇極)을 굳건하게 세움	하늘의 이치에 바탕을 두고 세상이 경영되도록 노력함
6. 삼덕(三德)	1. 바르고 곧음으로 편안해지는 일 2. 강함으로 이겨냄 3. 부드러움으로 이김
7. 계의(稽疑)	1. 거북점(卜占) 세부적으로 날씨에 관한 다섯 가지 항목들을 살펴 봄 2. 시초점(筮占) - 뉘우치게 될 일은 아닌지. 아니면 하늘의 이치에 맞아 곧다고 할 수 있는가를 확인하는 일
8. 서징(庶徵) 향후 생겨날 수 있는 징후들을 예측해 봄	1. 비와 관련된 예측(엄숙함과 경망함) 2. 햇빛과 관련된 예측(조리 있음과 어긋남) 3. 더위에 대한 예측(지혜 있는 삶과 놀이) 4. 추위와 관련된 예측(꾀를 생각하거나 조급함) 5. 바람과 관련된 예측(성인과 같거나 몽매함)
9. 오복(五福)과 육극(六極)	1. 오래 사는 일 - 비명횡사하거나 병들어 죽음 2. 부유한 생활을 영위함 - 가난한 삶 3. 안락한 삶 - 근심이 많음 4. 미덕을 닦아나감 - 사악한 삶을 살아나감 5. 늙어서 천수를 누리고 죽음

〈도표 34〉 홍범구주의 항목별 내용 요약

1. 오행(五行) 지구에 영향을 미치는 천체의 종류를 구체적으로 열거한 내용이다.	1. 감(坎☵) 지구의 방위로 놓고 볼 때 정북방(正北方)으로 만물을 낳는 근본 자리가 된다. 삶의 근본을 천체의 움직임에 두어야 한다고 여겨 감(坎)의 자리에 오행(五行)이 온다.	오행(五行)은 내용이 수(水)·화(火)·목(木)·금(金)·토(土)다. 지구에 특히 영향을 미치는 오대 행성의 움직임에 근거하여 지구의 변화를 유추해 본 결과다.
2. 오사(五事) 하늘의 이치, 즉 오행(五行)의 변화에 맞춰 유순하게 살아가려는 인간의 노력을 강조한 결과다.	2. 곤(坤☷) 하늘의 이치에 유순한 서남방(西南方)의 자리가 된다. 그러므로 여름의 왕성한 양기의 작용이 열매로 결실을 맺는 치역호곤(致役乎坤)의 개념으로 계사전에서는 받아들인다.	① 태도(貌) - 하늘의 이치에 대한 유순함으로 보면 인간의 얼굴빛과 태도는 공손해야 한다. 공손하면 엄숙해진다. ② 말(言) - 매사가 하늘의 이치에 근거해야 하고 이치에 맞으면 잘 다스려진다. ③ 보기(視)-세상을 하늘의 이치로 밝게 볼 수 있어야 하고, 밝으면 지혜가 생긴다. ④ 듣기(聽)-듣는 것은 총명해야 하고 총명하면 지모가 있게 된다. ⑤ 생각(思)-사물의 이치가 하늘의 뜻에 통할 수 있도록 깊어야 하고 깊으면 성인이 된다.
3. 팔정(八政) 봄이 되면서 하늘의 이치를 구체화시키기 위한 노력의 결과다.	3. 진(震☳) 하늘의 이치를 회복하는 봄의 때에 그 방법을 구체적으로 생각하는 자리다.	하늘의 이치를 현실에서 구체화시키는 갈래로는 다음의 여덟 가지가 있다. ①食-식량 ②貨-경제 ③祀-제사 ④司空-토목 ⑤司徒-교육 ⑥司寇-치안 ⑦賓-외교 ⑧師-군대

4. 오기(五紀) 하늘의 이치를 생활의 근간으로 삼기 위한 천체 운행의 기틀에 주목한다.	4. 손(巽☴) 하늘의 이치에 공손하기 위한 신명행사(申命行事)의 괘다.	歲(년)·月(달)·日(태양)·星(이십팔수의 변화)·曆數(역법) 세상을 다스리는 사람은 율력의 수, 달의 이치, 해의 이치, 별자리, 방위·시간의 흐름 등 역수를 알고 살필 수 있어야 한다.
5. 황극(皇極) 하늘의 이치에 근거한 역할이 바로 서도록 한다.	5. 중궁(中宮) 하늘의 이치가 항상 올바르게 적용될 수 있기를 염원한다.	나라가 천지자연의 이치로 다스려질 수 있는 지극한 표준이 된다.
6. 삼덕(三德) 하늘과 땅의 덕에 바탕을 둔 자신의 바람직한 세계관이다.	6. 건(乾☰) 하늘의 이치가 중용을 얻을 수 있도록 굳세게 노력한다.	정직(正直)·강극(剛克)-하늘의 이치로 극복함. 유극(柔克)-땅의 이치로 이겨나간다.
7. 계의(稽疑) 하늘의 이치에 맞는 삶을 해결하기 위한 점(자기 안의 의심을 복서卜筮로서 해결하려는 노력)이다.	7. 태(兌☱) 일상적인 삶의 기쁨이 하늘의 이치에 근거할 수 있기를 원하면서 노력하는 삶의 형태다.	복서(卜筮)-하늘의 천체운행과 그로 인한 길흉을 살피기 위한 거북점과 시초점이 있다.
8. 서징(庶徵) 하늘과 땅에 의해 조성되는 여러 가지 조건들을 헤아린다.	8. 간(艮☶) 자기 자신이 그쳐 있어야 될 하늘의 이치를 헤아려 보는 일이다.	양기(陽氣)가 마무리 되면서 헤아려지는 지구상의 여러 조건들은 다음과 같다. 비(雨)·맑음(暘)·더위(燠) 추위(寒)·바람(風)· 절후(時)
9. 오복(五福)·육극(六極) 인간이 스스로 길러야 하는 다섯 가지 형태의 복이다.	9. 이(離☲) 하늘의 이치에 힘입는 현실적인 삶을 구체화시킨다.	①장수(壽) ②재물(富) ③즐겁고 편안한 삶(康寧) ④덕스런 인품(攸好德) ⑤늙어서 맞이할 죽음을 돌아봄(考終命) ⑥극복해야 할 여섯 가지 　(六極-疾病 優 惡 弱)

〈도표 35〉 역의 구궁도와 관련된 홈범구주의 항목별 해설

㊽ 주역의 핵심 포인트 사상(四象)과 삼획괘(三劃卦)

옛적에 성인이 역을 지음은 장차 성명(性命)의 이치에 유순하고자 함이었다. 이 때문에 하늘의 도(道)를 세움은 음(陰)과 양(陽)이요, 땅의 도를 세움은 유(柔)와 강(剛)이며, 사람의 도를 세움은 인(仁)과 의(義)니, 삼재를 겸하여 두 번 하였기 때문에 역이 여섯 번 그음에 괘가 이루어졌고 음으로 나뉘고 양으로 나뉘며 유와 강을 차례로 쓰기 때문에 역이 여섯 자리에 문장을 이룬 것이다.

昔者聖人之作易也 將以順性命之理. 是以立天之道曰陰
석 자 성 인 지 작 역 야 장 이 순 성 명 지 리   시 이 입 천 지 도 왈 음

與陽 立地之道曰柔與剛 立人之道曰仁與義. 兼三才而兩
여 양 입 지 지 도 왈 유 여 강 입 인 지 도 왈 인 여 의   겸 삼 재 이 양

之 故易六畫而成卦 分陰分陽 迭用柔剛 故易六位而成章.
지 고 역 육 획 이 성 괘 분 음 분 양 질 용 유 강 고 역 육 위 이 성 장

〈周易 說卦傳 2章〉
주 역 설 괘 전   장

주역을 이해하는 핵심 포인트는 어디에서 찾아야 하는가?

주역은 삼획괘의 뜻을 깊게 이해해야 한다. 특히 그것들에 포함된 기본 팔괘의 낱낱 의미는 긍정적인 쪽과 부정적인 쪽의 양면성을 지니고 있다. 그 가운데 본질적인 의미는 하늘이 만물을 낳는 덕, 원형이정(元亨利貞)의 이치를 반영하는 개념이다. 이를 본인은 역의 사상(四象)으로 구분해서 받아들이는 게 쉽다고 본다. 나머지 하나는 자의식에 바탕을 둔 삼획괘의 해석이다.

먼저 전자에 대해 설명하기로 한다.

첫째는 기쁨, 즉 감사하는 마음[태兌☱]이고, 둘째는 밝고 따뜻한 마음[이離☲]이며, 셋째는 겸허함[손巽☴]이고, 넷째는 하늘의 이치에 대한 유순함[곤坤☷]이다.

다음 자의식에 바탕을 둔 변화는 태(兌☱)의 훼절, 즉 하늘의 덕을 거스르는 개념, 이(離☲)의 이해관계에 지나치게 밝은 면과 손(巽☴)의 지나친 비굴함, 곤(坤☷)의 이치에 어두운 점은 괘상의 본질적인 의미와 거리가 먼 쪽으로 구분할 수 있다.

그런데 역의 기본 삼획괘 가운데 그들 괘상을 이해함에 있어서 음(陰) 중심의 사상(四象)으로 개념을 열거하는 까닭은 거기에는 이미 양 중심의 배합괘가 내포되어 있으면서 겉으로 표상화된 괘상의 중심을 이루고 있기 때문이다.

그래서 태(兌☱)의 기뻐하고 감사하는 의미 이면에는 간(艮☶)이 숨어 있으니 하늘의 마땅한 이치로 그쳐 있는 까닭에 감사하는 마음이 생겨난다. 또 삼획괘 이(離☲)의 이면에는 배합괘로 숨어 있는 감(坎☵)이 하늘의 중을 잃지 않은 덕분에 세상을 밝고 따뜻하게 바라볼 수 있는 이(離☲)의 개념이 성립된다.

나머지 손(巽☴)과 곤(坤☷)도 마찬가지다. 진(震☳)과 건(乾☰)을 안에 포함한 채 하늘의 이치를 회복하고자 하므로 겸허하고 하늘의 이치로 굳세므로 유순하다. 이처럼 역은 전체 대성괘가 64 종류지만 본질은 오직 다음의 사상일 뿐이다.

음효 (陰爻)	곤 (坤☷)	태 (兌☱)	이 (離☲)	손 (巽☴)
본질 중심의 괘상 해석 (四象)	유순함	감사함 혹은 기쁨	밝고 따뜻하며 이치에 밝음	겸허함
자의식 중심의 괘상 해석	이치에 어두움	하늘의 이치를 훼손함	계산에 밝음	비굴함
배합괘	건 (乾☰)	간 (艮☶)	감 (坎☵)	진 (震☳)

〈도표 36〉 주역을 이해하는 핵심 포인트 – 역의 사상(四象)

㊾ 고전의 핵심 이치에 근거한 주역 전체의 괘상 해석

인을 드러내며 작용을 감추어서 만물을 고동시켜 북돋되 성인과 함께 근심하지 않는다. 왕성한 덕과 큰 사업이 지극하다. 부유한 것을 대업(大業)이라고 하고 날로 새로워짐을 성(盛)한 덕이라 말한다. 낳고 낳음을 역이라 이르고 형상을 이룬 것을 건(乾☰)이라 일컫고, 법을 본 받는 것을 곤(坤☷)이라 일컫는다. 수를 지극히 하여 오는 일을 아는 것을 점이라고 하고, 변(變)에 통함을 일이라 하며 음과 양(작용)을 헤아릴 수 없음을 신(神)이라 말한다.

顯諸仁 藏諸用 鼓萬物而 不與聖人同憂. 盛德大業至矣哉! 富
연저인 장저용 고만물이 불여성인동우 성덕대업지의재 부

有之謂大業. 日新之謂盛德. 生生之謂易 成象之謂乾 爻法之
유지위대업 일신지위성덕 생생지위역 성상지위건 효법지

謂坤. 極數知來之謂占. 通變之謂事. 陰陽不測之謂神.
위곤 극수지래지위점 통변지위사 음양불측지위신

〈周易 繫辭 上傳 5章〉
주역 계사 상전 장

  주역은 삼획괘(三劃卦)의 뜻을 깊게 이해하는 데 있다고 했다. 그렇다면 삼획괘(三劃卦) 중심으로 주역의 전체 64괘의 특징을 정리했을 때 생겨나는 결론은 어떤 시각이 본질에 바탕을 둔 해석이라고 단정할 수가 있겠는가?

  주역 64괘의 낱낱 괘상에 하늘괘 중천건(重天乾)의 원형이정(元亨利貞)을 적용하는 방법이다. 여기서는 이해를 돕기 위해 비어서 덕스러운 무(無)

의 작용으로 그 개념을 기술하고자 노력했다.

　물론 의미의 핵심은 주역 본문의 괘사와 상전을 취했고 보조적인 개념으로는 서양에서 유통되고 있는 주역 관련 문헌들을 끌어와 인용해 보았다. 형식이 도표로 이루어져 딱딱한 구석이 있겠지만 좋은 참고 자료가 될 수 있기를 기대해 본다.

N	괘사 중심의 개념	상전 중심의 개념	본질에 기초한 괘상의 이해
1 乾 ☰	元亨利貞 The creative 창조	自强不息 Self-Expression 자기 표현	강건함의 표상이다. 강건함이란 만물을 지탱하는 쉴 새 없는 움직임이다. 이를 중용에서는 성(誠)으로 나타낸다. 학습하는 입장에서는 덕을 닦는 쪽으로 발산이 되어야 한다. 매사에 지나치지 않아야 하고 자기를 내세우지 않는 게 가장 큰 덕이다.
2 坤 ☷	元亨利牝馬之貞 The Receptive 수용성	厚德載物 the Direction of the Self 자발적인 감독 (지도)	부드러움과 자기를 비운 덕으로 만물을 수용하며 그로 인해 매사가 형통한 괘상이다.
3 屯 ☳	元亨利貞, 勿用攸有往 Difficulties at the Beginning 시작의 곤란함	以經綸 Ordering 순서, 배열	자기 삶의 동기를 분명하게 보아야 한다. 덕스러운 마음의 작용력을 험한 괘상의 중심에 두고 그것을 생활 속에서 살리려는 뜻으로 임해야 한다.
4 蒙 ☶	蒙亨 非我求童蒙 童蒙求我 Youthful Folly 유년기의 어리석음	果行育德 Formulization 공식화	어리석어 보이는 삶도 덕에 그쳐 있을 수 있다면 기쁨이 된다. 덕을 기르는 일이라면 다소 고집스러운 모습도 나쁘지 않다.

5 需 ☵☰	需, 有孚, 光亨 貞吉, 利涉大川 Waiting 기다림	雲上于天 飲食宴樂 fixed Rhythms 고정된 리듬	덕이 채워지기를 기다린다. 자기 안에 이미 비어서 덕스러운 삶의 본질이 자리 잡기 시작했다. 그러나 만물을 윤택하게 하는 비로 내리지는 못하고 있다. 물은 구름으로 위에 떠 있고, 안의 하늘은 위로 떠오르고자 하지만 밖이 물로 험하므로 아직은 기다려야 한다. 그러나 하늘은 반드시 위로 떠오르게 되어 있으므로 자기 자신의 본질이 하늘에 줄기하고 있음을 믿고 잔치하면서 기다린다.
6 訟 ☰☵	有孚窒惕, 中吉 終凶, 利見大人 不利涉大川 Conflict 투쟁, 충돌	天與水違行 作事謀始 Friction 마찰, 알력	비어 있다는 것은 세상의 아름다운 이치다. 거기에 추종하지 않고 자기를 내세우는 삶은 반드시 다툼과 내면의 갈등을 불러온다. 겉은 하늘이고 안은 험한 물이다. 하늘은 위에 떠 있고 물은 아래로 흘러내린다. 이는 서로 어긋난 움직임을 보이는 괘상이다.
7 師 ☷☵	師, 貞, 丈人吉, 无咎 The Army 군대	地中有水 容民畜衆 the Role of the Self 자기 본성에 따른 배역	자기 삶의 지향점이 개인에게만 맞춰져서는 안 된다. 만물을 기르는 물과 같아야 한다. 이는 비어서 덕스러운 하늘 그대로의 우리 본래 모습이다. 땅 아래에 험함을 감추고 있다. 삶의 본질을 지키기 위한 전쟁의 괘상이다. 삶의 본질, 즉 하늘의 이치를 지키기 위한 전쟁은 험함에도 불구하고 백성은 물론 나라 지존인 왕조차도 거기에 유순하게 따르도록 되어 있다. 하늘의 이치를 지켜 가기 위한 삶은 근심스럽다. 다만 우리는 본래 하늘에 줄기하고 있으므로 그 점에서 보면 우리 자신의 삶 자체를 항상 신뢰하는 입장을 가져야 한다.

8 比 ䷇	原筮, 元永貞 无咎 不寧方來, 後夫凶 Holding Togethe 공동 점유	地上有水 王以建萬國 親諸侯 Contribution 헌신	앞에서 하늘의 이치를 지키기 위해 싸우다 보면 하늘의 도움으로 왕의 자리에 오르게 된다. 5번째 효 구오(九五)가 주효로서 드러나게 세상을 돕고 있다. 나라에 대한 자신의 역할에서 세상살이의 지향점을 돌아보게 하는 괘상이다. 험하기보다 세상을 윤택하게 만드는 쪽에서 자신의 역할을 찾아야 한다. 어찌 비어서 덕스러운 감괘(坎卦) 중(中)으로 근본을 삼지 않을 수 있겠는가. 그 점에서 핵심은 왕의 덕스러움을 엿보게 만드는 구오(九五) 삼구법(三區法)에 있다.
9 小畜 ䷈	小畜, 亨, 密雲不雨, 自我西郊 The Taming Power of the Small 작게 길들여진 힘	風行天上, 懿文德 Focus 초점	힘이 다만 작게 쌓였다. 삶의 본질을 매사에 적용하는 힘이 아직은 많이 부족하다. 바람이 하늘 위에서 불고 있다. 땅을 적시기까지는 좀 더 본질을 자각하는 힘이 빽빽해져야 한다. 그나마 하늘의 덕스러움을 토대로 그 명에 공손한 움직임이라면 미약한들 무슨 허물이 있겠는가.
10 履 ䷉	履虎尾, 不咥人, 亨 Treading 밟다. 교접하다	上天下澤, "履" 君子以辯上下 定民志 the Behavior of the Self 자발적인 행동	하늘의 덕스러운 이치가 겉으로 발휘되기 시작했다. 이는 내면의 기뻐하는 움직임으로 더욱 분명한 조합이다. 안의 기쁨이 하늘의 덕스러움에 맞춰진 삶이면 그 끝은 의심할 까닭조차 없다.

11 泰 ☷☰	泰, 小往大來 吉, 亨 Peace 평화	天地交, 泰, 財成天地之道, 輔相天地之宜, 以左右民 Ideas 이데아	겉으로 아둔해 보이지만 안으로 확고하다. 그것은 세상의 태평함을 일궈내는 삶의 본질이다. 이렇게 보면 평화로움의 핵심도 결국 자기중심을 실체가 없는 덕스러운 하늘의 이치에 맡기는 길 이외에 다른 대안은 없다.
12 否 ☰☷	否之匪人, 不利 君子貞, 大往小來 Standstill 막힘, 멈춤	儉德辟難 不可榮以祿 Caution 조심, 경고	막혀 있다는 것은 소통이 되지 않고 있음을 뜻한다. 하늘은 하늘, 땅은 땅의 기운으로 어긋나게 움직이며 서로 막힐 수밖에 없다. 이것을 풀어내는 해답은 이것 자체의 괘상에 있다.
13 同人 ☰☲	同人于野, 亨 利涉大川 利君子貞 The Fellowship of Man 사람간의친교, 제휴	天與火, 同人 君子以類族辨物 the Listener 경청하는 사람	내면의 밝은 안목이 자신의 지향점을 분명하게 인식하며 살아갈 수 있게 한다. 비어서 덕스러운 하늘의 이치가 자기 삶의 분명한 중심이다.
14 大有 ☲☰	大有, 元亨 德剛健而文明 應乎天而時行 是以元亨 Possession in Great Measure 측정상의 거대한 소유	遏惡揚善 順天休命 Power Skills 노련한 생활력	세상을 비춰보는 내적인 안목의 토대가 하늘의 이치다. 진정한 의미의 풍요로움이 무엇인가를 알 수 있게 한다. 그것은 세상을 따뜻하고 밝게 하는 군자의 뜻이다.

15 謙 ䷎	謙, 亨, 君子有終 Modesty 겸손함. 중용	裒多益寡 稱物平施 Extreme 양끝의 조정	자의식에 바탕을 둔 인간의 교만함이란 무엇인가를 돌아보게 만든다. 삶의 본질이 아니면 교만함 자체가 오히려 화를 불러오는 굴욕으로 느껴진다.
16 豫 ䷏	豫, 利建侯行師 Enthusiasm 열광, 감격	作樂崇德 殷薦之上帝 以配祖考 Skills 교묘한 솜씨	내면이 진실로 유순하다. 이는 삶의 본질을 회복하려는 적극성에 대한 유순함이다. 어떤 경우에도 삶의 즐거움은 비어서 덕스러운 삶의 본질에서 찾아야 함을 보여주는 괘상이다.
17 隨 ䷐	隨, 元亨, 利貞 无咎 Following 추종	剛來而不柔 動而說, 隨 Opinions 의견	따른다는 뜻은 자기 삶의 포커스를 돌아보게 만든다. 밖에서 생겨나는 어떤 상황의 기쁨이라도 안에서 회복되는 삶의 본질에 의존하고 있다.
18 蠱 ䷑	元亨, 利涉大川 先甲三日 後甲三日 Work on What Has Been Spoilt 일을 바로잡다	振民育德 Correction 바로잡기	부패와 혼란스런 상황에 직면해 있다. 이를 바로잡아야 할 때다. 위에서 혹은 밖으로 보여주는 노력이 비어서 실체가 없는 본질의 덕스러움에 기초해야 하고, 아래와 안으로는 삶의 본질에 공손할 수 있으면 된다.

19 臨 ☷☱	元亨, 利貞 至于八月有凶 Approach 임하다. 가깝다	剛浸而長, 敎思无窮 容保民无疆 Wanting 아직 역량이 모자람	하늘의 이치 위에서 노닐며 살아가는 안의 기쁨이 운기의 융성함을 불러오고 있다. 이 괘상에서도 우리는 자기 마음의 눈을 세상이 윤택해지기를 바라는 삶의 본질에 맞추면 된다.
20 觀 ☴☷	觀, 盥而不, 薦 有孚顒若 Contemplation 주시. 관조	順而巽 中正以觀天下 省方觀民設敎 the Now 현재	하늘의 명에 대한 공손함을 밖으로 드날리고 있다. 그 사람의 삶은 필연코 세상의 존경을 한몸에 받게 되어 있다. 또 하늘의 명에 대해 공손한 사람의 삶은 우러러보아야 한다.
21 噬嗑 ☲☳	噬嗑, 亨, 利用獄 Biting Through 통렬한 상황	明罰勅法 the Hunter/ Huntress 사냥꾼, 옥리	하늘의 이치를 실현하려는 자기 안의 적극성과 밖으로 적용하는 지혜를 두루 갖춘 모습이다. 형벌을 다스리기에 적합한 괘상이다. 또한 물질을 확보하는 이치도 원리는 이 괘상에서 찾아야 한다.
22 賁 ☶☲	賁, 亨 小利有攸往 Grace 우아함, 도덕적 힘 은총	明庶政, 无敢折獄 Openness 개방. 솔직 無私 사심이 없음	비는 꾸미는 일이다. 천박한 자의식에서 벗어나 본질로 꾸미는 삶이 가장 지극하다. 본질로 꾸민다면 그것은 비어서 덕스러운 무(無)의 작용에 그칠 줄 알고 그 이치로 자기 눈을 밝히는 데 있다. 본질이 아니면 어떤 장식도 외면의 허식이다.

23 剝 ☷	剝, 不利有攸往 Splitting Apart 조각으로 나뉘며 깎임	柔變剛也 不利有攸往 小人長也 厚下安宅 Assimilation 동화, 융합	덕을 기르는 행위가 아니면 오히려 기운이 깎여 나가면서 쇠락을 불러온다. 어떤 상황도 교만에 빠지지 말고 세상을 긍정적으로 받아들이면서 참고 기다릴 줄 알아야 한다.
24 復 ☷	復, 亨. 出入无疾 朋來无咎, 反復其道 七日來復, 利有攸往 Returning 회복되어 돌아옴	至日閉關, 商旅不行 后不省方 Rationalizing 합리성을 추구함	삶의 본질(비어서 덕스러운)에 대한 신뢰만 있다면 그 힘은 반드시 회복되기 마련이다. 경계가 아닌 마음의 움직임으로 눈을 돌릴 줄 아는 순간의 괘상이다.
25 无妄 ☰	无妄, 元亨, 利貞 其匪正有眚 不利有攸往 Innocence 순결 無垢	剛自外來而爲主於內 物與无妄. 天之命也 the Spirit of the Self 자발적인 기운	세상의 일체 경계는 그대로 하늘의 기운에 힘입은 결과다. 혹 죄나 업의 형태로 그게 받아들여지는 것은 자기 안에 생겨난 마음의 틀이 잘못되어 있기 때문이다. 그런 상태로 삶이 지속되는 것은 바람직하지 못하다.
26 大畜 ☰	大畜, 利貞, 不家食吉 利涉大川 The Taming Power of the Great 거룩한 힘을 축적함	多識前言往行 以畜其德 the Egoist 자기 본위의 사람	거룩한 것은 하늘의 덕스러움이다. 덕으로 그것이 표출될 수 있도록 성인들의 언행과 식견을 쌓도록 노력하고 있다.
27 頤 ☶	頤, 貞吉, 觀頤 自求口實 Nourishment 양육함, 기름	天地養萬物, 聖人養賢以及萬民 愼 言語, 節飮食 Caring 보살핌. 돌봄	하늘의 덕스러운 이치를 안으로 회복하려는 적극성이 있고 밖에는 그 의지를 북돋우는 힘이 버티고 있다. 이는 천지가 만물을 양육하는 덕 그대로다. 이는 마음의 작용도 동일하다. 자기 눈에 비춰지는 세상의 모든 경계를 마음의 덕스러운 작용임을 기억하는 게 진정한 의미의 양육이다.

28 大過 ☱☴	大過, 棟撓 利有攸往, 亨 Preponderance of the Great 크게 지나침	獨立不懼 遯世无悶 the Game Player 게임 플레이어	안과 밖으로 삶의 본질을 빽빽하게 지속해 가는 삶이다. 안으로는 비어서 덕스러운 그 작용에 공손하고 밖으로는 그로 인한 기쁨을 만끽하는 삶이다. 매사가 크게 성취되기 마련이다. 다만 그 빽빽함을 유지하지 못하고 있다면 세상에서의 어떤 성취도 오히려 큰 허물이 될 뿐이다.
29 習坎 ☵☵	習坎, 有孚 維心亨, 行有尙 The Abysmal 깊은 구덩이	常德行, 習敎事 Saying Yes 긍정	비어서 덕스러운 삶의 본질을 중심에 두고 살아가는 삶 그것만이 인생의 진정한 해답이다. 그로 인해 안과 밖으로 생겨나는 세상의 험한 일은 절로 풀리게 되어 있다.
30 離 ☲☲	離, 利貞, 亨 畜牝牛吉 Clinging Fire 타오르는 불	明兩作 繼明照于四方 Recognition of Feelings 인상적인 안목	자신의 눈과 에너지를 세상이 밝고 따뜻한 쪽으로 타오르게 할 수 있는 길이 무엇인가를 생각해야 한다.
31 咸 ☱☶	咸, 亨, 利貞 取女吉 Influnce 영향, 사귐	以虛受人 Leading 통솔(포용력 있는)	비어서 실체가 없는 삶의 본질을 보았다면 위에서 기뻐하고 아래에서 덕을 길러가는 음양의 호응은 진실로 아름답다.
32 恒 ☳☴	恒, 亨, 无咎, 利貞 利有攸往 Duration 지속하는 성질	久於其道也 天地之道 恒久而不已也 Continuity 연속적인 상태	비어서 실체가 없는 삶의 본질로 자기의 일상을 빽빽하게 지속시키는 상태다. 이 괘에 적합한 세상의 상징물로는 하늘의 해와 달이 있다.

33 遯 ☰☶	遯, 亨, 小利貞 Retreat 재처리하다. 은둔	當位而應 與時行也 "小利貞" 浸而長也 Privacy 사생활, 비밀	물러나는 때의 괘상이다. 시절이 그렇다면 그 시절에 맞는 자세를 필요로 한다. 안으로 교만함이 아닌 본질에 그쳐 있는 관점에서 덕이 자라 위의 하늘에 호응할 수 있도록 해야 한다.
34 大壯 ☳☰	大壯, 利貞 The Power of the Great 위대한 힘	雷在天上 非禮弗履 Might ~ 할 수 있다 ~지도 모른다	양기가 씩씩하게 자라나는 때다. 그러나 날뛰어서는 안 된다. 아직은 자기 삶에서 실질적인 힘으로 자리를 잡은 상황이 아니다.
35 晉 ☲☷	晉, 康侯用錫馬蕃庶 晝日三接 Progress 진보, 전진, 숙달 추이	明出地上, 晉 君子以自昭明德 Change 변경, 교환	땅 위로 떠오른 밝은 태양과 같다. 세상을 밝고 따뜻하게 밝히는 역할을 위해 앞으로 나가야한다. 매사가 순조롭겠지만 자신의 소득으로 알아서는 안 된다.
36 明夷 ☷☲	明夷, 利艱貞 The Darkening of the Light 빛을 감춘 삶	莅衆, 用晦而明 Crisis 위기, 갈림길	자신의 밝은 지혜를 우둔한 모습 뒤로 감추어야 한다. 어떤 일을 억지로 해결해나가려는 시도는 지혜롭지 못하다.
37 家人 ☴☲	家人, 利女貞 The Family 가족, 종족	正家而天下定 風自火出 言有物而行有恒 Friendship 친목, 우정	매우 가정적인 상황이 연상되는 괘상이다. 여자는 지혜롭고 남자는 공손하다. 자녀를 교육시켜 세상에 기여할 수 있는 인재로 키우려는 뜻이 있어야 한다.

38 睽 ☲☱	睽, 小事吉 Opposition 반대, 대립 어긋남	上火下澤, 睽 君子以同而異 the Fighter 투사, 호전가	두 사람의 여자가 한 집안에서 반목하고 있다. 재물은 비교적 풍족하다. 세상을 바라보는 시각이 따뜻하고 밝아야 하며 긍정적이어야 한다. 괘상의 뜻에 의지하여 당면한 눈앞의 갈등을 해소하는 유일한 길이다.
39 蹇 ☵☶	蹇, 利西南, 不利東北 利見大人, 貞吉 Obstruction 막힘, 장애	山上有水, 蹇 反身修德 the Provocateur 앞잡이, 미끼, 선동	발이 얼어붙듯 곤란에 빠져 있다. 자기 삶의 중심을 비어서 실체가 없는 이치의 덕스러움에 두고 그 자체의 본질에 그쳐 있을 줄 아는 지혜로움이 요구된다.
40 解 ☳☵	解, 利西南 无所往, 其來復吉 有攸往, 夙吉 Deliverance 어려움에서 벗어남 해방	雷雨作, 解 赦過宥罪 Aloneness 단독적인 힘	직면한 자신의 어려움에서 풀려나 새로운 전기를 맞았다. 그러나 여기서도 원리는 역시 삶의 본질이다. 내면의 험함을 비어서 실체가 없는 본질로서 극복하고 그 본질이 보여주는 덕스러운 작용력에 적극 자신을 맡겨야 한다. 이는 빠를수록 좋다.
41 損 ☶☱	損, 有孚, 元吉, 无咎 可貞, 利有攸往 曷之用? 二簋可用享 Decrease 감소, 축소, 줄다	山下有澤, 損, 君子以 懲忿窒欲 Contraction 수축 제한	삶의 본질에 의지하여 허물이 있다면 이를 적극 덜어내야 한다. 방법은 두 갈래다. 하나는 자기 에너지를 자기가 속한 공동체로 덜어내는 일이다. 또 하나는 자기의 고통을 불러오는 자의식의 폐단을 줄이고 덜어가는 방법이다.
42 益 ☴☳	益, 利有攸往 利涉大川 Increase 늘리다, 보태다	風雷, 益, 君子以見善則遷 有過則改 Growth 성장, 발전	유익함이란 성격이 두 가지다. 하나는 하늘의 기운이 나에게 더해지는 일이다. 두 번째는 당장 취할 수 있는 눈앞의 이익에 자기 삶의 초점을 맞추는 일이다. 어느 쪽이 보다 더 본질에 맞는 관점일까? 만물이 힘입게 되는 하늘과 땅의 덕스러움을 떠올리면 여기에 대한 해답은 너무나 분명하다.

43 夬 ☰☱	夬, 揚于王庭 孚號有厲, 告自邑 不利卽戎 利有攸往 Breakthrough 돌파구, 타결	施祿及下 居德則忌 Insight 통찰, 간파	어떤 일을 결단하거나 결단할 수 있는 상황의 괘상이다. 초점은 하늘의 덕스러운 이치에 맞춰져 있다. 왜냐하면 자기 안의 세계관도 삼획괘 하늘이고 바깥도 하늘의 이치 위에 노닐면서 매사에 기뻐하고 감사하는 태(兌) 연못이기 때문이다.
44 姤 ☰☴	姤, 女壯, 勿用取女 Coming to Meet 만남	施命誥四方 Alertness 각성도	만남을 뜻하는 괘상이다. 도리를 상실한 여자가 주도하는 상황이면 바람직하지 못하다. 안으로 덕스러운 하늘의 명에 공손하고 밖으로 실체가 없는 하늘의 이치를 펼치려는 만남이면 길하다.
45 萃 ☱☷	亨, 王假有廟 利見大人, 亨利貞 用大牲吉, 利有攸往 Gathering Together 공동집회. 모임	除戎器, 戒不虞 the Gatherer 모이다. 집결하다	사람도 모이고 사물도 모였다. 하늘의 덕스러운 은혜에 감사하는 마음이 중요하다. 모임을 주도하는 동기가 여기에 맞춰져 있다면 의미가 있는 괘상이 된다.
46 升 ☷☴	升, 元亨 用見大人, 勿恤 南征吉 Pushing Upward 진취적인 상승	順德, 積小以高大 Determination 결단. 해결	하늘의 덕스러운 작용에 공손하게 임하려는 의지만 확고하다면 밖에서도 분명 순응하는 힘을 기대해도 된다. 혹 신분의 상승을 도모할지라도 결과는 즐겁다.
47 困 ☱☵	亨, 貞, 大人吉 无咎, 有言不信 Oppression 압박, 고난	致命遂志 Realizing 실현. 현실화시킴	뜻으로 인한 어려움이라면 오히려 그것을 즐거워할 줄 알아야 한다. 비어서 실체가 없는 하늘의 덕스러운 원리에 자기를 맡기는 일은 그만큼 쉬운 일이 아니다. 그래서 성인께서는 곤괘를 두고 군자의 괘상이 된다고 말씀하신다.

48 井 ☵☴	改邑不改井 无喪无得 往來井井 汔至亦未繘井 羸其瓶, 凶 The Well 우물	勞民勸相 Depth 깊이, 밑바닥	천지 자연의 덕스러움을 본받아야 하는 대표적인 괘상의 하나다. 오고 가는 사람의 갈증을 조건 없이 채워주는 상징물이다. 아래에 깊이 잠겨 있으면서도 남들에게 베푸는 덕이 곧 마음의 신비한 작용 그대로다.
49 革 ☱☲	己日乃孚, 元亨 利貞, 悔亡 Revolution 변혁	治歷明時 Rejection 거절, 폐기	혁은 바꾸는 괘상이다. 무엇을 바꾸고자 하면 천지자연의 덕이 활성화되는 쪽이어야 한다. 눈앞의 이익에 길들여지다 보면 세상을 살아가는 안목이 자기도 모르게 잘못되기 마련이다. 실체가 없는 본질의 덕스러움을 기뻐하고 그 이치에 밝은 쪽으로 자기 삶을 추스르면서 거듭 되돌려야 한다. 그것이 바꾸는 혁(革)이다.
50 鼎 ☲☴	鼎, 元吉, 亨 The Cauldron 솥	正位凝命 Values 가치	만물을 이롭게 할 만한 기물로 솥 이상이 없다. 솥의 상징적 의미는 천지자연의 덕스러움에 대한 공손함을 토대로 세상을 비추고 따뜻하게 변화시키는 데 있다.
51 震 ☳☳	震, 亨. 震來虩虩 笑言啞啞 震驚百里 不喪匕鬯 The Arousing 도발. 각성. 환기	恐懼脩省 Shock 충격. 진동	솥을 감당할만한 주체는 장자다. 왜냐하면 가문을 위해 헌신하듯 천지자연의 덕스러운 기능을 회복하게 만드는 상징물이 곧 진(震) 우레에 해당하는 장자이기 때문이다.

52 艮 ☶	艮有背, 不獲其身 行其庭, 不見其人 无咎 Keeping Still 멈춤	思不出其位 Inaction 무위 나태	움직임의 동기는 결국 천지자연의 덕스러움을 회복하기 위함이다. 그러므로 항상 마음이 발을 딛고 있어야 할 자리는 덕이 길러지는 자리다. 이에 안과 밖으로 자신의 움직임은 덕을 기르는 자리에 그쳐 있어야 한다.
53 漸 ☶	漸, 女歸吉, 利貞 Development 발전	居賢德善俗 Beginnings 시작	안으로 덕스러운 마음의 작용에 그쳐 있으면서 그로 인한 바깥의 공손함이 드러나게 해야 한다. 남녀 간의 관계로 볼 때 둘의 결합을 가능하게 만드는 원리 가운데 하나다. 일의 발전을 불러오게 된다.
54 歸妹 ☳	歸妹, 征凶 无攸利 The Marrying Maiden 시집가는 처녀	永終知敝 Ambition 야망, 향상심	천지자연의 덕스러움에 대한 기쁨이 절로 행동으로 노출되고 있는 괘상이다. 이는 자기 내면에서 형성되는 본질적인 안목의 빽빽함과 관련된 문제다.
55 豊 ☳	亨, 王假之 勿憂, 宜日中 Abundance 풍요, 부유함	折獄致刑 Spirit 정신, 활동가	세상을 밝고 따뜻하게 바라보는 마음의 눈이 적극적인 행위로 노출되는 괘상이다. 자기 삶의 지향점을 돌아보는 계기로 삼아야 한다. 결론은 물질적인 풍요로움이 아닌 정신적인 풍요로움이라야 한다.

56 旅 ☲☶	旅, 小亨, 旅貞吉 The Wanderer 헤매다, 나그네	明愼用刑而不留獄 Stimulation 격려, 자극	천지자연의 덕스러움에 그쳐 있으면서 밝고 따뜻한 역할이 밖으로 타오르게 되는 괘상이다. 교만함이 자기의 내면을 지탱하고 있다면 어느 곳에서도 환영받지 못하는 나그네 신세와 같아진다.
57 巽 ☴☴	巽, 小亨 利有攸往 利見大人 The Gentle 공손함, 고결함	隨風, 巽 君子以申命行事 Intuition 직관, 직관적 통찰	천지자연의 덕스러운 이치에 대해 안과 밖으로 공손하다. 자의식을 바탕에 두고 움직인다면 이익을 추구하는 비굴함으로 나타난다.
58 兌 ☱☱	兌, 亨, 利貞 The joyous 즐거움	麗澤, 兌 君子以朋友講習 Aliveness 살아있는	하늘의 이치 위에서 노니는 기쁨이 위와 아래, 안과 밖에서 서로 호응하는 모습이다. 삶의 본질과 관련된 배움을 항상 좋아하게 되어 있다.
59 渙 ☴☵	渙, 亨, 王假有廟 利涉大川, 利貞 Dispersion 분산, 흩어짐	風行水上, "渙", 先王以享于帝立廟 Sexuality 성적 관심	삶의 토대가 자의식에 있다면 자의식을 흩어지게 해야 한다. 천지자연의 덕에 토대를 두었다면 험한 물조차 험할 수가 없다. 험하게 느껴지더라도 그것을 건네게 하는 뗏목은 신비스러운 마음의 작용으로 공손한 바깥의 손괘다.

60 節 ☱☵	節, 亨 苦節不可, 貞 Limitation 제한, 절제	制數度, 議德行 Acceptance 수락	천지자연의 덕스러움에 대한 기쁨으로 자기 마음이 채워져 있다면 그 기쁨이 지속되게 하는 리듬을 잃지 않아야 한다. 그것은 자기 움직임의 중심을 항상 물과 같이 그 본질에 맞추며 살아가는 방법이다.
61 中孚 ☴☱	中孚, 豚魚吉 利涉大川, 利貞 Inner Truth 내면의 미더움 중부	議獄緩死 Mystery 신비	우리 내면의 움직임은 본래 하늘의 덕스러운 작용 그대로다. 일체의 모든 마음의 속성들이 그 위에서 노닐고 있음을 자각하면서 그 이치에 공손한 삶으로 표출되는 길을 생각하는 자기 자신이라야 한다. 그러나 자의식을 토대로 하는 우리의 일상적인 경향 때문에 대체로 부정적이다. 중요한 것은 비어서 실체가 없는 본질의 덕스러움에 자기를 세우는 데 있다.
62 小過 ☳☶	小過, 亨, 利貞 可小事, 不可大事 飛鳥遺之音 不宜上, 宜下, 大吉 Preponderance of the Small 다수, 우위	行過乎恭 喪過乎哀 用過乎儉 Detail 세부적인	안에서 (덕을 쌓게 하는) 본질의 아름다움에 그쳐 있으면서 그로 인한 결실이 밖으로 구체화되어지는 단계다. 처음 교만하다고 여겨 어색해 보일 수도 있다. 그러나 일관된 삶의 패턴만 잃지 않는다면 반드시 일정한 결실이 있다.
63 旣濟 ☵☲	旣濟, 亨小, 利貞 初吉終亂 After Completion 완성, 성공	思患而豫防之 Doubt 의심, 피해	안으로는 이치에 밝으면서도 그것이 자기중심을 끝내 벗어나지 못한다. 결실을 맺게 된 것처럼 보이지만 성공했다는 기쁨에 빠져들면 그것은 자의식이다.

64 未濟 ☲☵	未濟, 亨 小狐汔濟, 濡其尾 无攸利 Before Completion 미완성	愼辨物居方. Confusion 혼란, 당혹	안으로는 자기 중심이 확고하면서도 그로 인한 영향력이 불의 밝고 따뜻한 결실로 구체화되기 어렵다.

〈도표 37〉 사상(四象)의 관점에서 압축시킨 전체 64괘의 해설

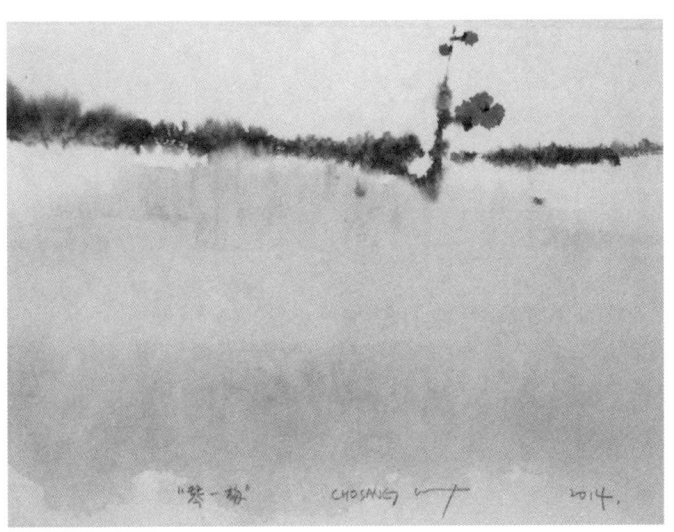

주역이뭣고?

2015년 8월 20일 초판 1쇄 인쇄
2015년 8월 28일 초판 1쇄 펴냄

지은이 ㅣ 김가원
펴낸이 ㅣ 이철순
디자인 ㅣ 이성빈

펴낸곳 ㅣ 해조음
등   록 ㅣ 2003년 5월 20일 제 4-155호
주   소 ㅣ 대구광역시 남구 대명2동 1800-6 불교대구회관 2층
전   화 ㅣ 053-624-5586
팩   스 ㅣ 053-624-5587
e-mail ㅣ bubryun@hanmail.net

저작권자ⓒ 해조음, 2015
이 책은 저작권법에 의해 보호를 받는 저작물이므로
출판사의 허락 없이 인용하거나 발췌하는 것을 금합니다.

ISBN 978-89-92745-47-5 03150
• 잘못된 책은 바꾸어 드립니다. • 책값은 뒤표지에 있습니다.